¡Apúntate! 2

 In der Cornelsen Lernen App findest du passend zu deinem Spanischbuch
- alle Audios
- alle Videos und Erklärfilme
- *Autocontroles digitales* zu jedem Lektionsteil
- die Lösungen zu den *Suplementos* und *Evaluaciones*
- Checklisten zum Feedback zu den *Tareas finales*

Cornelsen

Impressum

¡Apúntate! 2
Lehrwerk für den Spanischunterricht

Jetzt mit barrierefreiem Farbkonzept
Mehr Informationen auf *cornelsen.de/bf*

Im Auftrag des Verlages erarbeitet von: David Alonso Muñiz (Hamburg), Amparo Elices Macías (Schwerte), Heike Kolacki (Saarbrücken), Ulrike Lützen (Bremen), Henning Peppel (Verden an der Aller), Bàrbara Roviró Llimiana (Bremen), Manuel Vila Baleato (Santiago de Compostela)

und der Redaktion Spanisch: Úrsula Ávalos León, Azyadé Belakhdar, Dr. Martin Fischer, Christin Frieß, Ute Gebel (Projektkoordination); redaktionelle Unterstützung: Andrea Mächler Bedoya, Nadja Prinz (Köln; Anhang); Projektleitung: Cara Gaffrey

Beratende Mitwirkung: Joachim Balser (Berlin), Christoph Dröge (Hamm), Sebastian Frese (Bad Bederkesa), Alexander Gropper (Düsseldorf), Ulrike Lützen (Bremen), Gonzalo Rojas Cisternas (Teltow), Sandra Sánchez Münninghoff (Wittmund), Cordula Walldorf (Gießen)

Illustration: Marina Pérez Luque, Marc Rueda, Rafael Broseta, Laurent Lalo
Karten: Dr. Volkhard Binder
Umschlagfoto: stock.adobe.com / Ai
Umschlaggestaltung und Layoutkonzept: Rosendahl Berlin – Agentur für Markendesign
Gesamtgestaltung und technische Umsetzung: graphitecture book & edition

Begleitmaterialien zu ¡Apúntate! 2:

Cuaderno de ejercicios 2 Nivel avanzado: 978-3-06-123123-1
Cuaderno de ejercicios 2 Nivel elemental: 978-3-06-123309-9
Cuaderno de ejercicios 2A: 978-3-06-123124-8
Cuaderno de ejercicios 2B: 978-3-06-123287-0

Grammatikheft: 978-3-06-123152-1
Klassenarbeitstrainer: 978-3-06-123149-1
101 Grammatikübungen: 978-3-06-123145-3
Lektüre: 978-3-06-123156-9

www.cornelsen.de

Für die Nutzung des kostenlosen Internetangebots zum Buch gelten die allgemeinen Geschäftsbedingungen (AGB) des Internetportals www.cornelsen.de, die jederzeit unter dem entsprechenden Eintrag abgerufen werden können.

Die Cornelsen-Lernen-App ist eine fakultative Ergänzung zu *¡Apúntate! 2*, die die inhaltliche Arbeit begleitet und unterstützt. Als solche unterliegt sie nicht der Genehmigungspflicht.

Soweit in diesem Lehrwerk Personen fotografisch abgebildet sind und ihnen von der Redaktion fiktive Namen, Berufe, Dialoge und Ähnliches zugeordnet oder diese Personen in bestimmte Kontexte gesetzt werden, dienen diese Zuordnungen und Darstellungen ausschließlich der Veranschaulichung und dem besseren Verständnis des Inhalts.

1. Auflage, 1. Druck 2025

Alle Drucke dieser Auflage sind inhaltlich unverändert und können im Unterricht nebeneinander verwendet werden.

© 2025 Cornelsen Verlag GmbH, Mecklenburgische Str. 53, 14197 Berlin, E-Mail: service@cornelsen.de

Das Werk und seine Teile sind urheberrechtlich geschützt. Jede Nutzung in anderen als den gesetzlich zugelassenen Fällen bedarf der vorherigen schriftlichen Einwilligung des Verlages. Hinweis zu §§ 60 a, 60 b UrhG: Weder das Werk noch seine Teile dürfen ohne eine solche Einwilligung an Schulen oder in Unterrichts- und Lehrmedien (§ 60 b Abs. 3 UrhG) vervielfältigt, insbesondere kopiert oder eingescannt, verbreitet oder in ein Netzwerk eingestellt oder sonst öffentlich zugänglich gemacht oder wiedergegeben werden. Dies gilt auch für Intranets von Schulen und anderen Bildungseinrichtungen.

Der Anbieter behält sich eine Nutzung der Inhalte für Text- und Data-Mining im Sinne § 44 b UrhG ausdrücklich vor.

Druck: Mohn Media Mohndruck, Gütersloh

ISBN: 978-3-06-123052-4

Inhaltsverzeichnis

Kommunikative Lernziele	Sprachliche Mittel	Methodische und Medienkompetenzen	Seite

¡Acuérdate! 10

• ein Spiel	Wiederholung von Lernstoff des ersten Bandes	*facultativo*

Unidad 1 — Y ahora... ¡a disfrutar! 12

Tarea final	• sich seinem/-r eTandempartner/-in vorstellen • 🅼🅺 ansprechende Gestaltung einer Präsentation
Kompetenzschwerpunkte	• Lesen • Monologisches Sprechen
Interkulturelles Lernen	• Schulstart nach den Sommerferien, Hochgeschwindigkeitszug **AVE**

Vocabulario en contexto: Mi fin de semana 14

• über Freizeitaktivitäten am Wochenende sprechen	• **Wdh.** **me**, **te**, **le** + **gustar** • Themenwortschatz: Freizeitaktivitäten am Wochenende	• 🅼🅺 verantwortungsbewusster Umgang mit persönlichen Daten • Wortschatz: Kollokationen lernen

A ¿Qué estás haciendo? 16

• sagen, was man gerade macht • sagen, was jemandem (nicht) gefällt	• **estar** + **gerundio** • **nos**, **os**, **les** + **gustar**

B Adiós a las vacaciones 20

• über Stärken und Schwächen sprechen	• **Wdh.** die Adjektive • **bueno/-a**, **malo/-a**, Verkürzung **buen/mal** • die Verben **jugar** und **traer** • Aussprache: Doppelvokale	Lesen: einen Lesetext mithilfe der W-Fragen verstehen

Gramática en contexto 25

Suplemento 1 (zusätzliche Aufgaben zu Wortschatz und Grammatik) 26

Chic@s de hoy 1 (zusätzliche Materialien: Informationen zu digitaler Umweltverschmutzung, Para-Schwimmer Nelson Crispín Corzo, *afirmaciones*, *Plogging*) 28

Módulo 1 — ¿Qué te pones hoy? 30

Interkulturelles Lernen	• Schuluniform in Spanien und Lateinamerika

• sagen, was man anzieht • sagen, wie das Wetter ist	• Themenwortschatz: Kleidung, Farben, Wetter • das Verb **elegir**	Wortschatz: mit Karteikarten lernen

tres 3

Inhaltsverzeichnis

Kommunikative Lernziele	Sprachliche Mittel	Methodische und Medienkompetenzen	Seite
Unidad 2 — Después de clase			**32**
Tarea final	• einen besonderen Wochentag präsentieren • 🔖 Einsatz von technischen Bearbeitungswerkzeugen		
Kompetenzschwerpunkte	• Hören • Schreiben		
Interkulturelles Lernen	• **actividades extraescolares**, Schuljahr in Spanien (Trimester)		
Vocabulario en contexto: Las actividades extraescolares favoritas			**34**
• über außerschulische Aktivitäten sprechen	• Themenwortschatz: außerschulische Aktivitäten • Ordinalzahlen	Wortschatz: Wortschatz erweitern	
A Extraescolares: ¿Cómo organizas tu tiempo?			**36**
• Vorlieben ausdrücken und begründen • über Schulstress sprechen	• **Wdh.** die Begleiter **mucho/-a** und **poco/-a** • der Begleiter **todo/-a** • die Verben **encantar, interesar** und **parecer** • Aussprache: Satzmelodie und Wortbetonung	Schreiben: Texte als Modell für eigene Texte nutzen	
B ¿Cómo es tu rutina?			**40**
• über den Tagesablauf sprechen	• **Wdh.** die Gruppenverben • die reflexiven Verben • **antes de / después de** + Infinitiv • der Nebensatz mit **cuando**		
Gramática en contexto			**45**
Suplemento 2 (zusätzliche Aufgaben zu Wortschatz und Grammatik)		*facultativo*	**46**
Chic@s de hoy 2 (zusätzliche Materialien: Informationen zum spanischen Schulsystem und den Traumberufen spanischer Jugendlicher, die mexikanische Astronautin Dr. Katya Echazarreta, **recicl-arte**)		*facultativo*	**48**
Módulo 2 — 10 curiosidades sobre España			**50**
Interkulturelles Lernen	• Regionen in Spanien		
• über Besonderheiten eines Landes sprechen	• **Wdh.** die Zahlen bis 100 • die Zahlen bis 1000 • der relative Superlativ		

Kommunikative Lernziele	Sprachliche Mittel	Methodische und Medienkompetenzen	Seite
Unidad 3 Galicia en el corazón			**52**
Tarea final	• einen perfekten Tag in seiner Region vorstellen • Abspann von Videos		
Kompetenzschwerpunkte	• Hören • Monologisches Sprechen		
Interkulturelles Lernen	• Galicien, Regionalsprachen		
Vocabulario en contexto: El paisaje de mi región			**54**
• eine Landschaft beschreiben	• Themenwortschatz: Landschaft, Bildbeschreibung	• Selbstkontrolle mit KI • Wortschatz: Wortschatz leichter lernen mit einer Merkgeschichte	
A Cinco motivos para amar Galicia			**56**
• über eine Region sprechen • Dinge miteinander vergleichen	• Wdh. este/-a und ese/-a • der Komparativ • der absolute Superlativ • die Verben pedir und conocer • ¿de qué?, ¿para qué?, ¿en qué?, ¿a quién?		
B El misterio en el Camino de Santiago			**60**
• Wiederholungen vermeiden • die zeitliche Abfolge von Ereignissen schildern	• Wdh. das futuro inmediato • die direkten Objektpronomen • der Begleiter otro/-a	Sprechen: Wörter umschreiben	
Gramática en contexto			**65**
Suplemento 3 (zusätzliche Aufgaben zu Wortschatz und Grammatik)		*facultativo*	**66**
Chic@s de hoy 3 (zusätzliche Materialien: Regionalsprachen, Street-Art, ein Rezept)		*facultativo*	**68**
Evaluación 1 (Lernstandsüberprüfung Unidad 1 bis Unidad 3)		*facultativo*	**70**
Módulo 3 ¿Qué hay que comprar?			**72**
Interkulturelles Lernen	• Markthallen in Spanien, tortilla		
• sagen, was zu tun ist • Lebensmittel einkaufen	• Themenwortschatz: Lebensmittel und Mengenangaben • hay que + Infinitiv		

Inhaltsverzeichnis

Kommunikative Lernziele	Sprachliche Mittel	Methodische und Medienkompetenzen	Seite
Unidad 4 La vida en familia			**74**
Tarea final	• einen Beitrag zum Thema Familie erstellen • 🔊 Erstellung eines Podcasts		
Kompetenzschwerpunkte	• Hör-Seh-Verstehen • Dialogisches Sprechen		
Interkulturelles Lernen	• ein Geburtstagslied, Tierlaute auf Spanisch		
Vocabulario en contexto: Derechos y deberes en casa			**76**
• über Rechte und Pflichten in der Familie sprechen	• Themenwortschatz: Rechte und Pflichten in der Familie • das Verb **poner**	Wortschatz: Wortschatz systematisieren	
A Adopta a un amigo			**78**
• jemanden auffordern, etwas zu tun • Tipps geben	• Imperativ (2. Person Sg. und Pl.) • die indirekten Objektpronomen • die Verben **dar** und **seguir**	Hören: mit Verstehenslücken umgehen	
B Te quiero contar algo			**82**
• wiedergeben, was jemand sagt • ein Gespräch aufrechterhalten	• **no… nada**/**nadie**/**nunca** • die Verben **venir** und **decir** • die indirekte Rede	Dialogisches Sprechen: ein Gespräch führen	
Gramática en contexto			**87**

Suplemento 4 (zusätzliche Aufgaben zu Wortschatz und Grammatik)	facultativo	**88**
Chic@s de hoy 4 (zusätzliche Materialien: Lektüre ¡Desconecta!)	facultativo	**90**

Módulo 4 ¿Cómo llego al parque?			**92**
• nach dem Weg fragen und einen Weg beschreiben	• unregelmäßige Imperative (**sal**, **ven**, **ten**, **sigue**)		

Unidad 5 Argentina, tierra de contrastes			**94**
Tarea final	• von einem Ausflug berichten • 🔊 Internetrecherche		
Kompetenzschwerpunkte	• Lesen • Sprachmittlung		
Interkulturelles Lernen	• Jahreszeiten in Argentinien, Eckdaten Argentiniens, argentinisches Spanisch		

Inhaltsverzeichnis

Kommunikative Lernziele	Sprachliche Mittel	Methodische und Medienkompetenzen	Seite

Vocabulario en contexto: Presentar un país — 96

- Eckdaten eines Landes vorstellen
- Themenwortschatz: Eckdaten eines Landes
- Wortschatz: mit Vokabeltrainer-Apps lernen

A Detalles de Argentina — 98

- über eine Reihe von Ereignissen in der Vergangenheit berichten
- Jahreszahlen angeben
- Jahreszahlen
- das **pretérito indefinido** der Verben auf **-ar**, **-er** und **-ir**
- Sprachmittlung: wichtige Informationen in die andere Sprache übertragen

B El diario de Álex — 102

- erzählen, was du erlebt hast
- unregelmäßige Formen des **pretérito indefinido** (**estar**, **tener**, **hacer**, **ser**, **ir**, **ver**)
- das Verb **doler**
- Aussprache: **ü**

Gramática en contexto — 107

Suplemento 5 (zusätzliche Aufgaben zu Wortschatz und Grammatik) — *facultativo* — 108

Chic@s de hoy 5 (zusätzliche Materialien: argentinisches Spanisch, eine Karikatur, ein Film, Schilder) — *facultativo* — 110

Evaluación 2 (Lernstandsüberprüfung Módulo 3 bis Unidad 5) — *facultativo* — 112

Módulo 5   Cómo vivía sin móvil — *facultativo* — 114

Der Stoff des *Módulo 5* ist für Niedersachsen verbindlich vorgeschrieben.

Minitarea	• eine Zeitkapsel erstellen	🔖 KI für Interviews nutzen
Kompetenzschwerpunkt	• monologisches Sprechen	
Interkulturelles Lernen	• Abkürzungen in spanischsprachigen Textnachrichten	
• erzählen, wie etwas früher war	• das **pretérito imperfecto**	🔖 Digitales Wohlbefinden

Módulo 6   Una noche mágica — *facultativo* — 118

Der Stoff des *Módulo 6* ist für Niedersachsen verbindlich vorgeschrieben.

Minitarea	• einen Blogeintrag schreiben	🔖 Regeln für digitale Kommunikation
Kompetenzschwerpunkt	• Schreiben	
Interkulturelles Lernen	• San Juan	
• berichten, was jemand heute / diese Woche gemacht hat	• das **pretérito perfecto**	

siete 7

Inhaltsverzeichnis

Anexo

Diferenciación y trabajo en parejas	122
Destrezas	133
La pronunciación y la ortografía	145
Los números	147
En la clase	148
Los verbos	150
Para comunicarse	154
Lista cronológica	160
Lista alfabética español-alemán	186
Deutsch-spanisches Wörterbuch	197
Quellenverzeichnis	207

Wegweiser

Unidad	Dein Buch besteht aus fünf Kapiteln: sie heißen *Unidades*. Jede Unidad beginnt mit einer Doppelseite mit Fotos für einen spannenden Einstieg in das Thema. Die Jugendlichen Lili, Álex, Nora, Pau und Ismael aus Madrid begleiten dich durch die *Unidades*.
Vocabulario Texto A/B	Jede Unidad hat drei Teile: *Vocabulario en contexto*, *Texto A* und *Texto B*. Nach der Erarbeitung des Vokabulars bzw. des Lektionstextes übst du Wortschatz und Grammatik sowie Lesen, Sprechen, Hören, Schreiben und Sprachmittlung.
Tarea final	Jede *Unidad* endet mit einer *Tarea final*. In der *Unidad* arbeitest du gezielt auf diese Lernaufgabe hin und setzt dann in einem Projekt alles um, was du in der *Unidad* gelernt hast.
Gramática	Diese Zusammenfassung der Grammatik einer *Unidad* unterstützt dich beim Lernen und Wiederholen, z. B. vor einem Test.
Suplemento	Um noch mehr zu üben und zu vertiefen, findest du im *Suplemento* weitere Aufgaben zu Wortschatz und Grammatik. *(facultativo)*
CHIC@S DE HOY	In der Zeitschrift findest du zusätzliche spannende Texte, Informationen zu Stars, Rezepte, Projekte und vieles mehr! *(facultativo)*
Módulo	Dein Buch hat sechs kurze *Módulos*. Auf diesen Doppelseiten sind kleine Themen für dich kompakt zusammengefasst.
Evaluación	Was hast du schon gelernt? Was kannst du jetzt? Auf diesen Seiten überprüfst du deinen Lernstand. *(facultativo)*

Symbole und Verweise

Siehst du eines dieser Symbole in deinem Buch …
… findest du in der Cornelsen Lernen App:

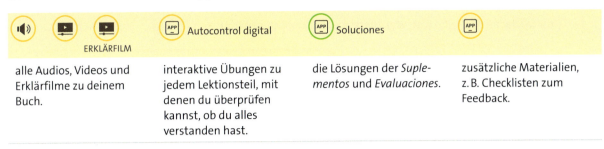

alle Audios, Videos und Erklärfilme zu deinem Buch.	interaktive Übungen zu jedem Lektionsteil, mit denen du überprüfen kannst, ob du alles verstanden hast.	die Lösungen der *Suplementos* und *Evaluaciones*.	zusätzliche Materialien, z. B. Checklisten zum Feedback.

… weißt du, mit wem du arbeitest:

Arbeit zu zweit	Gruppenarbeit

… erfährst du, was du in der Aufgabe trainierst:

Hörverstehen	Hör-Seh-Verstehen	Schreiben	Sprachmittlung

… kannst du wählen zwischen:

★	☆	¡Tú eliges!
der anspruchsvolleren Variante der Aufgabe vorn im Buch.	der Variante der Aufgabe mit mehr Hilfen im Anhang (ab S. 122).	zwei Möglichkeiten zur Bearbeitung der Aufgabe, ganz nach deinen Interessen.

… findest du Unterstützung und weitere Informationen:

Bist du fit im Umgang mit digitalen Medien? Finde es heraus!	Wusstest du das schon? Hier erfährst du mehr über Spanien und Lateinamerika!	In diesen Kästen bekommst du Tipps, die dir das Lernen erleichtern.
ERKLÄRFILM	▶ Destrezas	
Sieh dir die Erklärfilme zu Wortschatz und Grammatik so oft wie möglich an. Dadurch lernst du die neuen Vokabeln und die neue Grammatik wie von selbst.	Ab S. 133 findest du viele Hinweise zu Lern- und Arbeitstechniken.	

¡Acuérdate!

Jugad el juego de mesa en grupos. ¿Es tu turno? Tira el dado. Lee la pregunta y contesta. Si no sabes la respuesta, tienes que retroceder tres casillas y esperar tu próximo turno. Gana la primera persona que llega a la meta. | Spielt das Brettspiel in Gruppen. Wenn du dran bist, würfle, lies die Frage und beantworte sie. Wenn du die Antwort nicht weißt, musst du drei Felder zurückgehen und warten, bis du wieder an der Reihe bist. Wer zuerst ins Ziel kommt, gewinnt.

INICIO

1. Preséntate en tres frases.
2. Nombra tres lugares en tu barrio.
3. Cuenta quién es importante para ti y por qué.
4. Nombra tres tareas del hogar que tienes que hacer.
14. Describe a tu profe.
15. Elige dos objetos en el aula y describe dónde están.
16. Cuenta con quién quedas por la tarde y qué hacéis.
17. Nombra tres actividades de tiempo libre que te gustan.
18. Cuenta con quién vives.

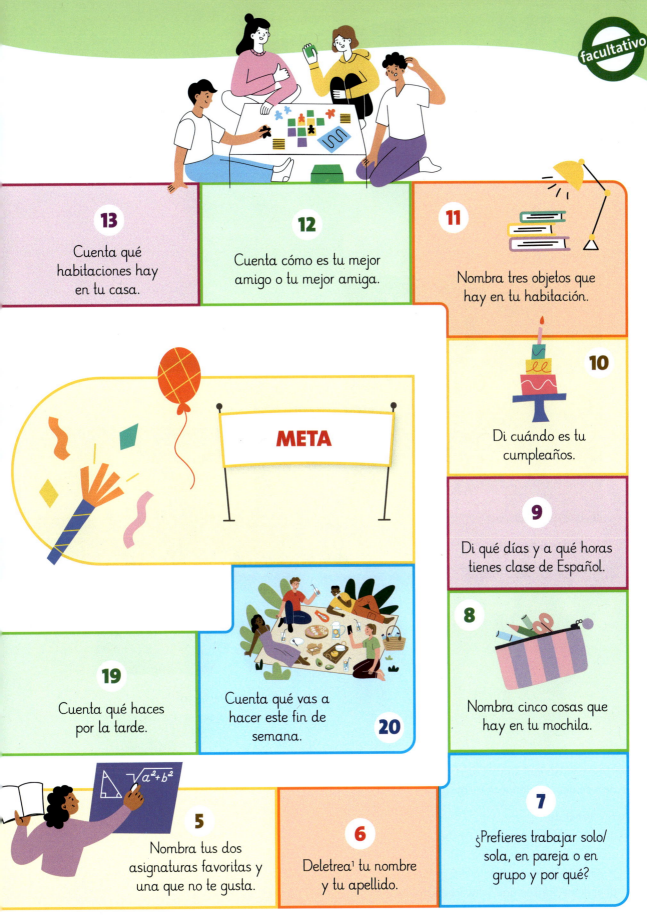

Unidad 1
Y ahora... ¡a disfrutar!

Ismael
El Retiro, Madrid

#MiFindePerfecto

Nora
Getxo, País Vasco

#MiFindePerfecto

Nach dieser Unidad kannst du:
– dich deinem/-r eTandem-Partner/-in vorstellen.

Dafür lernst du:
– über Freizeitaktivitäten am Wochenende zu sprechen.
– zu sagen, was du gerade machst.
– zu sagen, was jemandem (nicht) gefällt.
– über deine Stärken und Schwächen zu sprechen.

Stell dir vor, diese Fotos wären von dir. Welche würdest du mit Blick auf den Schutz persönlicher Daten in sozialen Netzwerken teilen, welche nicht?

Lili
Madrid Río

#MiFindePerfecto

Pau
parque de skate, Madrid

#MiFindePerfecto

Álex
Madrid

#MiFindePerfecto

1 La pandilla describe su fin de semana perfecto. Escucha y relaciona los audios con las personas.

Ejemplo: El audio número uno es de [...].

2 Cuenta con cuál de los jóvenes quieres pasar el fin de semana y explica por qué.

Ejemplo: Quiero pasar el fin de semana con [...] porque a mí también me gusta [...].

1 Vocabulario — Texto A — Texto B — Tarea final — Gramática

Mi fin de semana

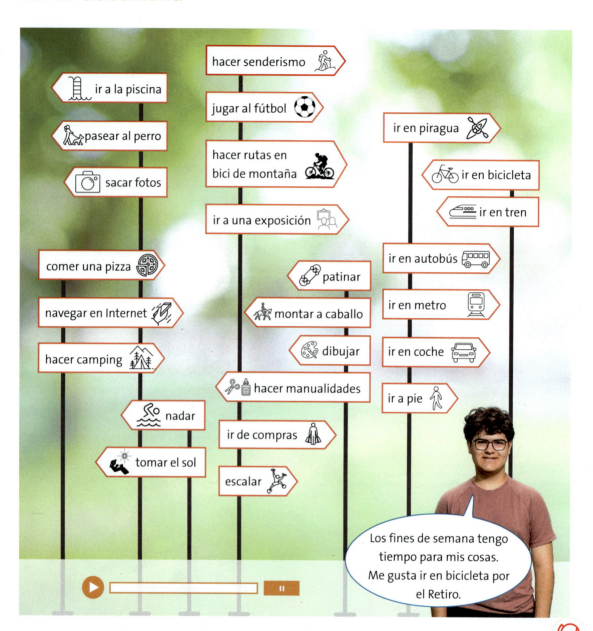

Los fines de semana tengo tiempo para mis cosas. Me gusta ir en bicicleta por el Retiro.

1 Mira el vídeo y repite las palabras.

Unterstützung zu den spanischen Arbeitsanweisungen findest du auf S. 149.

 2 Completa con las preposiciones y apunta las actividades en tu cuaderno. ▶ p. 122

1. ir [...] pie
2. navegar [...] Internet
3. ir [...] compras
4. ir [...] piragua
5. ir [...] tren
6. montar [...] caballo
7. ir [...] bicicleta
8. hacer rutas [...] bici de montaña
9. ir [...] la piscina

Vocabulario   Texto A   Texto B   Tarea final   Gramática   1

3 Escucha y apunta las actividades para los seis sonidos. | Höre zu und schreibe die Aktivitäten für die sechs Geräusche auf. ☆ ▶ p. 122

4 ¡A jugar! Tirad el dado tres veces y formulad frases.

⚀ = [yo]	⚀ = *ir* a la piscina	⚀ = en autobús
⚁ = [tú]	⚁ = *ir* al cine	⚁ = en coche
⚂ = Pau	⚂ = *ir* a casa de un amigo	⚂ = en bicicleta
⚃ = [nosotros]	⚃ = *ir* al museo	⚃ = en metro
⚄ = [vosotras]	⚄ = *ir* a la playa	⚄ = en tren
⚅ = Ismael y Álex	⚅ = *ir* al centro comercial	⚅ = a pie

Kollokationen lernen

Am besten lernst du ein Wort nicht einzeln, sondern immer gleich den ganzen Ausdruck, in dem es verwendet wird (= eine Kollokation). So kannst du es in einer Gesprächssituation leichter und richtig anwenden. ▶ Destrezas, p. 135/12

Ejemplo: ir en tren / hacer manualidades / tomar el sol

a + el = al
de + el = del

5 a Apunta todas las colocaciones en tu cuaderno.

ir • pasear • hacer • comer • tomar • montar • sacar	– a de en	el perro • metro • camping • la piscina • autobús • una pizza • fotos • el sol • senderismo • piragua • caballo • bicicleta • pie • rutas en bici de montaña • una exposición • compras • coche

5 b Elige por lo menos ocho colocaciones del ejercicio **5a** y cuenta qué te gusta hacer los fines de semana.

Ejemplo: Los fines de semana me gusta [...].

6 ¿Qué te gusta hacer los fines de semana? Haced el juego en cadena como en el ejemplo.

A mí me gusta patinar.
¿A ti también te gusta?

A mí también. 👍 / A mí no. 👎
A Ana le gusta patinar.
A mí me gusta ir a la playa.
¿A ti también te gusta?

👍 / 👎
A Ana le gusta patinar.
A Rubén le gusta ir a la playa.
A mí [...].

▶ Autocontrol digital

quince **15**

¿Qué estás haciendo?

Comprensión audiovisual

1 a Mira el vídeo sin sonido y formula hipótesis. | Sieh dir das Video ohne Ton an und stelle Vermutungen an.

1. ¿De qué habla la pandilla?   2. ¿Quiénes son las dos jóvenes con ropa deportiva?

1 b Ahora mira el vídeo con sonido y comprueba tus respuestas del ejercicio **1a**. | Sieh dir jetzt das Video mit Ton an und überprüfe deine Vermutungen aus Aufgabe **1a**.

Es jueves y solo faltan tres días para empezar el curso escolar. Lili, Nora, Ismael y Álex están charlando en el parque sobre sus planes para el sábado.

5 **Lili:** El lunes empiezan las clases. ¿Por qué no hacemos algo especial este sábado?
Nora: ¡Qué guay! ¿Tienes una idea?
Lili: No sé. A vosotros también os gusta ir en bici, ¿verdad? Podemos hacer una
10 excursión en bici por Madrid Río.
Álex: ¿Y por qué no vamos a la piscina? Porque nos gusta nadar, ¿verdad?
Ismael: ¡Sí! Por cierto, ¿cuándo vuelve Pau de Valencia?
15 **Lili:** ¿Mañana por la tarde?
Álex: A ver...
Ismael: ¿Estás escribiendo un mensaje?
Álex: No, estoy llamando a Pau.

Álex hace una videollamada y la pandilla
20 saluda a Pau.
Pau: ¡Eh, chicos! ¡Qué sorpresa! ¿Qué tal?
Álex: ¡Bien! Y tú, ¿qué tal por ahí? ¿Cuándo vuelves?
Pau: Aquí en Valencia, genial. Vuelvo
25 mañana. Después de dos meses tengo ganas de volver a Madrid para estar con vosotros...
Álex: ¿Y qué estás haciendo ahora?

Pau: Pues, mira, estoy haciendo *plogging* con
30 mis amigos en la playa. A ellos les gusta correr y al mismo tiempo recogen basura. ¡Es divertido!
Álex: ¿Cómo?
Pau: Sí, corremos en grupo y limpiamos la
35 playa. Así ayudamos a proteger el medio ambiente.
Nora: Guay, yo también quiero.
Pau: Y vosotros, ¿qué estáis haciendo?
Álex: Pues ya ves, estamos charlando y
40 pasando el tiempo aquí en el parque. ¿Tienes ganas de ir a la piscina el sábado?

Detrás de ellos, dos jóvenes con ropa deportiva están haciendo deporte.
Pau: Claro... Oye, Álex, ¿estoy viendo bien?
45 ¿Esas dos chicas detrás de vosotros no son tus influencers favoritas?
Álex: ¿Dónde? Ahhhh, ¡sí!

In Spanien haben die Jugendlichen im Sommer etwa zehn, zu Ostern eine und zu Weihnachten zwei Wochen Ferien. Wie ist das bei dir? Welche Vor- und Nachteile haben lange oder kurze Ferien?

Comprender el texto

2 a Lee el texto y cuenta qué está haciendo la pandilla. | Lies den Text und erzähle, was die Jugendlichen gerade machen.

La pandilla Lili Álex Pau	está	llamando a Pau. pasando el tiempo en el parque. haciendo *plogging* en la playa. pensando en una excursión en bici.
Lili, Álex, Nora e Ismael Las jóvenes con ropa deportiva	están	haciendo deporte. viendo a Pau.

2 b Explica qué significa «hacer *plogging*». | Erkläre, was „hacer *plogging*" bedeutet.

Modelo para hablar

3 a Escucha, lee y repite.

¿Qué estás haciendo?
Álex: ¡Hola, Pau! Lili y yo estamos en la heladería. Y tú, ¿qué [...]?
Pau: Pues, mira, [...] los deberes. Y vosotras, ¿qué [...]?
Álex: Nosotras [...] un helado. ¿Quedamos después en el parque?
Pau: Sí, vale, hasta luego.

3 b ¿Qué estás haciendo? Presentad el diálogo. Luego intercambiad los papeles. | Was machst du gerade? Spielt den Dialog zu zweit und tauscht dann die Rollen.

A	¿Qué estás haciendo?

	viendo una película.	B
Pues, estoy	escuchando música.	
	haciendo los deberes.	
Y vosotros, ¿qué estáis haciendo?		

	descansando.
Mira, estamos	comiendo un helado.
	escribiendo mensajes.

Pablo 15:11
¿Qué **estás haciendo**?

Marina 15:14
Estoy escuchando música y **escribiendo** en mi diario.

Descubrir

4 a Lies den Chat und erkläre, was **estar + gerundio** ausdrückt. Aus welcher anderen Sprache kennst du eine ähnliche Verbform?

4 b Suche weitere Beispiele im Text und erkläre, wie das **gerundio** gebildet wird.

diecisiete 17

1   Vocabulario   **Texto A**   Texto B   Tarea final   Gramática

Practicar

🔊 **5 a**   Pau y sus amigos pasan el día en la playa. Cierra el libro y escucha lo que está pasando. Presta atención a los verbos. | Pau und seine Freunde verbringen den Tag am Strand. Schließe das Buch und höre zu, was alles passiert. Achte auf die Verben.

⭐ **5 b**   Ahora mira el dibujo y describe lo que están haciendo las personas en la playa. | Sieh dir nun das Bild an und beschreibe, was die Personen gerade am Strand machen. ▶ Gramática, p. 25/1
▶ Suplemento, p. 27/6   ☆ ▶ p. 122

⭐ 👥 **6 a**   Lidia y Pau hablan sobre las actividades de los fines de semana con la pandilla de Madrid. Mirad los dibujos y haced minidiálogos.
▶ Gramática, p. 25/2   ▶ Suplemento, p. 27/5   ☆ ▶ p. 123

¿Qué os gusta hacer?

Nos gusta [...].

18   dieciocho

6 b Presenta a Pau: ¿Qué le gusta hacer con la pandilla? ▶ Gramática, p. 25/2

Ejemplo: A Pau y sus amigos les gusta [...].

6 c Cuenta a Pau qué (no) os gusta hacer el fin de semana a ti y a tu pandilla.

Hablar

7 A llama a B por teléfono para quedar. A empieza. ▶ B, p. 123

A
1. Ihr begrüßt euch.
2. Frage, wo **B** gerade ist und was **B** gerade macht.
3. Verabrede dich mit **B**: Wo? / Wann? / Was?
4. Ihr verabschiedet euch.

Verwende **estar + gerundio**, um zu sagen, was du gerade machst.

Escuchar

8 a La pandilla habla con las dos chicas del parque. ¿Qué pregunta Álex a las dos chicas? Escucha y elige el dibujo correcto. ▶ Destrezas, p. 136/17

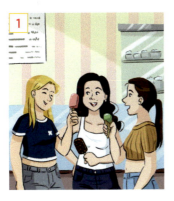  

8 b Escucha el resto de la conversación y apunta tres actividades que les gusta hacer en un día perfecto. ☆ ▶ p. 123

Ya lo sé – Escribir / Hablar

¡Tú eliges! Elige 9a o 9b.
Manda a Pau tres fotos de tu pandilla en vuestro tiempo libre. Describe lo que estáis haciendo en las fotos y cuenta qué os gusta hacer. ▶ Destrezas, p. 139/33 ▶ Para comunicarse, p. 154/1

9 a Graba un mensaje de voz.

9 b Escribe un mensaje de texto.

Adiós a las vacaciones

Antes de leer

1 Überfliege den Text und sieh dir das Bild an. Was machen die Jugendlichen am Samstag?

Para terminar el verano, no es mala idea pasar el sábado en la piscina. Hace buen tiempo y la pandilla hace una excursión a un parque acuático. Tiene que ir en autobús porque está lejos. A las once llega al parque y compra las entradas.

5 Los chicos dejan las mochilas y las toallas debajo de un árbol y van a una piscina con olas. Allí nadan y disfrutan casi una hora. Después, Álex y Lili hacen una competición hasta el final de la piscina. ¡Y Álex gana! Claro, porque es buena nadadora. Después, los cinco amigos juegan en el agua con una pelota.

Al mediodía la pandilla come bocadillos, fruta y golosinas. Como
10 siempre, Nora e Ismael cuentan chistes. Después, Álex y Lili compran helados para los cinco. Pau juega a las cartas con Ismael que es mal jugador, pero por suerte buen perdedor. Por la tarde la pandilla va a los toboganes.

A las siete y cuarto, Nora mira los horarios del autobús en su móvil.
15 **Nora:** ¡No puede ser! ¡Vamos a perder el autobús!
Lili: ¿Pero nuestro autobús no sale a las ocho?
Nora: En agosto sí, ¡pero estamos en septiembre y ahora el autobús sale a las ocho menos cuarto!
Pau: ¡Venga, chicos, tenemos que correr!

¿Qué bocadillos traes?

Traigo bocadillos de tortilla.

Aprender mejor

Einen Lesetext mithilfe der W-Fragen verstehen
▶ Destrezas, p. 138/25

Alle Fragewörter tragen im Spanischen einen Akzent!

Um die wichtigsten Inhalte eines Textes zu entschlüsseln, kann dir die Beantwortung der W-Fragen (*las preguntas clave*) helfen. Diese lauten:
Wer? (*¿Quién? / ¿Quiénes?*)   **Wo?** (*¿Dónde?*)   **Wie?** (*¿Cómo?*)
Was? (*¿Qué?*)   **Wann?** (*¿Cuándo?*)   **Warum?** (*¿Por qué?*)
Nicht immer findest du Antworten auf alle sechs Fragen.

2 a Lee el texto «Adiós a las vacaciones» y contesta las preguntas clave.

★ **2 b** Cuenta sobre la excursión de la pandilla. ☆ ▶ p. 123

Vocabulario   Texto A   **Texto B**   Tarea final   Gramática   **1**

Modelo para hablar

3 a Escucha, lee y repite.

¿Cuál es tu fuerte?
Álex: ¡Oye, Nora! ¿Te gusta [...]?
Nora: No, yo soy [...].

Álex: ¿Te gusta nadar?
Nora: Sí, yo soy [...].

3 b ¿Cuál es tu fuerte? Presentad el diálogo.

A
¿Te gusta | el deporte?
         | nadar?
         | jugar a las cartas?

B
Sí, yo soy buen / buena deportista.
Sí, yo soy buen nadador / buena nadadora.
Sí, yo soy buen jugador / buena jugadora.

No, yo soy mal / mala deportista.
No, yo soy mal nadador / mala nadadora.
No, yo soy mal perdedor / mala perdedora.

Entonces, ¿vamos a | jugar al fútbol?
                   | ir a la piscina?
                   | jugar a las cartas?

Sí, ¡genial! / Perfecto.
Es una buena idea. / Me gusta tu idea.
No sé. / Quizás mañana.

Vocabulario y expresión

4 a ¿Qué puedes hacer durante la excursión? Relaciona. ▶ Suplemento, p. 26/1, 2

jugar • contar •
traer • perder •
llegar • ganar

fruta	chistes	golosinas	al parque acuático
el autobús	con una pelota	bocadillos
la competición	en la piscina	a las cartas

4 b Imagina que tú también estás en el parque acuático. Cuenta qué pasa. Formula frases con las expresiones del ejercicio 4a. ▶ Suplemento, p. 26/4

Llegamos al parque acuático a las once. Mis amigos [...].

veintiuno **21**

Practicar

5 ¿Cuál (no) es su fuerte y por qué? Describe a los jóvenes de la pandilla.
▶ Gramática, p. 25/3   ▶ Suplemento, p. 26/3

1 Álex	2 Lili	3 Ismael	4 Pau	5 Nora
😊 deportista	😊 alumna	🙁 nadador	🙁 perdedor	😊 amiga

> no le gusta nadar • *tener* buenas notas • *nadar* y *jugar* al fútbol • siempre *escuchar* • le gusta jugar a las cartas pero casi siempre *perder*

Ejemplo: Álex es buena deportista porque [...].

Escuchar

6 La pandilla está en la parada de autobús. Escucha y contesta las preguntas. ☆ ▶ p. 124

5. ¿A qué hora llegan los jóvenes a la parada de autobús?
6. ¿Qué número tiene el autobús que también va hasta «El Retiro»?
7. ¿Cuántas paradas son hasta la parada «El Retiro»?
8. ¿A qué hora sale el autobús?
9. ¿A qué hora llegan los jóvenes a la parada «El Retiro»?

Mediación

7 Du bist mit deiner Familie in Madrid am Bahnhof «Atocha», weil ihr mit dem Zug nach Valencia fahren wollt. Deine Eltern, die kein Spanisch sprechen, möchten wissen, von welchem Gleis euer Zug abfährt und ob er pünktlich ist. Höre dir die Durchsage an und beantworte die Fragen deiner Eltern.   ▶ Destrezas, p. 142/42

Estación de trenes Madrid Atocha

> Die Hochgeschwindigkeitszüge *AVE* (*Alta Velocidad Española*) werden von der spanischen Staatsbahn *Renfe* betrieben. Sie können eine Geschwindigkeit von bis zu 310 km/h erreichen und ermöglichen so sehr schnelle Verbindungen zwischen den größten Städten in Spanien. Welche Hochgeschwindigkeitszüge kennst du?

| Vocabulario | Texto A | **Texto B** | Tarea final | Gramática | **1** |

Pronunciar

 8 a Escucha y repite las palabras. Presta atención a la pronunciación de los diptongos. | Höre zu und sprich die Wörter nach. Achte auf die Aussprache der Doppelvokale.

> **au**la • famil**ia** • pirag**ua** • b**ue**no • t**ie**nda • man**ua**lidad • **au**tobús •
> b**ai**lar • tradic**io**nal • c**iu**dad

8 b ¡A jugar! Escucha y practica el trabalenguas.

Wer von euch kann den Zungenbrecher am schnellsten fehlerfrei aufsagen?

> **Cuando cuentes cuentos¹, cuenta cuántos cuentos cuentas. Porque si² no cuentas cuántos cuentos cuentas, nunca sabrás³ cuántos cuentos sabes contar⁴.**

1 **cuando cuentes cuentos** (immer) wenn du Geschichten erzählst 2 **si** wenn
3 **nunca sabrás** du wirst nie erfahren 4 **(tú) sabes contar** du kannst erzählen

¡Acuérdate!

9 Hablas con la pandilla sobre tus amigos. Describe a cuatro personas. Cuenta cómo son y por qué.

Ejemplo: Max es divertido porque le gusta contar chistes.

> simpático/-a • majo/-a • genial • divertido/-a • inteligente • pesado/-a •
> creativo/-a • cabezota • fiel • generoso/-a • estricto/-a • paciente • [...]

> porque [...].

Ya lo sé – Hablar

10 ¿En qué eres bueno/-a? ¿Cuál es tu fuerte? Preséntate a la pandilla. | Worin bist du gut? Was ist deine Stärke? Stelle dich der Clique vor. ▶ Para comunicarse, p. 154/1

> Um freier zu sprechen, kannst du dir Redemittel passend zu den Fragen auf einen Sprechfächer notieren.
> ▶ Destrezas, p. 141/36

▶ Autocontrol digital

Mi presentación para el intercambio

Deine Lehrkraft möchte mit deiner Klasse ein eTwinning-Austauschprojekt starten. Dafür stellst du dich vor, damit deine Lehrkraft eine zu dir passende Person finden kann.

1 ¡Tú eliges!

Steckbrief: Du erstellst einen umfangreichen Steckbrief.
Video: Du erstellst ein Video.

> eTwinning ist ein EU-Projekt und bietet eine Plattform zum Austausch von Schüler/-innen und Lehrkräften.

2 ¡Preparad@s!

Mache einen Entwurf und überlege:
– welche Angaben du machen möchtest, um dich vorzustellen,
– welche Stärken du hast, z. B. mit deinen Freunden/Freundinnen, in der Schule, in der Freizeit, im Sport,
– wie dein perfektes Wochenende mit deiner Familie und deinen Freunden/Freundinnen aussieht.

3 ¡List@s!

Gestalte den Steckbrief bzw. nimm das Video auf:

Steckbrief
– Formuliere Überschriften und kurze Texte.
– Wähle Fotos aus und beschrifte sie.
– Ordne Texte und Fotos ansprechend an.

Video
– Formuliere den Text für das Video.
– Übe die Aussprache und die Betonung.
– Filme und schneide dein Video.

> Mit welchen Überschriften möchtest du zum Lesen animieren? Welche Accessoires kannst du auf den Fotos verwenden?

> Wähle deine Kameraeinstellung: Wie viel möchtest du von dir zeigen?

4 ¡Ya!

Bevor du deine Präsentation abgibst, gibt dir ein/-e Mitschüler/-in eine Rückmeldung. Hierfür könnt ihr die Checkliste zum Feedback nutzen.

> Hola, me llamo David. Tengo 14 años y vivo en Hamburgo con mis padres y mi hermana Amelie. Soy un chico simpático y alegre. En mi tiempo libre me gusta nadar, jugar al fútbol y pasar tiempo con mis amigos. A nosotros nos gusta ir al parque y patinar.
> En el insti me gustan […].

| Vocabulario | Texto A | Texto B | Tarea final | **Gramática** | **1** |

ERKLÄRFILM

Du sagst, was du gerade machst

1 ¿Qué estás haciendo?

Ahora **estoy paseando** a Chispa y **estoy comiendo** un helado.

Dazu benötigst du:

das Verb **estar** und das **gerundio**:

Estoy	habl**ando**	con el profe.
¿Qué estás	busc**ando**	?
Pau no está	com**iendo**	helado.
Estamos	hac**iendo**	los deberes.
¿Ya estáis	sal**iendo**	de casa?
Están	escrib**iendo**	mensajes.

❗ leer: le**y**endo
ir: **y**endo
traer: tra**y**endo   ▶ Los verbos, p. 150

Du sagst, was jemandem (nicht) gefällt

2 –¿Qué **os** gusta, chicos?
–**Nos** gusta ir en bici.

A ellas no **les** gusta hacer deporte.

Dazu benötigst du:

nos, **os**, **les** und das Verb **gustar**:

nos	gusta + *Infinitiv*
os	gusta + *Substantiv im Singular*
les	gusta**n** + *Substantiv im Plural*

❗ Zur besonderen Betonung kannst du noch **a nosotros/-as**, **a vosotros/-as**, **a ellos/ellas** davorsetzen.

Du sprichst über Stärken und Schwächen

ERKLÄRFILM

3 Álex es **buena** deportista.
Las dos chicas son **malas** nadadoras.
Pau es **malo** en Mates.

Ismael es **mal** jugador, pero **buen** perdedor.

Dazu benötigst du:

die Adjektive **bueno/-a** und **malo/-a**:

	männlich	weiblich
Sg.	buen/bueno mal/malo	buena mala
Pl.	buenos malos	buenas malas

❗ Vor einem männlichen Substantiv im Singular verkürzen sich **bueno** zu **buen** und **malo** zu **mal**.

Du sprichst über Aktivitäten am Wochenende

4 Hoy **juego** al fútbol con mi familia.
Nora y yo **jugamos** a las cartas.

– ¿Qué **traes** en tu mochila?
– **Traigo** golosinas.

Dazu benötigst du:

das Verb **jugar** und **traer**:   ▶ Los verbos, p. 150

Suplemento 1

Vocabulario

1 Estás en la piscina. ¿Qué puedes hacer allí? Formula frases.

2 Nora describe su fin de semana perfecto. Completa el texto con las palabras.

> tortilla • habitación • fotos • chistes • perdedora • excursión • exposición • cine • compras

Me gustan los fines de semana porque no tengo que ir al insti y paso más tiempo con mi familia y mis amigos. Los sábados, normalmente paso la mañana en casa y ordeno mi [...]. Después voy de [...] con mi hermana, sacamos [...] y a veces comemos un helado. Por la tarde me gusta quedar con mis amigos en el parque o hacer una [...] en bici con mi padre. ¡Ir en bici es genial!
5 El domingo es el día de la familia. A mi madre le gusta cocinar, por eso muchas veces preparamos una [...]. Por la tarde vamos a una [...] o jugamos a las cartas en casa. Es divertido porque papá siempre cuenta [...]. Yo no soy buena jugadora, pero soy buena [...]. Después vemos una película en el salón o vamos al [...].

Gramática

3 **Los adjetivos bueno y malo:** Completa las frases con las formas correctas de **buen**, **bueno/-a** ➕ y **mal**, **malo/-a** ➖. ▶ Gramática, p. 25/3

1. Lili es ➕ nadadora.
2. Hoy es un ➕ día para hacer una excursión.
3. Ismael es ➖ jugador, pero por suerte es ➕ perdedor.
4. Álex es ➕ en Educación Física.
5. Tomar el sol hoy es una ➖ idea, ¡hace ➖ tiempo!
6. Lili y Pau son ➕ amigos.
7. En esta heladería los helados son ➕.
8. Hoy tenemos ➖ suerte. El autobús sale una hora más tarde.

4 **Los verbos jugar, perder, contar, traer, recoger, proteger y volver:** Completa las frases con las formas correctas de los verbos. ▶ Gramática, p. 25/4

1. Mi hermano siempre [perder] sus bolígrafos.
2. Mis amigos y yo [jugar] al fútbol en el parque.
3. ¿Nora y Pau [traer] la merienda?
4. Limpio la playa y [recoger] la basura.
5. Después de la excursión los chicos [volver] tarde a casa.
6. Mis profes [contar] chistes divertidos.
7. – ¿Qué [traer/tú] en tu mochila?
   – Aquí [traer/yo] una sorpresa para ti.
8. Pau [volver] mañana de Valencia.
9. Vosotros también [proteger] el medio ambiente, ¿verdad?
10. Los chicos [jugar] a las cartas.
11. Los amigos [recoger] el aula.

5 a Nos, os, les y el verbo gustar: Completa el e-mail de Álex. ▸ Gramática, p. 25/2

Asunto: Saludos

Hola, Nora:
¡Ya faltan pocos días para volver a Madrid!
A nosotros [...] gusta mucho estar aquí, las vacaciones son geniales. [...] gusta la playa, los helados y el tiempo libre. 😊 ¿Qué tal vuestras vacaciones en Madrid? ¿También [...] gusta el verano?
Por las mañanas, a Lola y a mí [...] gusta descansar, pero a mi madre y a Carlos eso no [...] gusta. Ellos prefieren salir a las nueve y media y [...] gusta desayunar en un café. Después [...] gusta visitar museos juntos y por la tarde [...] gusta pasar tiempo en la playa. Y a vosotros, ¿qué [...] gusta hacer juntos?
Bueno, nos vemos en pocos días en Madrid.
Un abrazo,
Álex

5 b Me, te, le, nos, os, les y el verbo gustar: ¿Qué dicen las personas? Completa las frases.

Nora: Chicos, ¿[...] esta fiesta?
Ismael y Álex: ¡Sí, a nosotros [...] las fiestas! ¿Y a ti?

Álex: Ismael, ¿[...] mi foto con las dos influencers?
Ismael: Sí, claro, [...] tu foto.

Profesor: A Ismael [...] los proyectos.
Profesora: Sí, y a los chicos también [...] sus proyectos.

6 Estar + gerundio: ¿Qué estáis haciendo? Formula frases. ▸ Gramática, p. 25/1

1. Yo [tocar] en casa.
2. Tú [leer] en la tienda de cómics.
3. Él [escribir] en la plaza.
4. Ella [recoger] en la playa.
5. Nosotros [jugar] en el parque.
6. Vosotras [pasear] en el barrio.
7. Ellos [hacer] delante de la heladería.
8. Ellas [comer] en el parque.

CHIC@S DE HOY

NÚMERO 1

¿Sabías que...?

Hay actividades simples para reducir la contaminación digital[1]:

borrar[2] e-mails viejos

cerrar las páginas web después de tu visita

usar buscadores sostenibles[3]

activar el ahorro energético[4] del móvil

apagar el móvil o activar el modo avión

reparar tus cosas antes de comprar cosas nuevas

¿Qué estás haciendo tú para reducir la contaminación digital?

1 **la contaminación digital** die digitale Umweltverschmutzung   2 **borrar** löschen
3 **el buscador sostenible** die nachhaltige Suchmaschine   4 **el ahorro energético** der Energiesparmodus

★ Tus estrellas

¿Cuántas medallas ganó Nelson en natación paralímpica en Tokio en 2021? ¡Haz una búsqueda en Internet!

Nombre: Nelson Crispín Corzo
Es de: Bucaramanga, Colombia
Cumpleaños: 10 de mayo de 1992
: Nadador
: Mejor atleta paralímpico de Colombia 2021

Tus afirmaciones diarias

¿Cuál es tu afirmación del día?

- Hoy digo «SÍ».
- Aprendo algo nuevo todos los días.
- Hoy digo «NO».
- Soy paciente.
- Soy creativo. / Soy creativa.
- Puedo hacer cosas difíciles.
- Soy generoso. / Soy generosa.
- Soy buen amigo. / Soy buena amiga.
- Escucho.
- Intento cosas nuevas.

Tu compromiso social

¿Qué es el PLOGGING?
Es un deporte ecológico porque corres en grupo y recoges la basura que encuentras. Así practicas deporte y proteges el medio ambiente.

¡Vamos a hacer plogging!

Busca información en Internet sobre eventos de PLOGGING en tu ciudad o pueblo.
        ¿Quieres participar?

Módulo 1

¿Qué te pones hoy?

LaCuriosa
Gente, hoy empiezan las clases en España y la pregunta del día es: ¿Qué ropa te pones? ¿Cuál es tu outfit del día?
📍 MADRID

B.enjamín.argentina
Che, yo tengo que llevar uniforme, así que no necesito tiempo para elegir mi ropa.

Mi uniforme es verde oscuro con camisa blanca, pantalones y zapatos negros. Como en Bariloche todavía hace frío, también me pongo un abrigo.

Luis_Luis
Estoy en Bogotá de intercambio y me gusta mucho la ciudad. Pero desde el jueves hace mal tiempo: está lloviendo y los días son grises. Hoy me pongo vaqueros, mi camisa favorita rosa y un jersey azul. Y claro, salgo con chaqueta y botas.

Álex_R_M
A mí me gusta la ropa sencilla y cómoda, no tiene que ser de marca... En Madrid hace sol y vamos a jugar al fútbol después del insti. Por eso, me pongo una camiseta blanca, pantalones de chándal y zapatillas de deporte.

Laura_málaga_1506
Son las 8 de la mañana y aquí en Málaga ya hace mucho calor, uf... Hoy me pongo mi falda amarilla con una camiseta de color naranja ... ¿o quizás mi vestido rojo? El vestido es de segunda mano y ¡me encanta!

In Spanien tragen die Schüler/-innen in den öffentlichen Schulen keine Uniform, aber in vielen Privatschulen. In Lateinamerika trägt die Mehrheit der Kinder eine. Welche Vor- und Nachteile hat deiner Meinung nach das Tragen einer Schuluniform?

Hier lernst du:
- zu sagen, was du anziehst.
- zu sagen, wie das Wetter ist.

1 a Lee los textos y contesta las preguntas.

1. ¿Dónde viven los jóvenes?
2. ¿Qué tiempo hace hoy en su ciudad?

1 b Busca las ciudades en los mapas de España y América Latina. ▶ Umschlagseiten

2 Mira las fotos de los jóvenes. ¿Quién lleva qué? **A** formula una pregunta y **B** contesta. Luego intercambiad los papeles. ☆ ▶ p. 124

| ¿Quién lleva | una falda / un jersey / vaqueros / [...] | rojo/-a? / amarillo/-a? / gris? / [...]? |

¿Quién lleva una falda amarilla?

Es Laura.

Mit Karteikarten lernen ▶ Destrezas, p. 134/7

3 a Suche die neuen Wörter zum Thema *Kleidung*, *Farben* und *Wetter* aus den Texten heraus. Lege dir für diese Wörter Karteikarten an.

– Schreibe auf die eine Seite das spanische Wort. Schreibe es farbig (z. B. Farbadjektive), notiere einen Beispielsatz oder zeichne ein Bild dazu.
– Schreibe auf die andere Seite die deutsche Übersetzung.

3 b Wählt nun jeweils zehn eurer Karteikarten aus und fragt euch ab. **A** liest das spanische Wort und den Beispielsatz vor. **B** nennt die deutsche Übersetzung. Wechselt euch ab.

3 c Fragt euch nun in die andere Richtung ab. **A** liest die deutsche Bedeutung vor, **B** nennt die spanische Übersetzung. Wechselt euch auch hier ab.

4 ¡A jugar! ¿Quién es? Describe la ropa de una persona de la clase. Los demás adivinan quién es.

5 ¿Qué tiempo hace en estas ciudades? Escucha el pronóstico del tiempo y contesta. | Höre den Wetterbericht und sage, wie das Wetter in den Städten ist. ▶ Destrezas, p. 137/21

6 ¿Qué tiempo hace hoy en tu ciudad? ¿Qué ropa eliges? Contesta la pregunta de «La Curiosa» y presenta tu outfit del día. ▶ Para comunicarse, p. 156/4

▶ Autocontrol digital

Unidad 2
Después de clase

Nach dieser Unidad kannst du:
– einen besonderen Wochentag präsentieren.

Dafür lernst du:
– über außerschulische Aktivitäten zu sprechen.
– über Schulstress zu sprechen.
– Vorlieben auszudrücken und zu begründen.
– über deinen Tagesablauf zu sprechen.

1 a   Sieh dir die Fotos an und sage, welche AGs und Aktivitäten hier gezeigt werden.

1 b   Welche AG oder Aktivität würdest du wählen? Erkläre warum.

2   Escucha y pon las fotos en el orden correcto.

2 Vocabulario Texto A   Texto B   Tarea final   Gramática

Las actividades extraescolares favoritas

Las extraescolares favoritas de los alumnos y alumnas en nuestro instituto son:

- en primer lugar: el baloncesto
- en segundo lugar: el tenis
- en tercer lugar: el judo
- en cuarto lugar: el balonmano
- en quinto lugar: el atletismo

- el coro
- el teatro
- el club de lectura
- el club de escritura
- el huerto escolar
- las clases particulares (de refuerzo)
- la natación
- el patinaje
- la gimnasia
- el fútbol
- la fotografía
- las artes plásticas
- la escuela de música
- el baile moderno
- el recicl-arte
- las clases de idiomas
- las manualidades
- la programación y la robótica

ERKLÄRFILM

1 Mira el vídeo y repite las palabras.

2 Lee las descripciones y apunta las extraescolares con el artículo determinado.

1. Es un deporte que haces en el agua.
2. Es un deporte que solo pueden hacer dos o cuatro personas.
3. Es un deporte que juegas con las manos y una pelota.
4. Es un deporte que juegan 22 personas con una pelota.

Vocabulario   Texto A   Texto B   Tarea final   Gramática   **2**

3 ¡A jugar! Apuntad tres extraescolares por cada tema. Recibes un punto por una extraescolar, dos puntos si solo tú tienes la palabra. ¿Quién gana?

deportes	música	literatura e idiomas	arte

4 a Lee la información sobre los jóvenes y di qué (no) les gusta.

> A Malak (no) le gusta/n [...].

Malak
♥ los deportes
✖ leer

Nahuel
♥ leer, hablar sobre libros
✖ aprender idiomas

Noa
♥ aprender idiomas, viajar
✖ tocar instrumentos

Álvaro
♥ escribir historias
✖ los deportes

4 b Ahora elige una extraescolar (p. 34) para cada joven.

Ejemplo: Para [...] es ideal [...].

Wortschatz erweitern ▶ Destrezas, p. 46/1 ▶ Suplemento, p. 46/1

Um deinen Wortschatz zu erweitern, kannst du dir ein eigenes kleines Wörterbuch anlegen. Dort trägst du die neuen Wörter und Ausdrücke ein. Ergänze weitere Wörter, die für dich selbst wichtig sind. Du kannst auch eine Tabelle auf deinem Handy oder Tablet anlegen.

5 Erstelle dein eigenes kleines Wörterbuch und trage dort die neuen AGs ein. Ergänze dann deine Liste mit weiteren AGs, die dich interessieren. ▶ Palabrateca, p. 166

6 a Hablad sobre vuestras extraescolares favoritas y haced vuestro top 5. ▶ Para comunicarse, p. 154/2 ▶ Palabrateca, p. 166

> ¿Cuáles son tus cinco extraescolares favoritas?

6 b Presentad los resultados del ejercicio 6a. Luego haced el top 5 de la clase. ▶ Suplemento, p. 47/7

> En primer lugar está [...].

▶ Autocontrol digital

2 Vocabulario | Texto A | Texto B | Tarea final | Gramática

Extraescolares: ¿Cómo organizas tu tiempo?

| HOLA | ARTÍCULOS | INFORMACIÓN | ESCRIBIR |

¿Cómo organizas tu tiempo?

Todos los años es lo mismo: las primeras semanas de clase tenemos que elegir las extraescolares. Hay alumnos que quieren llenar su tiempo libre de actividades, pero muchos prefieren un plan
5 tranquilo. ¿Cómo evitar el estrés? Tres alumnos de 3° de ESO cuentan.

Ismael

Me parece difícil elegir porque hay mucha oferta. Me interesan muchas actividades, por eso todavía estoy mirando. Me interesa el club de lectura porque me encanta leer. También quiero hacer deporte, me encanta ir en bici, pero no sé... Este año hay un taller de fotografía con el profe de Plásticas, ¡mola mucho! Pero quizás no voy a poder
10 hacer todas las actividades que me interesan.

Lili

Para mis padres las extraescolares son muy importantes. Voy a tener extraescolares casi todos los días y después tengo que hacer los deberes... Y este curso me parece bastante difícil, porque tenemos muchas clases y asignaturas nuevas. ¡Qué estrés! ¿Cuándo voy a estudiar para los exámenes? Y, ¿cuándo voy a hacer mis cosas y
15 descansar? No quiero estar cansada todo el tiempo.

Pau

No sé, a mí no me interesan mucho las extraescolares. Bueno, me interesan, pero prefiero tener tiempo para mis cosas: para tocar la guitarra, para ver series y, claro, para descansar... Además, ya tengo muchas asignaturas este curso. Bueno, este trimestre voy a participar en la banda del instituto, ensayamos los martes. Con esto
20 tengo suficiente y además, estoy feliz así. Y el próximo trimestre voy a ver qué hago, quizás voy a participar en el club de lectura de manga y novelas gráficas.

Y tú, ¿cómo eliges tus extraescolares y evitas el estrés?

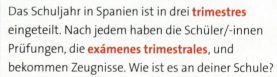

Das Schuljahr in Spanien ist in drei **trimestres** eingeteilt. Nach jedem haben die Schüler/-innen Prüfungen, die **exámenes trimestrales**, und bekommen Zeugnisse. Wie ist es an deiner Schule?

Comprender el texto

★ 1 Lee el artículo y pon un título a cada parte. ☆ ▶ p. 124

2 Cuenta cuáles son los planes de las tres personas.

36 treinta y seis

| Vocabulario | **Texto A** | Texto B | Tarea final | Gramática | **2** |

Pronunciar

 3 Escucha el artículo (p. 36) y lee susurrando. Presta atención a la entonación y a la acentuación de las palabras. Luego lee el texto en voz alta. | Höre dir den Artikel an und lies leise mit. Achte auf Satzmelodie und Wortbetonung. Lies den Text dann laut vor. ▶ Destrezas, p. 139/30

Modelo para hablar

 4 a Escucha, lee y repite.

¿Qué te interesa?
Nora: A mí [...] el curso de cocina porque me gusta cocinar. ¿Y a ti?
Álex: A mí no, [...] aburrido.
Nora: Vale. También [...] los deportes. Quizás voy a participar en la clase de judo. ¿A ti te gusta el judo?
Álex: Sí, [...] el judo. [...] bastante divertido.

 4 b ¿Qué te interesa? Presentad el diálogo.

A A mí me interesa el curso de cocina / el baloncesto / [...] porque me gusta cocinar / el deporte / [...]. ¿Y a ti?

B A mí no, me parece aburrido / [...].

Vale. También me encantan los deportes / los libros / los idiomas / [...]. Quizás voy a participar en la clase de judo / [...]. ¿A ti te gusta el judo?

Sí, me encanta el judo / [...]. Me parece bastante divertido / interesante / [...].

Practicar

 5 Hablad sobre vuestro día a día: ¿Qué (no) hacéis todos los días? ▶ Suplemento, p. 46/2

| *ir* al instituto • *tener* clases de guitarra/piano/[...] • *hacer* los deberes • *descansar* • *jugar* a las cartas • *ver* películas • *ayudar* en casa • *ir* de vacaciones • *hacer* deporte • *leer* un libro/cómic • *visitar* a los abuelos | todos los días • todos los lunes/martes/[...] • todas las tardes todos los años |

 6 Elegid cinco extraescolares y decid qué os parecen y por qué. ☆ ▶ p. 124 ▶ Suplemento, p. 46/3, 4

Ejemplo: –A mí me interesan las clases de manualidades porque me parecen muy creativas. ¿Y a ti?
–A mí también/no. A mí me interesa [...] porque [...].

treinta y siete **37**

Escuchar

7 a Copia la tabla en tu cuaderno. Escucha el podcast de «La Curiosa» y apunta primero las extraescolares que eligen Izan y Leire. ▶ Destrezas, p. 136/18

	Izan	Leire
Actividades extraescolares		
¿Por qué participan?		
¿En qué extraescolares no participan y por qué?		

7 b ¿Por qué eligen los jóvenes estas extraescolares? Escucha otra vez y completa tu tabla.

> *necesitar* hacer deporte • *aprender* muchas cosas • *encantar* bailar • *ver* amigos del barrio • *hacer* amigos • *gustar* el hiphop

7 c ¿En qué extraescolares no participan y por qué? Escucha una tercera vez y completa tu tabla.

¡Acuérdate!

8 a ¿Cómo es tu instituto y qué haces después de clase? Relaciona las palabras con ➕ mucho/-a y ➖ poco/-a.

> oferta de extraescolares • estrés • deberes • clases • tiempo libre • deporte • basura • asignaturas • problemas • gente • reglas • ganas • compañeros • […]

8 b Cuenta a tu amiga Inés cómo es tu instituto y qué haces después de clase.

 Verbinde zwei Informationen in einem Satz mit *pero, por eso, por ejemplo* oder *y*.

Ejemplo: En mi instituto hay muchas extraescolares, por ejemplo hay muchos deportes.

Hablar

9 Hablad sobre las extraescolares en vuestro instituto. **A** empieza. ▶ B, p. 124

- Begrüße **B** und frage, welche AGs **B** dieses Schuljahr auswählt.
- Frage nach, warum **B** an diesen AGs teilnehmen möchte.
- Zähle auf, an welchen AGs du teilnehmen wirst.
- Erkläre, warum du an diesen AGs teilnehmen möchtest.
Verabschiedet euch.

Vocabulario | **Texto A** | Texto B | Tarea final | Gramática

2

Mediación

¡Tú eliges! Elige 10a o 10b.

Inés, tu compañera de intercambio, quiere organizar sus actividades extraescolares. No habla muy bien Alemán y tiene clase de alemán los martes por la tarde. Es muy deportista y los miércoles su horario termina a las doce. Lee el programa de extraescolares y mándale un mensaje para decirle qué extraescolares son ideales para ella. ▶ Destrezas, p. 142/42

10 a Escribe un mensaje de texto.

10 b Graba un mensaje de voz.

Aprender mejor

Texte als Modell für eigene Texte nutzen ▶ Destrezas, p. 141/39

Nutze Texte aus dem Buch als Modell für deine eigenen Texte.
– Schreibe Ausdrücke oder Wendungen heraus, die du auch für deinen Text verwenden kannst.
– Ergänze die Liste durch eigene Ideen. Notiere dafür weitere Vokabeln und Wendungen.
– Formuliere nun deinen eigenen Text. Du kannst dabei den Modelltext für die Strukturierung nutzen.

11 Escribe un texto para la revista y contesta la pregunta del artículo (p. 36): ¿Cómo eliges tus extraescolares y evitas el estrés? ▶ Para comunicarse, p. 154/2

▶ Autocontrol digital

¿Cómo es tu rutina?

Antes de leer

 1 Überfliege den Text. Um welche Textsorte handelt es sich und wo findet man sie?
▶ Destreza, p. 137/24

1 Tienes clase a las ocho. ¿Qué haces?
A Me despierto temprano, me ducho, desayuno con calma, me lavo los dientes, me pongo los zapatos y salgo a tiempo.
B Me levanto a las siete y me visto. Intento salir a tiempo, pero siempre desayuno en el bus.
C Me quedo en la cama hasta las siete y media, me visto muy rápido y llego tarde al insti.

2 Tienes exámenes en dos semanas. ¿Cuándo estudias?
A Me preparo bien y estudio un poco cada día.
B Estudio todo el fin de semana antes del examen y hago fichas.
C Estudio el día antes del examen, pero a veces no encuentro mis apuntes.

3 ¿Qué tal las extraescolares?
A Tengo extraescolares, pero necesito tiempo para mí.
B Son muy importantes, por eso tengo extraescolares todos los días.
C ¡Qué pereza! Ya tengo muchas clases.

4 ¿Haces pausas cuando haces los deberes?
A Sí, hago pausas para comer algo o pasear.
B ¿Pausas? ¿Qué pausas? Estudio y el tiempo pasa muy rápido.
C Sí, me siento en la cama y escroleo en las redes sociales.

5 ¿Tienes tiempo suficiente para comer?
A Sí, y como con mi familia.
B No, no tengo tiempo, como bocadillos o algo sencillo.
C Picoteo todo el tiempo, por eso no tengo hambre a la hora de cenar.

6 ¿Qué haces antes de dormir?
A Escribo un par de mensajes o leo un poco. No me duermo muy tarde.
B Después de hacer los deberes, chateo con mi pandilla y escucho música.
C Veo unos episodios de mi serie favorita y luego me acuesto.

A	B	C
Te organizas bien y por eso tienes tiempo para estudiar y para ti. Pero también hay otras cosas en tu vida como los amigos, la familia o tus hobbies. ¿Por qué no llamas a alguien para tomar un helado?	Muy bien, para ti estudiar es importante, pero haces muchas cosas a la vez. ¿Por qué no fijas unas horas para estudiar y así haces más pausas?	¡Qué bien! Eres una persona abierta y con muchos intereses. Pero te falta un poco de estructura y por eso te estresas. ¿Por qué no haces un plan para la semana?

Comprender el texto

2 a Haz el test y lee tu resultado. ¿Estás de acuerdo con el resultado y por qué?

2 b Ahora lee sobre la rutina de Nora y haz el test por ella. ¿Qué resultado sale?

Me despierto a las seis y media, me ducho y me arreglo. Después desayuno y voy al insti.

Mis notas son importantes para mí. Por eso tengo una lista con las fechas de los exámenes y estudio cada día media hora.

Pero no estudio todo el tiempo, también hago pausas.

Los jueves voy a mi clase de baile. Me encanta estar con mis amigas, aprender pasos nuevos y bailar.

Cocinamos y charlamos sobre nuestro día.

Normalmente me duermo a las diez. Pero antes me gusta leer un poco.

Modelo para hablar

 3 a Escucha, lee y repite.

¿Cómo es tu rutina?
Pau: ¿Cómo es tu rutina por la mañana?
Álex: [...] Luego desayuno y voy al insti.
Pau: Y por la tarde, ¿qué haces?
Álex: Voy a [...]. Luego [...].
Pau: ¿Y tienes una rutina antes de dormir?
Álex: Sí, [...].

3 b ¿Cómo es tu rutina? Presentad el diálogo en parejas.

A ¿Cómo es tu rutina por la mañana?

B Me despierto. / Me levanto. / Me visto. / Me preparo para el insti. Luego desayuno y voy al insti.

Y por la tarde, ¿qué haces?

Voy a extraescolares. Luego [...].

¿Y tienes una rutina antes de dormir?

Sí, me ducho / me lavo los dientes / me acuesto. En la cama escroleo en las redes sociales / [...].

cuarenta y uno 41

¡Acuérdate!

4 Hoy es jueves. ¿Qué le pasa a Pau? Cuenta su día.

por la mañana	por la tarde	por la noche
no *encontrar* sus deberes	*volver* a casa a las cuatro	*contar* su día a su padre
perder el autobús	*jugar* al fútbol	*tener* que estudiar, pero
tener que ir a pie al instituto	no *pensar* en los deberes	*preferir* ver su serie favorita

Descubrir

5 a Vergleiche die Sätze und achte dabei besonders auf die Verben. Was fällt dir auf?

1. Normalmente **me despierto** a las 7:30 h. Luego **me ducho** y **me visto**.
2. **Desayuno** con mi familia a las 7:45 h. Después **salgo** de casa y **espero** el autobús.

5 b Für jede Verbform gibt es ein Reflexivpronomen. Ordne sie einander zu. ▶ Gramática, p. 45/5

| me • te • se • nos • os • se | | levantas • dormimos • visten • siento • acuesta • organizáis |

5 c Encuentra a dos personas que se levantan y acuestan a la misma hora que tú.

Ejemplo: ¿A qué hora te despiertas? ¿Y cuándo te acuestas?

Practicar

6 ¿Cómo son los jueves de Álex? Describe su rutina. ☆ ▶ p. 125 ▶ Gramática, p. 45/5
▶ Suplemento, p. 47/6

7 ¿Y cómo son los jueves de Ismael? Describe su rutina y utiliza **antes de** y **después de** + **infinitivo**. ▶ Gramática, p. 45/6 ▶ Suplemento, p. 47/8

Ejemplo: Antes de levantarse, mira su móvil. / Después de mirar su móvil, [...].

1. *mirar* su móvil → *levantarse*
2. *elegir* su ropa → *vestirse*
3. *desayunar* → *lavarse* los dientes
4. *buscar* su mochila → *salir* de casa

2

Vocabulario Texto A **Texto B** Tarea final Gramática

8 a ¡A jugar! Tirad los dados tres veces y formulad frases con la conjunción **cuando**.

Ejemplo: Salgo con el perro cuando llueve.

⚀ = [yo]	⚀ = *salir* con el perro	⚀ = *tener* hambre
⚁ = [tú]	⚁ = *ir* al cine	⚁ = *hacer* calor
⚂ = [él]	⚂ = *tomar* el sol	⚂ = *hacer* frío
⚃ = [nosotros]	⚃ = *sacar* fotos	⚃ = *llover*
⚄ = [vosotras]	⚄ = *jugar* al fútbol	⚄ = *hacer* sol
⚅ = [ellas]	⚅ = *hacer* manualidades	⚅ = *tener* tiempo

8 b ¡Ahora tú! Nombra dos actividades que haces cuando hace buen o mal tiempo, o cuando llueve.

Escuchar

9 a Escucha el mensaje y contesta las preguntas. ▶ Destrezas, p. 137/20

1. ¿Quién habla?
2. ¿Dónde está?
3. ¿De qué habla?

9 b Escucha el mensaje otra vez y toma apuntes. Luego contesta las preguntas en pocas palabras. ▶ Destrezas, p. 137/21

1. ¿Cómo es su rutina por la mañana?
2. ¿Qué hace por la tarde?
3. ¿Qué hace antes de dormir?

Hablar

10 Pau quiere saber cómo es tu rutina. Graba un mensaje de voz y cuenta cómo son tus sábados. Utiliza las siguientes palabras. ▶ Destrezas, p. 140/35 ▶ Para comunicarse, p. 154/2

> siempre • después • pero • luego • normalmente • a veces

Ya lo sé – Escribir

11 Para el club de escritura, Lili tiene que escribir sobre su día de la semana favorito. Lee el inicio e imagina cómo puede seguir el texto. Toma apuntes y escribe el final. ☆ ▶ p. 125 ▶ Destrezas, p. 141/37

> El sábado es mi día favorito. Me levanto tarde y desayuno con mamá. Luego salgo a pasear a Chispa. A Chispa le gusta mucho porque ve a sus amigos en el parque y juegan juntos.

▶ Autocontrol digital

2   Vocabulario   Texto A   Texto B   **Tarea final**   Gramática

Un día en mi vida

Du präsentierst deinem/-r eTwinning-Tandempartner/-in einen besonderen Wochentag deiner Wahl.

1   **¡Tú eliges!**

Comic: Du zeichnest und beschriftest einen Comic.
Fotogeschichte: Du erstellst digital eine Fotogeschichte.

2   **¡Preparad@s!**

Überlege,

- welche Aktivitäten deines Alltags du präsentieren möchtest, ▶ Destrezas, p. 141/37
- welche Verben, Adjektive und Ausdrücke du brauchst, ▶ Para comunicarse, p. 154/2
- welche Elemente eines Comics du einbauen möchtest: Sprechblasen, Blitze, lautmalerische Ausrufe, etc.

> Überlege, welche Stimmung du in deinem Comic vermitteln möchtest: Wenn du z. B. einen stressigen, hektischen Tag darstellen willst, sollte das auch auf deinem Comic zu sehen sein, sowohl was die Fülle an Details als auch die Farbauswahl angeht.

3   **¡List@s!**

Gestalte einen Comic oder eine Fotogeschichte:

Comic	Fotogeschichte
– Zeichne dein Raster per Hand oder suche im Internet nach einer Vorlage.	– Suche im Internet nach einer Vorlage für deine Fotogeschichte.
– Zeichne deine Bilder und schreibe deinen Text in die Sprechblasen.	– Erstelle deine Bilder am Computer oder suche Fotos aus.

> Überlege, welche Programme du verwenden kannst. Es gibt Programme, um Bilder zu bearbeiten und Programme, um Seiten zu gestalten. Sieh dir im Internet Tutorials zu diesen Programmen an. Du kannst auch Bilder mit KI erstellen lassen.

 4   **¡Ya!** Stellt euch eure Comics und Fotogeschichten gegenseitig vor.

Welchen Comic findet ihr am besten und am lustigsten? Welche Fotogeschichte ist am originellsten? Warum? Wollt ihr euch gegenseitig einschätzen, könnt ihr dafür die Checkliste zum Feedback nutzen.

| Vocabulario | Texto A | Texto B | Tarea final | **Gramática** | **2** |

Du sprichst über außerschulische Aktivitäten	Dafür benötigst du:
1 Mi **primera** extraescolar favorita es el tenis, la **segunda** es el coro.	die Ordinalzahlen: ❗ primer, primero/-a, segundo/-a, ❗ tercer, tercero/-a, cuarto/-a, quinto/-a

ERKLÄRFILM

2 **Todos** los años es lo mismo. Me gustan **todas** las actividades extraescolares. –¿Qué haces **todo** el día? –Chateo con **todas** mis amigas.	den Begleiter **todo/-a**: |	männlich	weiblich
Singular	tod**o**	tod**a**
Plural	tod**os**	tod**as**	

| **3** –¿Qué extraescolar **eliges**?
–Yo **elijo** el huerto escolar. | das Verb **elegir**. ▶ Los verbos, p. 150 |

Du drückst Interessen und Vorlieben aus	Dafür benötigst du:

ERKLÄRFILM

| **4** –**Me interesa** mucho el club de natación. A Nora **le interesa** la clase de baile. Y a ti, ¿qué extraescolares **te interesan**?
–**Me encanta** leer y escribir, por eso **me parecen** interesantes el club de lectura y el club de escritura. | **me, te, le, nos, os, les** und die Verben **interesar, encantar** und **parecer**:
❗ Zur besonderen Betonung kannst du noch **a mí, a ti, a él/ella, a nosotros/nosotras, a vosotros/vosotras, a ellos/ellas** davorsetzen. |

Du sprichst über deinen Tagesablauf	Dafür benötigst du:

ERKLÄRFILM

5 –¿Cuándo **te levantas**?
–**Me despierto** a las siete. **Me levanto** y después **me ducho**.

reflexive Verben:

	Me	ducho	todos los días.
Siempre	te	vistes	de negro.
Lili	se	organiza	muy bien.
¿	Nos	acostamos	temprano hoy?
¿Cuándo	os	levantáis	mañana?
Nora y Amaia	se	lavan	los dientes.

❗ Estoy cansado. No me <u>puedo</u> levantar. / No <u>puedo</u> levantarme.

6 **Antes de** salir de casa, Ismael desayuna. **Después de** comer, se pone los zapatos. | die Konjunktionen **antes de + infinitivo** und **después de + infinitivo**.

7 **Cuando** llueve, veo una película en casa. | die Konjunktion **cuando** (*immer wenn*).

cuarenta y cinco **45**

Suplemento 2

Vocabulario

1 a Apunta para cada verbo el sustantivo correspondiente.

> leer • ofrecer • nadar • estresarse

escribir – la escritura

b Apunta para cada sustantivo el verbo correspondiente.

> la presentación • la respuesta • la cocina • la compra

Gramática

2 **Todo/-a:** Completa las frases con la forma correcta de **todo/-a** y el artículo determinado.
▶ Gramática, p. 45/2

1. **Nora:** Álex y yo vamos a la piscina […] sábados. ¿Quieres ir con nosotras?
   Lili: ¿Van a estar allí […] día?
   Nora: Bueno, […] tarde.
2. **Ismael:** […] años es lo mismo, necesito clases particulares en Mates.
   Pau: Yo también voy a clases particulares […] martes. Mi profe, Marco, organiza […] clases.
3. **Álex:** ¿Qué vas a hacer hoy?
   Nora: Voy a cenar con […] familia. […] fines de semana cenamos juntos.

3 **El verbo parecer:** ¿Qué les parecen las cosas? Formula frases con **parecer**. ▶ Gramática, p. 45/4

Ejemplo: Las vacaciones te parecen geniales.

1. Las vacaciones • a ti • geniales.
2. La película • a vosotros • bastante aburrida.
3. La información • a ellas • muy importante.
4. Los ejercicios • a nosotros • difíciles.
5. Tu hermana • a mí • un poco pesada.
6. El profesor • a él • muy majo.
7. Las extraescolares • a mí • interesantes.
8. Este trimestre • a nosotros • tranquilo.

4 **Los verbos encantar e interesar:** Cuenta qué le **interesa** 👍 y **encanta** ❤️ a la pandilla.
▶ Gramática, p. 45/4

Ejemplo: A Nora le encanta […].

| 1. a Nora ❤️ | 2. a Ismael 👍 | 3. a Álex y Lili ❤️ |
| 4. a Pau 👍 | 5. a Nora e Ismael ❤️ | 6. a Lili 👍 |

5 **El verbo elegir:** ¿Qué extraescolares eligen las personas? Formula frases. ▶ Gramática, p. 45/3

1. [yo] • el club de lectura

2. Nora y tú • el recicl-arte

3. Ismael • el taller de fotografía

4. [tú] • el baile moderno

5. Pau y yo • el teatro

6. Álex y Pau • el baloncesto

6 **Los verbos reflexivos:** Completa las frases con las formas correctas de **los verbos reflexivos**.
▶ Gramática, p. 45/5

1. Después de natación, las chicas y los chicos de 3° de ESO [*ducharse*]. Luego [*vestirse*] y [*ponerse*] los zapatos.
2. Yo siempre [*despertarse*] a las seis y media, pero [*levantarse*] a las siete y [*vestirse*] rápido.
3. –¿A qué hora [*acostarse*/vosotras]? –[*Acostarse*/nosotras] a las ocho y media todos los días.
4. Cuando tengo que estudiar para los exámenes, [*estresarse*/yo] mucho porque no [*organizarse*/yo] bien.
5. –¿Qué [*ponerse*/tú] para ir al insti? –No sé, quizás [*ponerse*/yo] mi vestido amarillo.
6. –¿Cuándo [*levantarse*/vosotros] los fines de semana? –Los domingos [*levantarse*/nosotros] tarde, a las diez u once.

7 **Los números ordinales:** Formula preguntas con un **número ordinal** como en el ejemplo y contesta las preguntas. ▶ Los números ordinales, p. 147

Ejemplo: –¿Cuál es el primer día de la semana? –Es el lunes.

> el 1er día de la semana • el 4º mes del año • la 3ª asignatura que tienes hoy •
> la 5ª letra del alfabeto • la 2ª letra de tu nombre • la 1ª cosa que haces cuando te despiertas

8 **Antes de y después de + infinitivo:** Describe la rutina de Álex. ▶ Gramática, p. 45/6

Ejemplo: Después de ducharse, se lava los dientes. / Antes de lavarse los dientes, se ducha.

> *ducharse* • *lavarse* los dientes
>
> *desayunar* • *vestirse*
>
> *ir* al instituto • *buscar* sus libros
>
> *charlar* con su pandilla • *entrar* en el aula
>
> *tomar* un helado • *volver* a casa
>
> *hacer* los deberes • *jugar* al baloncesto
>
> *cenar* • *ver* una serie
>
> *acostarse* • *leer* un poco

CHIC@S DE HOY — NÚMERO 2

El mund🌍 del españ🌍l

¿Cómo funciona el sistema educativo de tu estado federal?
¿Cuáles son las diferencias con el sistema español?

La educación infantil
0 a 6 años
La escuela infantil
La guardería

La educación primaria
6 a 12 años
El colegio
6º de primaria
5º de primaria
4º de primaria
3º de primaria
2º de primaria
1º de primaria

La ESO (Educación Secundaria Obligatoria)
12 a 16 años
El instituto
4º de ESO
3º de ESO
2º de ESO
1º de ESO

La universidad

El bachillerato
16 a 18 años
2º de bachillerato
1º de bachillerato

La formación profesional (FP)
16 a 18 años

¿Sabías que...?

Los jóvenes en España quieren ser:

- futbolistas
- programadores/-as de videojuegos
- influencers

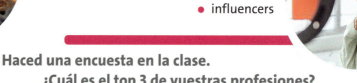

Haced una encuesta en la clase.
¿Cuál es el top 3 de vuestras profesiones?

Tus estrellas
¿Conoces a un/a astronauta de tu país?

Nombre: Dr. Katya Echazarreta
Es de: México
Cumpleaños: 15 de junio de 1995
⭐: ingeniera y astronauta
Es la primera mujer mexicana que viaja al espacio.

Tu proyecto
Puedes hacer recicl-arte para decorar tu habitación.

Una estantería

Materiales:
- dos o tres cajas de fruta
- pegamento
- tiras de madera
- ruedas
- pintura

Instrucciones:
1. Cortar las tiras de madera.
2. Pintar las cajas y la madera en tu color favorito.
3. Pegar las cajas a la madera.
4. Pegar las ruedas.
5. ¡Y listo!

Módulo 2

🔊 10 curiosidades sobre España

1 LA COSTA ESPAÑOLA
España tiene en total casi ocho mil kilómetros de costa. Diez de diecisiete Comunidades Autónomas tienen acceso al mar.

2 EL TEIDE
El Teide es la montaña más alta de España. Está situado en la isla de Tenerife y es un volcán.

3 EL RÍO EBRO
Con una longitud de 970 kilómetros, el río Ebro es el río más largo de España. Con solo 39 km de longitud, el río Asón es el río más corto del país.

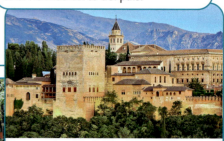

4 RESTAURANTE «BOTÍN», MADRID
El restaurante más antiguo del mundo está en Madrid y se llama «Botín». Una de las mejores pizzerías del mundo está en Barcelona. Se llama «Sartoria Panatieri».

5 LA RAMBLA, BARCELONA
España es uno de los países más turísticos del mundo, con más de 85 millones de turistas al año.

6 LA ALHAMBRA, GRANADA
Con más de dos millones de visitantes al año, la Alhambra de Granada, en Andalucía, es una de las mayores atracciones turísticas de España y del mundo.

7 UN LAGARTO, ISLAS CANARIAS
Las Islas Canarias son las islas españolas que están más lejos de la Península Ibérica, están cerca de África. Las ciudades españolas de Ceuta y Melilla están en África.

8 UN PATIO EN CÓRDOBA
Pasear por Córdoba un día de verano es la peor idea para tus vacaciones en Andalucía. Córdoba es el lugar más caluroso de España con temperaturas de más de 45 grados en julio y agosto. Por suerte, en los patios puedes descansar un poco a la sombra.

9 DESIERTO DE TABERNAS
En Europa hay solo un desierto: el Desierto de Tabernas en Andalucía.

10 ISLA DE LOBOS
Para terminar, un dato menos conocido: la Isla de Lobos es la isla más pequeña y más salvaje de las Islas Canarias. Allí no hay coches y solo puedes ir a pie o en bicicleta.

Hier lernst du:
- über Besonderheiten eines Landes zu sprechen.

1 Lee el texto y busca las Comunidades Autónomas en las que están los lugares. ▶ Umschlagseite

2 Lee los textos y relaciona los lugares con la información.

1. El Desierto de Tabernas
2. En la Isla de Lobos
3. Tenerife
4. Ceuta y Melilla
5. El Teide
6. El río Asón

a. es un volcán.
b. están en África.
c. está en Andalucía.
d. es una isla.
e. tiene una longitud de 39 kilómetros.
f. solo puedes ir a pie o en bicicleta.

3 Más curiosidades. Lee las frases y presenta la información utilizando el superlativo.

1. Frías es la ciudad [*pequeño/-a*] de España.
2. El Mercado Central de Valencia es el mercado [*grande*] de Europa.
3. El parque de atracciones Tibidabo en Barcelona es el [*antiguo/-a*] de España.
4. El pueblo con el nombre [*corto/-a*] se llama Ea y está en el País Vasco.
5. El Real Madrid y el FC Barcelona son los [*bueno/-a*] equipos de fútbol de España.

4 ¿Cuál es el o la mejor? Haced preguntas y contestad utilizando el superlativo.

Ejemplo: **A:** ¿Cuál es para ti la serie más divertida?
B: Para mí la serie más divertida es «Yo nunca».

> la asignatura • el color • el regalo • la ropa • el deporte • la actividad extraescolar •
> la actividad de tiempo libre • el plan para las vacaciones • el día de la semana • el mes • […]

> bueno/-a • interesante • divertido/-a • aburrido/-a • bonito/-a • importante • malo/-a • […]

5 a ¡Acuérdate! Escucha y apunta en tu cuaderno el número que falta.

a. 15 • […] • 55 • 95
b. 3 • 33 • 63 • […]
c. 4 • 14 • […] • 44
d. 8 • 18 • 80 • […]
e. […] • 39 • 90 • 99
f. 7 • 70 • […] • 77

5 b Escucha y pon los números en el orden correcto. Escucha otra vez y repite los números.

| a 500 | b 202 | c 370 | d 999 | e 777 | f 636 | g 882 | h 1000 |

6 Escribe cinco frases sobre las curiosidades más importantes de tu región. Busca en Internet información sobre tu región y sus curiosidades. Luego presenta tu región en clase.

> la costa • la isla • la montaña • el volcán • el río • los turistas • el monumento

▶ Autocontrol digital

Unidad 3
Galicia en el corazón

Playa de las Catedrales

Carnaval el Entroido

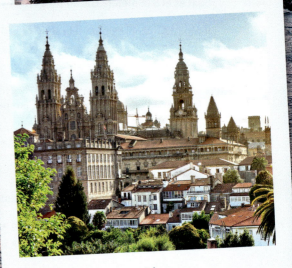
Santiago de Compostela

Nach dieser Unidad kannst du:
– einen perfekten Tag in deiner Region vorstellen.

Dafür lernst du:
– über eine Region zu sprechen.
– Dinge miteinander zu vergleichen.
– Wiederholungen zu vermeiden.
– die zeitliche Abfolge von Ereignissen zu schildern.

In Spanien werden neben Spanisch in einigen Regionen auch **el gallego**, **el catalán**, **el valenciano** und **el vasco** gesprochen.

Parque Natural Fragas do Eume

Museo Ciudad de la Cultura de Galicia

Pulpo a la gallega

Corre o vento, o río pasa,
Corren nubes, nubes corren
Camiño da miña casa.

Fuente: Rosalia de Castro, Cantares gallegos, 2013

1   Mira las fotos. ¿Qué actividades puedes hacer en Galicia? Haz una lista.

2 a Mira el vídeo. Completa tu lista del ejercicio 1.

2 b Nombra los lugares que quieres visitar en Galicia y las actividades que quieres hacer allí.

Ejemplo: Quiero visitar [...] porque allí puedo [...] / porque me gusta [...].

3 Vocabulario   Texto A   Texto B   Tarea final   Gramática

El paisaje de mi región

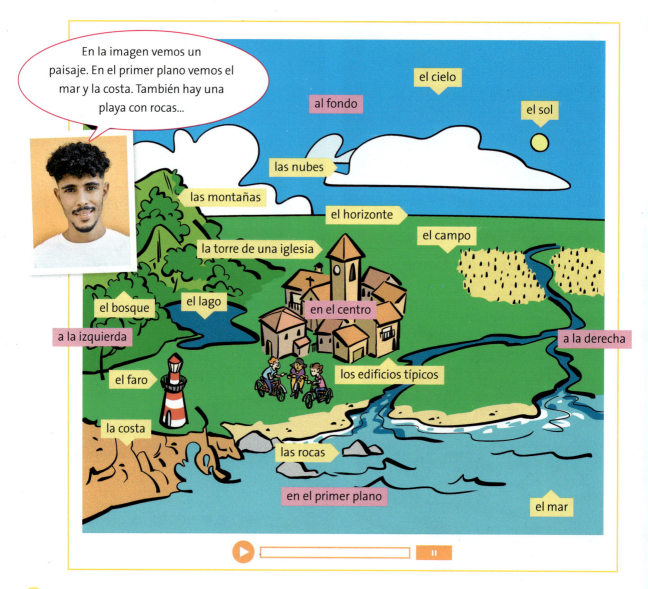

1 a Mira el vídeo y repite las palabras.

ERKLÄRFILM

1 b ¿Qué más hay en un paisaje? Haz una lista con palabras que ya conoces.

> También puedes buscar en la lista alfabética (p. 186).

2 Completa las frases con las palabras correctas de la imagen.

1. Un [...] es un lugar con muchos árboles.
2. En verano, voy a la playa y nado en el [...].
3. En los pueblos tradicionales hay una [...] y muchos [...].
4. Muchas veces la [...] es el lugar más alto de un pueblo.
5. En el [...] azul hay [...] blancas o grises.
6. El [...] es un edificio en la costa.

Vocabulario   Texto A   Texto B   Tarea final   Gramática   3

3 a ¿Qué foto describen? Mira las fotos y escucha la descripción.

3 b Describe una de las fotos que sobran.
▶ Destrezas, p. 139/33

Gib deine Beschreibung in eine KI ein und lass ein Foto erstellen. Wie nah ist dein Bild am Original?

Wortschatz leichter lernen mit einer Merkgeschichte ▶ Destrezas, p. 136/15

Du merkst dir Wörter und Ausdrücke besser, wenn du sie mit einer kleinen Geschichte verknüpfst. Hierfür eignen sich lustige und spannende Geschichten besonders gut.

4 a Lies die Merkgeschichte zum Thema „Landschaft". Ergänze sie danach mit den passenden Vokabeln.

| el cielo | el mar | nubes | la playa |

Ismael pasea por *los campos* y por *un bosque* con *un lago* pequeño. Pero quiere ir a *la costa*. ¡Por fin ve [...]! Frente a él está [...] tranquilo. En [...] azul no hay [...]. Pero, ¿qué hacen Pau y Lili con la mochila del insti aquí? – «¡Hijo, hijo, es tarde, tienes que ir al instituto!»

4 b Erstelle eine Liste mit Wortschatz zum Thema „mein Wochenende". Schreibe dann damit deine Merkgeschichte.

5 ¡Busca las diferencias! Mira los dos dibujos y nombra las seis diferencias.

Ejemplo: En el dibujo **a** hay un bosque a la derecha. En el dibujo **b** [...].

▶ Autocontrol digital

Cinco motivos para amar Galicia

¿A quiénes vas a encontrar en las calles de la ciudad más internacional de Galicia? ¿Para qué tienes que ir a un bar gallego? ¿En qué lugares puedes hacer un pícnic o tomar el sol? ¿De qué tienes que sacar fotos en la playa de Corrubedo? ¡Aquí respondo a estas preguntas y mucho más!

YAMAL FUENTES

5 **S**antiago de Compostela es la capital de Galicia y la ciudad más importante de la región. Es el destino final de muchísimos peregrinos que hacen el Camino de Santiago. Es una ciudad histórica que visita muchísima gente de todo el mundo. Aunque no es tan grande como Madrid o Barcelona, es muy abierta e internacional.

10 **G**alicia es famosa por su comida. Para comer puedes ir a un bar. Allí la comida es menos cara que en un restaurante y normalmente es buenísima. ¡No tienes que gastar mucho dinero para comer bien! Y siempre pido empanada gallega.

En Galicia, la cultura celta está muy presente en las tradiciones y en 15 la música. La gaita es tan tradicional aquí como en Escocia. No conozco una fiesta gallega sin la música de este instrumento.

Puedes tomar el sol o hacer un pícnic en la playa de Compostela, que está a solo 20 minutos en tren de Santiago. Un poco 20 más lejos está la playa de Corrubedo. Es más bonita que la playa de Compostela y allí también puedes nadar o hacer surf. La playa de Corrubedo es el lugar perfecto para sacar fotos de la naturaleza.

El gallego tiene setenta palabras para hablar de la lluvia 25 porque en Galicia llueve mucho. Aquí la lluvia es arte — cuando llueve, el paisaje es casi mágico.

> Du kannst den Jakobsweg schon in Deutschland beginnen. Suche im Internet die Route, die deinem Wohnort am nächsten liegt.

Comprender el texto

1 a Lee el artículo y contesta las preguntas.

1. ¿Por qué mucha gente visita Santiago?
2. ¿Por qué es mejor comer en un bar?
3. ¿Qué instrumento hay siempre en una fiesta gallega?
4. ¿Qué puedes hacer en la playa de Corrubedo?
5. ¿Cómo es el paisaje en Galicia cuando llueve?

Vocabulario   **Texto A**   Texto B   Tarea final   Gramática   **3**

⭐ **1 b** Lee otra vez el artículo y escribe un título para cada párrafo. ☆ ▶ p. 125

👥 **2** Überlegt, was Yamal mit diesem Satz über Galicien sagen möchte.

«[En Galicia] la lluvia es arte.» (l. 25).

Modelo para hablar

🔊 **3 a** Escucha, lee y repite.

Presento mi región
[...] Santiago. [...] histórica. [...] Madrid, pero es abierta e internacional. Mi región, Galicia, [...] su comida. [...] un bar. En un bar, [...] empanada gallega. [...] tomar el sol o hacer un pícnic en la playa de Compostela.

3 b Presenta tu región.

La ciudad más importante de mi región es [...].		
Es una ciudad		histórica/moderna/grande/pequeña/bonita/[...].
Es	tan grande como	Berlín/Múnich/[...].
	más/menos grande que	
Mi región es famosa por		su comida. / su naturaleza. / sus edificios históricos. / [...].
En [...]	puedes	tomar el sol. / hacer un pícnic. / nadar. / hacer surf. / jugar al fútbol. / visitar museos. / hacer rutas en bici de montaña. / [...].

Vocabulario y expresión

4 Yamal presenta su región. Completa con las siguientes palabras.

la capital de • tradicional de • una ciudad histórica • famosa por • el destino final de • presente en

Vivo en Santiago, [...] Galicia. Mi ciudad es [...] el Camino de Santiago y es [...] muchos peregrinos. Santiago es [...]. La cultura celta está [...] nuestras tradiciones y en nuestra música. La gaita [...] aquí.

cincuenta y siete **57**

Hablar

 5 Queréis saber más sobre ciudades de Galicia. **A** hace una pregunta y **B** contesta en frases completas. Luego **B** pregunta y **A** contesta, etc. ▶ Suplemento, p. 67/7 ▶ B, p. 126

Ejemplo: **A**: ¿Dónde está La Coruña? **B**: La Coruña está en Galicia, a cincuenta minutos en coche de Santiago.

> **A**
> Tus preguntas para **B** sobre La Coruña:
> ¿Dónde? ¿Cómo? ¿Por qué / famoso/-a? ¿De qué / fotos? ¿En qué / lugar / pícnic?
> Tu información para **B** sobre Vigo:
> Dónde: en Galicia, a una hora en coche de Santiago
> Cómo: ciudad moderno/-a, ciudad ➕ grande de Galicia
> Famosa por: las Islas Cíes
> Fotos: Rodas, playa ➕ conocido/-a del mundo
> Pícnic: el Parque de Castrelos

Practicar

 6 Queréis visitar Galicia y preparáis vuestra maleta. **A** hace una pregunta y **B** contesta. Utilizad **ese/esa** y **este/esta** y **el superlativo absoluto**. Luego intercambiad los papeles.
▶ Gramática, p. 65/3 ▶ Suplemento, p. 66/4 ☆ ▶ p. 126

> **este/esta** (aquí)
> → cosas que están cerca
> **ese/esa** (allí)
> → cosas que están lejos

aburrido/-a • feo/-a • interesante • divertido/-a • bonito/-a • moderno/-a • grande • pequeño/-a • chulo/-a

¿Quieres llevar esas gafas?

Sí, esas gafas me parecen chulísimas.

 7 ¿Qué cuenta Yamal sobre Galicia? Utiliza **el comparativo**. ▶ Gramática, p. 65/2 ▶ Suplemento, p. 66/3

la playa • ➕ bonito/-a • el parque

la empanada • ⚖ bueno/-a • la tortilla

un bar • ➖ caro/-a • un restaurante

Vocabulario　　**Texto A**　　**Texto B**　　**Tarea final**　　**Gramática**　　**3**

la tienda • ⊟ grande • el mercado

la iglesia • ⊞ antiguo/-a • el museo

una postal • ⊟ especial • un mensaje

Escuchar

8 a Escucha el podcast de Yamal y pon un título al episodio de hoy. ☆ ▶ p. 126

8 b Escucha otra vez. ¿Dónde están los lugares que visitan Yamal y Pati y qué hacen allí? **A** toma apuntes sobre los lugares 1 y 3 y **B** toma apuntes sobre los lugares 2 y 4. ▶ Destrezas, p. 137/19, 21

1. Playa de las Catedrales
2. Parque Natural Fragas do Eume
3. Torre de Hércules
4. Plaza de la Quintana

8 c Intercambiad y leed vuestros apuntes. Escuchad una vez más y completad los apuntes.

Ya lo sé – Hablar

9 a Haz una ficha con la información sobre tu región. ▶ Destrezas, p. 139/32

Información general (nombre, capital):
¿Cómo es?:
Lugares para visitar:
Comida típica:
Cultura y tradiciones:
Naturaleza:
Curiosidades:

Lüneburger Heide

9 b Presenta tu región.

 ▶ Autocontrol digital

El misterio en el Camino de Santiago

¡Por fin llegan las vacaciones de Semana Santa! Y otro año más los padres de Lili las quieren pasar en familia. Esta vez quieren hacer una parte del Camino de Santiago. Al principio a Lili no le gusta mucho la idea… ¿Por qué siempre hacen planes solo para adultos? Su madre ve su cara y enseguida entiende el problema:

Lili, tengo una idea. Este año vamos a hacer juntos una yincana en el Camino de Santiago y, además, puedes invitar a un amigo o una amiga.

5 A Lili le encanta la idea de su madre. Habla con Ismael y sus padres y ¡él va a ir con ellos!

10 Durante cinco días caminan a Santiago de Compostela. Cada día, Lili e Ismael reciben dos o tres acertijos. A veces, los resuelven inmediatamente. Otras veces tienen que preguntar a la gente o buscar una iglesia o un monumento en el camino. Todos los días Ismael, Lili y sus padres caminan y charlan, escuchan música o disfrutan del paisaje. Unos días pasan rápido, otros son más duros.

Papá, estoy cansada, no puedo más.

Ya al final del Camino, muy cerca de Santiago, los 15 chicos reciben un sobre con otro acertijo más. Lili lo abre y entonces ve una carta. Ismael la lee en voz alta:

Ese día, los chicos caminan unos 20 kilómetros y llegan a Santiago por la tarde. Ismael y Lili leen de nuevo el acertijo, 20 pero todavía no lo entienden. Finalmente, por la noche, en la Plaza de la Quintana lo entienden. El peregrino misterioso ya está ahí, y por fin lo ven…

Querido amigo peregrino: Ya casi terminas el Camino, pero al final te espero cerca de la catedral. Al lado de la Puerta Santa estoy, solo de noche me puedes ver hoy.

25 ¡El peregrino misterioso es una sombra!

Comprender el texto

1 a Lee el texto y pon las frases en el orden correcto.

1. Encuentran una solución: Lili puede invitar a alguien y van a hacer una yincana.
2. A Lili no le gustan los planes de sus padres.
3. En Santiago, ven al peregrino misterioso del acertijo.
4. Durante cinco días Ismael camina con Lili y su familia.
5. Ismael y Lili resuelven acertijos.
6. Los padres de Lili hacen planes para las vacaciones de Semana Santa.
7. Ismael y Lili reciben un acertijo que no entienden.

1 b Utiliza las frases del ejercicio 1a y las siguientes palabras para resumir el texto.

> entonces • al principio • enseguida • cada día • finalmente

Descubrir

2 a Was ersetzen die direkten Objektpronomen? Ordne die Substantive den Objektpronomen in den Sätzen zu.

| la carta | los acertijos | el sobre | las vacaciones |

1. Y otro año más los padres de Lili <u>las</u> quieren pasar en familia. (l. 1/2)
2. A veces, Lili e Ismael <u>los</u> resuelven inmediatamente. (l. 11)
3. Lili <u>lo</u> abre. (l. 16)
4. Ismael <u>la</u> lee en voz alta. (l. 16/17)

2 b Ersetze die unterstrichenen Substantive durch die direkten Objektpronomen an der richtigen Stelle und schreibe die Sätze auf. ▶ Gramática, p. 65/7

> Die direkten Objektpronomen stehen immer vor dem konjugierten Verb.

Ejemplo: Lili invita <u>a un amigo</u>. → Lili <u>lo</u> invita.

1. Lili invita <u>a un amigo</u>.
2. Lili escucha <u>las ideas de sus padres</u>.
3. La madre entiende <u>a Lili</u>.
4. Lili, sus padres e Ismael hacen juntos <u>el Camino de Santiago</u>.
5. Los padres de Lili preparan <u>una yincana</u> para Lili e Ismael.
6. Lili e Ismael cantan <u>canciones divertidas</u>.
7. Los chicos disfrutan <u>del paisaje</u>.
8. La madre de Lili cuenta <u>la historia del peregrino misterioso</u>.

Practicar

3 Durante el viaje, Ismael hace preguntas a Lili. ¿Qué contesta ella? Utiliza el pronombre de complemento directo correcto: **lo/la/los/las.** ▶ Gramática, p. 65/7 ▶ Suplemento, p. 67/8

Ejemplo: –¿Compras <u>esta postal</u>? –Sí, <u>la</u> compro. / No, no <u>la</u> compro.

1. –¿Lees <u>la carta</u>?
   –Sí, […].
2. –¿Entiendes <u>los acertijos</u>?
   –No, no […].
3. ¿Tienes <u>el sobre</u>?
   –Sí, […].
4. ¿Ves <u>a los peregrinos</u>?
   –No, no […].

5. ¿Visitamos <u>la catedral</u>?
   –Sí, […].
6. ¿Conoces <u>el camino</u>?
   –No, no […].
7. –¿Pruebas hoy <u>la empanada</u>?
   –Sí, […] hoy.
8. –¿Conoces a <u>esas chicas</u>?
   –No, no […].

4 Antes de las vacaciones, Lili hace planes con su padre. ¿Qué dice? Utiliza las formas correctas de **otro/-a** y de **ir a + infinitivo**. ▶ Gramática, p. 65/5 ▶ Suplemento, p. 67/6

[yo]		aprender (otro/-a) idiomas.
[tú]		conocer a (otro/-a) gente.
Ismael	(no) ir a	llevar (otro/-a) ropa.
Ismael y yo		probar (otro/-a) comidas.
Mamá y tú		ver (otro/-a) paisajes.
Los (otro/-a) peregrinos		[...].

Escuchar

5 a Escucha la leyenda del peregrino misterioso y pon las ilustraciones en el orden correcto.

5 b Escucha otra vez y escribe el final correcto de cada frase. ▶ p. 127

1. Todos los días llegan a Santiago personas como él: cansadas, con hambre y [...].
2. Un hombre busca un lugar para [...].
3. Es tarde. El hombre no [...].
4. Durante el día el hombre [...].
5. En la noche el hombre vuelve a [...].
6. Según los habitantes de Santiago, el peregrino espera a [...].

Aprender mejor

Wörter umschreiben ▶ Destrezas, p. 143/43

Wenn du ein Wort auf Spanisch nicht kennst, umschreibe es mit anderen Worten. Du kannst:
– Oberbegriffe verwenden → Es un lugar / una persona / un animal / una cosa que/para [...].
– die Größe/Farbe beschreiben → Es grande/pequeño/azul/[...].
– Gesten/Geräusche machen → Hace «tic, tac».

6 a ¿Qué palabra es? Lee las explicaciones y adivina.

1. Es una cosa que ayuda a los ojos a ver.
2. Es un lugar con muchos libros. Puedes leer y estudiar allí.
3. Es un animal que hace «gua, gua». Puede ser grande o pequeño.

6 b ¡A jugar! **A** explica las palabras. **B** adivina. Luego intercambiad los papeles. ▶ B, p. 127

| 1. el altavoz | 2. el aula de informática | 3. el caballo | 4. la deportista | 5. el turista |

| Vocabulario | Texto A | **Texto B** | Tarea final | Gramática | **3** |

Mediación

¡Tú eliges! Elige **7a** o **7b**.

El Camino de Santiago es muy popular en Alemania. Por eso, a tu amigo Esteban de Madrid le interesa saber qué cuenta Rosa sobre los peregrinos en su blog. Toma señala y debe informar a Esteban. ▶ Destrezas, p. 142/42

MEIN ROSA BLOG

1. Tag: Ankunft in St. Jean Pied de Port

Ich bin nervös und aufgeregt zugleich. Morgen beginnt meine Reise. Ich übernachte in einer Herberge und treffe andere Pilger aus der ganzen Welt und ganz unterschiedlichen Alters.
5 Die älteste Person hier ist 83 Jahre alt! Aber es gibt auch Leute in meinem Alter und Familien mit Kindern.

3. Tag: Roncesvalles nach Zubiri

Heute geht es nach Zubiri. Der Weg führt durch dichte Wälder und an Flüssen entlang. Mir tun die Füße weh, aber ich laufe weiter. Ab und zu fahren Pilger mit Fahrrädern vorbei,
10 die Glücklichen! Allerdings müssen sie statt 100 200 km zurücklegen.

5. Tag: Pamplona nach Puente la Reina

Ich mache mich heute auf den Weg nach Puente la Reina. Unterwegs sehe ich viele alte Kirchen und Klöster. In der Herberge koche ich mit anderen
15 Pilgern und lerne viele neue Leute kennen. Es ist beruhigend zu wissen, dass ich nicht allein bin. Ich freue mich auf die kommenden Tage und die vielen Begegnungen, die noch auf mich warten.

Meine Herberge in Puente la Reina

7 a Graba un mensaje de voz.

7 b Escribe un mensaje de texto.

¡Ya lo sé! – Escribir

8 Tu amigo Esteban y tú queréis pasar un fin de semana en Galicia. Mira el mapa de Galicia y tu lista de los ejercicios **1** y **2a** (p. 53). Luego escribe un e-mail a Esteban con los lugares que quieres visitar, cuándo y por qué. ▶ Umschlagseite

> el sábado / domingo • por la mañana/tarde/noche • primero • luego • cada día •
> ya al final • finalmente

 ▶ Autocontrol digital

sesenta y tres **63**

3 | Vocabulario | Texto A | Texto B | **Tarea final** | Gramática

Un día perfecto en mi región

Für den Austausch mit eurer eTwinning-Klasse stellt ihr einen perfekten Tag in eurer Region vor.

1 ¡Tú eliges!

Video: Ihr erstellt ein Video.
Werbeprospekt: Ihr erstellt einen (digitalen) Werbeprospekt.

> Zur Orientierung könnt ihr euch auch Videos und Prospekte über eure Region im Internet ansehen. Überlegt zusammen, was ihr gelungen findet oder was ihr anders machen würdet. Sammelt anschließend Ideen für euer eigenes Video / euren eigenen Werbeprospekt.

2 ¡Preparad@s!

Überlegt:

– Welche Attraktionen und Orte möchtet ihr vorstellen?
– Welche Aktivitäten zeichnen einen perfekten Tag in eurem Ort aus?
– Wie möchtet ihr die verschiedenen Themen anordnen?

Erstellt anschließend ein Storyboard / einen Entwurf.

▶ Destrezas, p. 141/37   ▶ Para comunicarse, p. 155/3, p. 158/6

3 ¡List@s!

Dreht euer Video bzw. gestaltet den Werbeprospekt.   ▶ Destrezas, p. 144/46, 49

Video	Werbeprospekt
– Teilt auf, wer zu welchem Thema spricht. – Notiert Stichpunkte für das Video. – Übt den Text ein. – Filmt eure Szenen. – Schneidet die Szenen zu einem Video.	– Teilt auf, wer zu welchem Thema arbeitet. – Formuliert kurze Texte für den Prospekt. – Wählt Fotos aus und beschriftet sie. – Ordnet die Texte und die Fotos so an, dass sie zueinander passen.

> Wenn ihr ein Video dreht, könnt ihr einen Abspann mit euren lustigsten Fehlversuchen dranhängen. Das nennt man auf Spanisch „el descarte" (von „descartar" = ausschließen).

4 ¡Ya!

Stellt nun eure Videos und Prospekte in der Klasse vor. Wollt ihr euch gegenseitig einschätzen, könnt ihr dafür die Checkliste zum Feedback nutzen.

Gramática 3

Du vergleichst etwas	Dazu benötigst du:
1 El instrumento **más típico** de Galicia es la gaita. Ferrol es quizás la ciudad **menos conocida** de la región. Hoy es **el peor día** para salir.	**den Superlativ:** el/la / los/las + *Substantiv* | más / menos + *Adjektiv* ❗ bueno/-a → el/la mejor + *Substantiv* malo/-a → el/la peor + *Substantiv* grande → el/la mayor + *Substantiv* pequeño/-a → el/la menor + *Substantiv*
2 Esta foto es **más bonita que** la otra. Santiago no es **tan grande como** Madrid. Soy **menos deportista que** Pau. El agua es **mejor que** el zumo. Mi nota es **peor que** tu nota.	**den Komparativ:** más/menos / (no) tan + *Adjektiv* | que [...] / como [...] ❗ bueno/-a – mejor, malo/-a – peor, grande – mayor, pequeño/-a – menor
3 La comida en Galicia es **buenísima**. Los acertijos son **dificilísimos**. Ese río **cortísimo** se llama Asón. ¡Tus fotos son **chulísimas**!	**den absoluten Superlativ:** | | männlich | weiblich | |---|---|---| | Sg. | grand**ísimo** | grand**ísima** | | Pl. | grand**ísimos** | grand**ísimas** | ❗ rico/-a – ri**qu**ísimo/-a, largo – lar**gu**ísimo/-a, fácil – facilísimo/-a, difícil – dificilísimo/-a

Du sprichst über eine Region	Dazu benötigst du:
4 Lili **pide** una empanada. Yo no **conozco** Finisterre.	**die Verben pedir und conocer.** ▶ Los verbos p. 150
5 No me gusta esta playa. ¿Vamos a **otra**? ¿Hay **otros** caminos a Santiago?	**den Begleiter und das Pronomen otro/-a:** | | männlich | weiblich | |---|---|---| | Sg. | otr**o** camino | otr**a** pregunta | | Pl. | otr**os** camin**os** | otr**as** pregunt**as** |
6 ¿**Para qué** tienes que ir a un bar? ¿**En qué** región hablan gallego? ¿**De qué** temas habla Yamal Fuentes? ¿**A quién** vas a visitar?	**die Fragewörter mit Präpositionen ¿para qué?, ¿en qué?, ¿de qué?, ¿a quién?**

Du vermeidest Wiederholungen	Dazu benötigst du:
7 <u>Yo</u> soy el peregrino de la historia, ¿no **me** conoces? Lili, ¿dónde estás? No **te** veo. La madre lee <u>dos acertijos</u>. Ismael y Lili **los** resuelven rápido.	**die direkten Objektpronomen:** | 1. Person | 2. Person | 3. Person | |---|---|---| | me | te | lo/la | | nos | os | los/las | ❗ No **te** <u>puedo</u> ver. / No <u>puedo</u> ver**te**.

 ERKLÄRFILM

Suplemento 3

Vocabulario

1 ¿**Como** o **aunque**? Forma frases.

1	2	3	4
hacer frío / *nadar*	*hacer* frío / *ponerse* la chaqueta	*ser* tarde / *tocar* la gaita	*ser* tarde / no *tocar* la gaita

Gramática

2 **El superlativo:** ¿Cuáles son las cosas más interesantes para ti? Utiliza el **superlativo**.
▶ Gramática, p. 65/1

Ejemplo: Para mí la ciudad más bonita es Hamburgo.

- la ciudad • bonito/-a
- la película • interesante
- la comida • rico/-a
- las asignaturas • aburrido/-a
- el cómic • divertido/-a
- el grupo de música • bueno/-a
- la persona de la clase • creativo/-a
- el día de la semana • malo/-a

3 **El comparativo:** Lili escribe en su diario sobre su visita a Galicia. Completa las frases con las formas del **comparativo**. ▶ Gramática, p. 65/2

> Estas vacaciones son [+ bueno/-a] las vacaciones que hacemos normalmente. Con Isma el camino es [− aburrido/-a] solo con mis padres. Solo sus chistes... ¡son [+ malo/-a] los chistes de papá! Galicia es [+ verde] Madrid, y para mí el paisaje aquí es [+ bonito/-a] en Madrid! Además, la gente aquí es [= generoso/-a] y es [= simpático/-a] allí. Pero la comida gallega es [+ rico/-a] la
> 5 comida de Madrid. Todos los días escucho a mucha gente en el Camino que habla alemán. ¡Mola mucho! ¡Pero el alemán es [+ difícil] el gallego!

4 **El superlativo absoluto:** Ismael también cuenta sobre su experiencia en el Camino. ¿Qué dice? Forma frases con las formas del **superlativo absoluto**. ▶ Gramática, p. 65/3

Ejemplo: ¡En el Camino la gente es divertidísima!

- la gente • divertido/-a
- las historias • interesante
- las camas • duro/-a
- los habitantes de los lugares • generoso/-a
- las pausas • importante
- los peregrinos • majo/-a

5 **Los verbos pedir y conocer:** Lili, sus padres e Ismael están haciendo el Camino de Santiago. Completa las frases con la forma correcta de los verbos. ▶ Los verbos, p. 150

1. Los padres de Lili [...] una bebida en un bar. Lili [...] un helado.
2. No [.../yo] el pulpo a la gallega. ¿Es rico?
3. Lili, tú [...] un bocadillo de tortilla y yo [...] un bocadillo de queso, ¿vale?
4. Antes de comer, nosotros [...] siempre agua.
5. Ahora Isma y yo [...] a mucha gente de otros lugares.
6. Isma, ¿[.../tú] un lugar más mágico que Galicia?
7. Durante el viaje, los padres de Lili [...] mejor a Ismael.

6 **El determinante otro/-a:** ¿Qué piensa el peregrino misterioso? Completa las frases con las formas correctas de **otro/-a**. ▶ Gramática, p. 65/5

[...] noche más espero al lado de la Catedral. A veces quiero volver a casa, [...] días solo quiero esperar. Muchas noches pasan rápido, pero [...] no tienen final.
5 A veces soy paciente, en [...] momentos no puedo más. Espero a mi chica, pero solo vienen [...] personas. Muchos de ellos me miran, [...] no me ven.

7 **Las preguntas con preposiciones:** Amir, el hermano pequeño de Ismael, también hace muchas preguntas sobre Galicia. Completa sus preguntas con ¿para qué?, ¿de qué?, ¿en qué?, ¿a quién?
▶ Gramática, p. 65/6

1. ¿[...] lugares es tradicional la gaita?
2. ¿[...] hacen los peregrinos el Camino?
3. ¿[...] no le gusta la empanada?
4. ¿[...] lugares hacéis pausas?
5. ¿[...] aprendes gallego?
6. ¿[...] sacas fotos?

8 **Los pronombres de complemento directo:** Durante el viaje hay muchas cosas que organizar. Completa con los pronombres correctos. ▶ Gramática, p. 65/7

Ismael: Lili, aquí está tu mochila. ¿Dónde [...] dejo?
Lili: Allí, en la mesa, ¿[...] ves?
Ismael: Lili, mira, aquí están las botellas de agua de tus padres. ¿No [...] necesitan?
Lili: Sí, un momento, [...] llamo por teléfono.
Lili llama a sus padres.
Lili: Hola, mamá. ¿Dónde estáis papá y tú?
Madre: Estamos aquí, al lado del albergue, ¿no [.../nosotros] ves?
Lili: No, no [.../vosotros] veo.
Madre: Queremos comprar bocadillos en la panadería.
Lili: ¿[...] compráis para la cena?
Madre: Sí.

[CHIC@S DE HOY] NÚMERO 3

El mund🌐 del españ🌐l

**¿Entiendes vasco, catalán o gallego?
¡Mira los pósters y la viñeta y encuentra en cada uno por lo menos una palabra que entiendes!**

Tu arte

Envíanos una foto de tu obra favorita de arte urbano en tu región.

Muchas ciudades y pueblos de Galicia organizan festivales de arte urbano. Allí, las calles son museos al aire libre y el arte es para todos. Aquí vemos una foto del festival de arte urbano en Vigo.

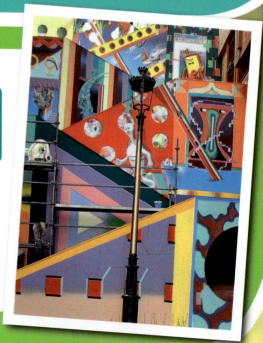

¡Que aproveche!
¡Galicia en tu cocina! Prueba la empanada gallega.

Necesitas:
- 500 gramos de harina
- 5 gramos de levadura
- sal
- 2 cebollas
- 2 pimientos
- 300 gramos de atún en lata
- 150 gramos de salsa de tomate
- aceite de oliva

Preparación:
1. Mezclar la levadura con 200 ml de agua. Poner el agua y una cucharadita de sal en la harina. Amasar bien. Luego agregar 1 cucharada de aceite y amasar más.
2. Picar y freír en una sartén la cebolla y los pimientos. Agregar el atún y la salsa de tomate. Añadir sal y pimienta.
3. Dividir la masa en dos y extender para formar dos rectángulos delgados.
4. Poner un rectángulo en un molde. Agregar el relleno de atún. Cubrir con el otro rectángulo y cerrar los bordes.
5. Precalentar el horno y hornear la empanada 40 minutos a 180 grados.

Evaluación 1

Comprensión lectora

1 Lee la carta y contesta las preguntas.

1. ¿Cuándo es la semana temática?
2. ¿Qué organizan Inés Soto y Óscar Padín?
3. ¿En qué ciudad empieza la aventura?
4. ¿Cuántos kilómetros van a caminar cada día?
5. ¿Dónde van a comer por la tarde y la noche?
6. ¿Qué ropa tienen que llevar?

Asunto: Semana temática[1] con Óscar e Inés

Estimados padres, queridos alumnos y alumnas:

Inés Soto, profesora de Educación Física, y Óscar Padín, profesor de Geografía e Historia, están organizando un viaje para la semana temática de este año escolar. ¡Otra vez va a ser una aventura[2]!

5 Adjunto[3] tenéis toda la información. ¿Queréis participar? Podéis escribir un e-mail a Óscar.

Atentamente,
Marta García Rojas
Directora IES El Palo Madrid

Madrid, 15 de marzo

Queridos alumnos y alumnas:

En la semana temática de este curso, del 21 al 27 de junio, Inés Soto y yo, Óscar Padín, queremos hacer el Camino de Santiago con 20 alumnos de 3° de ESO.

5 Empezamos en Vigo y cada día vamos a caminar entre 15 y 20 kilómetros. Pero no solo vamos a caminar, queremos conocer la cultura gallega. Por eso vamos a participar en muchas actividades, como aprender a tocar la gaita y a bailar la *muiñeira*, un baile tradicional gallego. También vamos a preparar empanadas. Vamos a visitar la casa de la escritora[4] gallega Rosalía de Castro. En la Ría de Pontevedra vamos a ir en piragua.

10 Nuestra aventura termina en la Plaza del Obradoiro en Santiago. Dormimos y desayunamos en albergues[5]. Por la tarde y por la noche vamos a comer en bares. Para el camino necesitáis ropa deportiva. En Galicia llueve mucho, por eso también necesitáis un paraguas, una chaqueta y un jersey. Pero como tenéis que llevar vuestra mochila, esta solo puede pesar[6] entre 6 kg y 7 kg. Puedes apuntarte hasta el 10 de abril con un e-mail a o.padin@ejemplo.es.

15 Saludos, Inés y Óscar

1 la semana temática die Projektwoche **2 la aventura** das Abenteuer **3 adjunto** anbei
4 la escritora die Schriftstellerin **5 el albergue** die Herberge **6 pesar** wiegen

Expresión escrita

2 a Durante tu intercambio en España puedes participar en la semana temática. El Camino de Santiago te interesa mucho. Toma apuntes para escribir un e-mail.

| ¿Quién eres? | ¿Por qué quieres participar? | ¿Qué información necesitas? |

2 b Escribe el e-mail a Óscar Padín.

Comprensión auditiva

3 Estás en la estación de trenes de Santiago de Compostela. Escucha la información y completa la tabla en tu cuaderno.

Tren	Destino	Hora	Vía[1]	Retraso[2]
[...] n.° 04385	[...]	17:15 h	10	–
AVE n.° 05211	[...]	15:30 h	–	[...] minutos
Tren reg. n.° 12967	Ourense / Orense	[...]	–	[...] minutos

1 la vía das Bahngleis   **2 el retraso** die Verspätung

Expresión oral

4 Tira un dado para elegir un tema. Presenta el tema con un mínimo de diez frases.

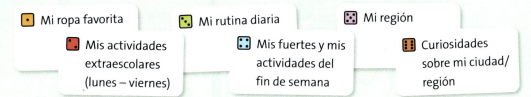

- ⚀ Mi ropa favorita
- ⚁ Mi rutina diaria
- ⚂ Mi región
- ⚃ Mis actividades extraescolares (lunes – viernes)
- ⚄ Mis fuertes y mis actividades del fin de semana
- ⚅ Curiosidades sobre mi ciudad/región

Mediación

5 Leire, tu compañera de intercambio, habla poco alemán y ve en tu escritorio una invitación para una fiesta en tu instituto. Contesta sus preguntas.

1. ¿Qué fiesta hay en el instituto?
2. ¿Qué actividades va a haber?
3. ¿Dónde hay algo para comer o beber?

EINLADUNG ZUR 50-JAHR-FEIER AN DER GESAMTSCHULE ELBE!

Wir freuen uns, Sie und euch anlässlich unseres Jubiläums zu einem vielfältigen Programm begrüßen zu dürfen. Die Schulgemeinschaft wird ein buntes und köstliches Büffet zusammenstellen. Es wird Musik und viele Ausstellungen sowie unser jährliches Fußballspiel SchülerInnen gegen Lehrkräfte geben. Kommt vorbei und feiert mit uns!

PROGRAMM AB 16:30 UHR

- Essen & Trinken [Mensa]
- Spiele der Klassen 5–10 [Schulhof]
- Ausstellungen [vor den Kunsträumen]
- 16:45 Bigband [Aula]
- 17:30 Musical [Aula]
- 18:30 Fußballspiel SchülerInnen vs. Lehrkräfte [Sporthalle]

Módulo 3

¿Qué hay que comprar?

Hoy Álex y Lola tienen que hacer la compra. Por eso van al mercado.

Lola: ¿Qué tenemos que comprar?
Álex: Mira, tengo la lista de la compra aquí
5   en el móvil. Hay que comprar…

Primero van a la frutería.
Vendedora: Hola, buenos días, ¿qué os pongo?
Álex: Hola, necesitamos dos kilos de patatas,
10   tres cebollas, medio kilo de tomates y una lechuga, por favor.
Vendedora: ¿Algo más?
Álex: Sí, un kilo y medio de manzanas, un kilo de naranjas y seis plátanos.
15 **Lola:** Una pregunta: ¿son ecológicos?
Vendedora: Sí, claro.
Álex: Muy bien. Eso es todo. ¿Cuánto es?
Vendedora: Son diecinueve euros con cincuenta céntimos, por favor.
20 **Álex:** Aquí tienes.
Vendedora: Muchas gracias. ¡Adiós!
Álex y Lola: ¡Adiós!

Um frisches Obst und Gemüse, Fisch und Meeresfrüchte, Fleisch oder Käse zu kaufen, kannst du in Spanien in eine der vielen Markthallen gehen. Wo kauft deine Familie meistens ein?

Hier lernst du:
- zu sagen, was zu tun ist.
- Lebensmittel einzukaufen.

1 Lee los diálogos y la lista de la compra. Elige la cesta correcta de Álex y Lola en la frutería. Explica por qué las otras cestas no son correctas.

2 Forma parejas y apunta la lista de la compra en tu cuaderno.

| 1 lata de • 1 paquete de • 1 litro de • 1 botella de • 2 barras de • 1,5 kilo de • 250 gramos de | pan • aceite • arroz • jamón • patatas • leche • atún |

3 a Lili hace la compra porque quiere preparar la cena. Escucha y completa su lista de la compra.

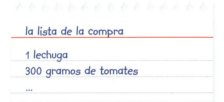

la lista de la compra

1 lechuga
300 gramos de tomates
…

Tortilla wird in ganz Spanien zubereitet. Man isst sie oft mit Brot. **Tortilla** wird gern zwischendurch gegessen, aber auch als eine Mahlzeit.

3 b Escucha otra vez y apunta los alimentos para hacer una tortilla.

4 ¿Qué hay que comprar? Eres **A** y llamas a **B** que ya está en el mercado. **A** empieza. ▶ B, p. 127
▶ Para comunicarse, p. 156/4

A
Ihr begrüßt euch.
1. Frage, ob **B** noch in der Markthalle ist.
3. Du brauchst noch:

1 Liter   250 g   1 kg

5. Korrigiere die Angaben.
7. Du möchtest auch eine Tortilla zubereiten und brauchst noch:
9. Stimme zu und bedanke dich.
Ihr verabschiedet euch.

▶ Autocontrol digital

Unidad 4
La vida en familia

Nach dieser Unidad kannst du:
- einen Beitrag zum Thema Familie erstellen.

Dafür lernst du:
- über Rechte und Pflichten in der Familie zu sprechen.
- jemanden aufzufordern, etwas zu tun.
- wiederzugeben, was jemand sagt.
- ein Gespräch aufrechtzuerhalten.

4

5

Las mañanitas

Estas son las mañanitas
que cantaba el rey David,
hoy por ser día de tu santo,
te las cantamos a ti.

Despierta, mi bien, despierta,
mira que ya amaneció,
ya los pajaritos cantan,
Y la luna ya se metió.

Qué linda está la mañana
en que vengo a saludarte,
venimos todos con gusto
y placer a felicitarte.

Fuente: popular

1   ¿Cuál es tu foto favorita? **A** describe la foto, **B** adivina. ▶ Destrezas, p. 139/33

2 a   Escucha los diálogos. Luego relaciona los diálogos con las fotos. Sobra una foto.

2 b   ¿Qué dicen las personas en la foto que sobra? Haced un diálogo. Luego presentad el diálogo en clase.

setenta y cinco **75**

4 Vocabulario   Texto A   Texto B   Tarea final   Gramática

Mis derechos y mis deberes en casa

DEBERES

pongo y recojo el lavavajillas

lavo los platos

trabajo en el jardín

tiendo y recojo la ropa

pongo la mesa para el desayuno / la comida / la cena

paso la aspiradora

cuido de la mascota

¿Qué significa para ti vivir en una familia?

¿Cuáles son tus deberes?

¿Y qué derechos son importantes para ti?

Estos son mis deberes en casa: pongo la mesa y recojo la ropa. Pero también tengo mi espacio y recibo una paga. ¿Y tú?

DERECHOS

tengo mi espacio

recibo una paga

soy escuchado/ escuchada

participo en la toma de decisiones

tengo derecho al ocio online

recibo apoyo

me siento seguro/segura

1   ¿Qué otros deberes en casa conoces? Haz una lista.

2   a   Mira los dibujos y lee los derechos y deberes en casa. ¿Cómo los dices en alemán?

ERKLÄRFILM

2   b   Mira el vídeo y repite las palabras.

Vocabulario   Texto A   Texto B   Tarea final   Gramática   4

3 Las familias ordenan sus casas. ¿Dónde ponen las cosas? Formula frases. ▶ Gramática, p. 87/1
▶ Suplemento, p. 88/2

1 «[.../yo] la aspiradora en la cocina, ¿vale?»

2 Pau [...] el libro en la estantería.

3 «Mamá, ¿dónde [.../tú] siempre el queso?»

4 Nora y Amaia [...] la mesa.

5 «Vosotros [...] la mesa y nosotros [...] el lavavajillas.»

4 a ¿Qué tareas del hogar hay? Forma parejas. Hay varias posibilidades.

| *hacer • poner • recoger • lavar • tender • pasar* | la aspiradora • la compra • la ropa • la cama • los platos • la mesa • el lavavajillas |

4 b Cuenta sobre tus deberes en casa.
▶ Gramática, p. 87/1   ▶ Suplemento, p. 88/2

> 💡 Achtet auf die unregelmäßigen Formen:
> [yo]: ha**g**o, pon**g**o, reco**j**o
> tender: t**ie**ndo, t**ie**ndes, ...

Wortschatz systematisieren ▶ Destrezas, p. 135/11

Du kannst dir Wörter oder Ausdrücke besser merken, wenn du sie dir in Wortfamilien einprägst. Dazu notierst du Adjektive, Verben und Substantive derselben Familie zusammen.

5 ¡A jugar! | Erstellt zu zweit fünf Karten. Schreibt jeweils mindestens zwei Wörter derselben Wortfamilie darauf. Spielt dann mit einer anderen Gruppe Begrifferaten: Zieht eine Karte und nennt ein Wort. Die andere Gruppe muss nun ein Wort aus der Wortfamilie nennen. Wer findet die meisten Wörter?

> *jugar*
> *el juego*
> *el/la jugador/a*

¡Tú eliges! Elige **6a** o **6b**. ▶ Para comunicarse, p. 158/6

6 a Discutid cuáles son para vosotros los tres derechos más importantes en la familia y explicad por qué. ☆ ▶ p. 128

Ejemplo: Para mí, el derecho más importante es [...] porque [...]. También [...].

6 b Haz un dibujo de los derechos y deberes en tu casa como en la página 76.

▶ Autocontrol digital

4 Adopta a un amigo

Antes de leer

1 Lee las siguientes palabras del texto y explica por qué las puedes entender. ▶ Destrezas, p. 133/2

> el artículo • decidir • fantástico/-a • la responsabilidad • la atención • el estilo de vida • la opción • independiente • el terrario • el/la veterinario/-a • convencer

¿Te gustan los animales y piensas en adoptar uno?
Lee este artículo antes de decidir.

Adoptar un animal es una idea fantástica. Una mascota te regala momentos especiales, pero sí, también es una responsabilidad importante. Aquí te damos consejos para preparar tu casa y tu vida para un animal.

Piensa en...

... el espacio Los animales como los hámsteres no necesitan mucho espacio y pueden vivir bien en una jaula pequeña. Pero otros necesitan más espacio, como las tortugas. Busca información sobre las necesidades de la mascota porque tu casa va a ser su casa.

... el tiempo que tienes ¿Cuántas horas diarias estás en casa? Los animales como los peces necesitan poca atención, pero claro, tienes que pensar en su comida y limpiar la pecera. ¿Eres una persona muy activa? Los perros también son muy activos y te siguen a cada paso. Necesitan entrenamiento y tienen que salir entre dos y tres veces al día.

... tu estilo de vida ¿No te gusta salir cuando llueve o cuando hace frío? Pues quizás un gato es la mejor opción para ti. A un gato le gusta ser independiente, pero también necesita atención, tiempo de juego y ¡mucho cariño!

... el dinero Las mascotas necesitan comida, una cama o un terrario e ir al veterinario, y todo esto cuesta dinero. Y además, ¡les tienes que comprar juguetes y galletitas!

... tu familia Hablad en casa sobre todos los puntos de este artículo. Todos tienen el derecho de participar en la toma de decisiones y de ser escuchados. Visitad juntos un refugio de animales. ¿Estáis de acuerdo? Entonces repartid las tareas y preparad vuestra casa para la mascota.

> ¿Os falta información? Preguntad a nuestra veterinaria. Os va a mandar toda la información que necesitáis, os va a dar consejos y va a contestar vuestras preguntas.

Comentarios

Ana: Gracias por este artículo. Os sigo en las redes sociales, y vuestros consejos siempre me ayudan mucho.

Iago: Mis amigos siempre me hablan de sus mascotas y yo también quiero una. Ahora tengo muchas ideas para convencer a mis padres. ¡Gracias!

Comprender el texto

2 ¿Qué necesitan estos animales? Lee el texto y contesta. ▶ p. 128

- los perros
- los peces
- los hámsteres
- todos los animales
- las tortugas
- los gatos

> Los perros necesitan [...].

Modelo para hablar

3 a Escucha, lee y repite.

¿Me das un consejo?
Ismael: Quiero un perro...
Lili: Pues, [...] en el tiempo que tienes. Un perro necesita mucha atención y entrenamiento.
Ismael: Sí, tienes razón. ¿Qué más puedo hacer?
Lili: Primero [...] más información y luego [...] el tema en familia.
Ismael: Vale, gracias por tus consejos.

3 b Os dais consejos sobre los animales. Presentad el diálogo.

A Quiero un hámster/gato/perro/pez/una tortuga.

B Pues, piensa en el espacio / el tiempo / tu estilo de vida / el dinero / tu familia / tus actividades / [...].

Sí, tienes razón. ¿Qué más puedo hacer?

Primero habla con [...]. / Pregunta a [...]. / Busca información sobre [...]. / Lee [...]. / Discutid el tema en familia. / Repartid las tareas.

Vale, gracias por tus consejos.

Descubrir

4 a Sieh dir die unterstrichenen Imperative an. Wie lauten die Verben im Infinitiv?

1. <u>Discute</u> el tema con tu familia.
2. <u>Busca</u> información.
3. Entonces <u>repartid</u> las tareas.
4. <u>Preguntad</u> a nuestra veterinaria.
5. <u>Convence</u> a tus padres.
6. <u>Leed</u> este artículo antes de decidir.

4 b Erkläre, wie der Imperativ gebildet wird. ▶ Gramática, p. 87/3

4 c ¡Escucha bien! | Hebe die Hand, wenn du einen Satz im Imperativ hörst.

4

Vocabulario   **Texto A**   Texto B   Tarea final   Gramática

Practicar

5   ¡A jugar! **A** dice a **B** qué tiene que hacer. Luego intercambiad los papeles. ▶ Gramática, p. 87/3
▶ Suplemento, p. 88/3a

> *tomar* un lápiz / [...] • *abrir* la ventana / [...] • *buscar* el/la [...] • *leer* este/esta [...] • *recoger* [...] • *cantar* algo • *escribir* una frase / [...] • *esconder* tu [...] • *saludar* a [...] • *dibujar* un/una [...] • [...]

6   ¿Qué tienen que hacer los perros? Formula frases y utiliza el imperativo en plural. ▶ Gramática, p. 87/3 ▶ Suplemento, p. 88/3b

1. *Escuchar*.
2. *Comer* algo.
3. *Beber* agua.
4. *Mirar* el gato.
5. *Buscar* vuestros juguetes.
6. *Correr* hasta la casa.
7. *Jugar* con la pelota.
8. *Descansar* un poco.

7   Estáis en el centro comercial para comprar regalos. Haced minidiálogos como en el ejemplo.
▶ Gramática, p. 87/2 ▶ Suplemento, p. 89/4

Ejemplo: —¿Qué le compras a tu perro?
           —Le compro una pelota y [...].

¿Qué [...] compras a
- tu perro?
- tu madre/padre?
- tus abuelos?
- nosotros?
- ti?
- mí para mi cumple?

mi perro: pelota, galletitas
mamá: libro, pendientes
papá: cartas, toalla grande
los abuelos: agenda, bolis
nosotros: helado, golosinas
para mí: camiseta, táper
cumple de ♡: videojuego, póster

8   Mirad el vídeo. ¿Qué os llama la atención? ¿Cómo hacen los animales en otras lenguas?

Escuchar

9 a   Copia la tabla en tu cuaderno. Luego escucha la entrevista con una persona del refugio de animales y toma apuntes. Escucha otra vez y completa la tabla. ☆ ▶ p. 128 ▶ Destrezas, p. 136/18

> Wenn du etwas nicht verstehst, lasse eine Lücke und konzentriere dich beim nächsten Hören darauf.

Nombre	¿Qué animal es?	¿Cuántos años tiene?	Sus necesidades

9 b   Ahora presentad a los animales.

80   ochenta

Vocabulario   **Texto A**   Texto B   Tarea final   Gramática   **4**

Hablar

10 Tú eres **A** y quieres un perro. Hablas con **B**, tu madre o padre. Presentad el diálogo. ▶ B, p. 128

>
> **A**
> 1. Erkläre **B**, warum du einen Hund haben möchtest.
> 3. Reagiere auf **B** und bitte darum, dass deine Eltern gemeinsam über die Idee nachdenken, mit der Tierärztin sprechen, das Tierheim anrufen, [...].
> 5. Findet gemeinsam eine Lösung.

Comprensión audiovisual

11 Mira el programa de televisión y cuenta lo que entiendes. ▶ Destrezas, p. 139/31

Mediación

12 Du bist mit deinen Eltern in Valencia im Urlaub und vor eurer Unterkunft liegt jeden Tag dieselbe Katze. Du hast einer Tierschutzorganisation geschrieben. Lies die Antwort und erkläre deinen Eltern, was ihr tun müsst, damit ihr die Katze mit nach Deutschland nehmen könnt.

> Asunto: RE: Pregunta sobre la adopción de un gato
>
> Buenos días:
>
> ¡Gracias por tu interés en adoptar al gato! Vas a dar una segunda oportunidad a un animal necesitado. Aquí te mandamos información sobre el proceso de adopción y consejos para llevarlo a Alemania.
> 5 **1. Encuentra al gato:** Busca al gato. Seguro que tiene hambre y necesita aqua.
> **2. Visita el veterinario:** Lleva al gato a una clínica veterinaria para una revisión. Para la adopción no puede tener enfermedades. Además, necesita un microchip (si no lo tiene ya).
> **3. Organiza la adopción:** Tienes que completar un formulario y presentar un pasaporte. También tienes que participar en una entrevista de media hora. Además, te podemos ayudar
> 10 con la organización del transporte.
> Si tienes más preguntas o necesitas más detalles, puedes pasar por nuestra oficina. Estamos abiertos de lunes a sábado, de 10:00 a 18:00 horas.
>
> ¡Saludos cordiales!
> Elena de Vida Animal

Ya lo sé – Escribir

13 Trabajas en un refugio. Cada mes mandáis un e-mail a personas interesadas en adoptar. Escribe el e-mail y presenta a una mascota que busca una familia. Explica cómo es, qué necesita y da consejos para la adopción de este animal. ☆ ▶ p. 129 ▶ Destrezas, p. 141/40

 ▶ Autocontrol digital

ochenta y uno **81**

4 Vocabulario · Texto A · **Texto B** · Tarea final · Gramática

Te quiero contar algo

Antes de leer

1 Mira el vídeo y resume lo que entiendes. ▶ Destrezas, p. 139/31

Una vez al mes, Martín, el hermano mayor de Nora, vuelve a casa de sus padres. Estudia en Bilbao desde hace un año y Nora lo echa mucho de menos.

Martín: ¡Hola! ¿Hoooola? ¿No hay nadie en casa?
Nora: Eh, ¡qué guay, Martín! ¿Cómo estás?
Martín: Hola, hermana. Estoy muy cansado, la verdad... ¿y tú? ¿Y dónde están mamá y papá?
Nora: Yo bien, como siempre. Mamá y papá están tomando algo con los abuelos y vienen a las ocho y media.
Martín: Entonces estás sola en casa...
Nora: Sí, ¡por fin! Mamá siempre me pregunta si quiero ir con ellos, pero la verdad es que prefiero salir con mi pandilla o estar sola en casa...
Martín: Claro, ¡normal!
Nora: Pues, para ellos no es normal... A mamá le molesta bastante.
Martín: Porque quiere pasar tiempo contigo. ¿Pero qué te pasa? Te veo triste...
Nora: No sé... Es que desde hace unas semanas discutimos mucho. Siempre me pregunta por qué no cuento nada, por qué nunca salgo con ellos, por qué quiero estar sola...
Martín: Hm... Solo se preocupa por ti, ¿no crees?
Nora: Puede ser, pero no tengo ni un minuto para mí. Cuando estoy en mi habitación, viene y quiere saber qué estoy haciendo o cuándo saco la basura. ¡Nunca me deja en paz! Necesito mi espacio... Dice que no hago nada en casa y no es verdad. Siempre pongo la mesa y el lavavajillas, ¡todos los días! Y los miércoles visito a los abuelos y les explico algo del móvil o los ayudo con la compra. Pero claro, a veces también quiero ir a casa de Álex y jugar a videojuegos.
Martín: Ya conozco esa historia...
Nora: Además, dicen que siempre estoy con el móvil, pero ¡ellos hacen lo mismo!
Martín: Bueno, pero también lo usan para trabajar.
Nora: ¿Y yo? No estoy solo jugando, también necesito el móvil para hacer los deberes.
Martín: Sí, te entiendo. ¿Cómo podemos resolver esto?

En este momento llegan los padres de Nora y Martín.

Martín: Mira, ahí vienen. Venga, vamos a hablar con ellos. ¿Te parece?
Nora: Uf, pero ¿qué les digo?
Martín: Tranquila, estoy aquí contigo.

Vocabulario | **Texto A** | **Texto B** | **Tarea final** | **Gramática**

4

Comprender el texto

2 a Lee la conversación y relaciona las personas con las frases que pueden decir.

1. «Te echo mucho de menos.»
2. «Bilbao no es Madrid, pero también me gusta.»
3. «¿Quieres venir con nosotros?»
4. «¿Por qué quieres estar sola?»
5. «Pero vosotros también estáis todo el día con el móvil.»
6. «Yo te ayudo a hablar con ellos.»

Nora | Martín | la madre

Nora puede decir «[...]».

★ **2 b** Cuenta sobre qué temas discuten Nora y su madre. ☆ ▶ p.129

Modelo para hablar

🔊 **3 a** Escucha, lee y repite.

¿Qué te dice?
Nora: ¿Discutes mucho con tus padres?
Álex: Sí, siempre [...] no cuento nada. Además [...] siempre estoy con el móvil.
Nora: Seguro que se preocupan por ti y quieren pasar más tiempo contigo.
Álex: Los entiendo, pero yo también necesito mi espacio.

👥 **3 b** ¿Qué te dicen y qué te preguntan tus padres? Presentad el diálogo. Luego intercambiad los papeles.

A ¿Discutes mucho con tus padres?

B Sí, siempre me preguntan

por qué	no ayudo más con las tareas / no cuento nada / nunca salgo con ellos / [...].
cuándo	hago los deberes / ordeno mi habitación / [...].
si	puedo ayudar con [...] / tengo los deberes / [...].

Además, dicen que siempre estoy en mi habitación / solo paso tiempo con mis amigas / siempre estoy con el móvil / nunca visito a mis abuelos / [...].

Seguro que se preocupan por ti / quieren pasar más tiempo contigo / [...].

Los entiendo, pero yo también necesito mi espacio.
No los entiendo.
¡Pero nunca me dejan en paz!

ochenta y tres **83**

4 Texto B

Escuchar

4 Los padres llegan a casa y Martín ayuda a Nora con la discusión. Escucha la conversación y corrige los errores en las frases. ☆ ▶ p. 129

1. La madre de Nora se preocupa porque Nora no come nada.
2. Nora necesita ropa nueva.
3. Amaia siempre pasa la aspiradora.
4. El padre quiere hacer una lista de la compra.
5. Nora y sus padres deciden que Nora puede usar el móvil cuatro horas al día.
6. Nora también quiere hablar sobre sus notas.

Practicar

5 Nora está hablando con Martín y recibe muchos mensajes. Nora le dice a Martín lo que escriben las personas. ▶ Gramática, p. 87/4 ▶ Suplemento, p. 89/6

Abuela / Papá / Amaia / Álex / Lili / Pau / Ismael | escribe / dice / contesta / cree | que [...].

Álex
Chicos, hoy no podemos quedar en mi casa. 17:27

Lili
Podemos ir a la heladería. 17:35

Pau
Lo siento, no tengo tiempo para quedar. 17:39

Ismael
Yo tampoco. Tenemos muchos deberes... 17:48

> Denke daran, die Verben und Pronomen anzupassen.

Papá
Estoy en el supermercado. Llego a casa a las siete. 18:07

Abuela
Nora, el abuelo tiene un problema con el móvil... 17:46

Amaia
Mamá quiere hablar de las tareas, creo. 18:07

6 El padre de Nora y Martín llama a Nora porque tiene algunas preguntas. ¿Qué le dice Nora a Martín? Formula frases. ▶ Gramática, p. 87/5 ▶ Suplemento, p. 89/6

Papá | pregunta / quiere saber | si / cuándo / dónde / cómo / por qué / qué | [...].

1. ¿Cómo está Martín?
2. ¿Qué queréis comer esta noche?
3. ¿Dónde está Amaia?
4. ¿Necesitáis algo del supermercado?
5. ¿Por qué no estudias?
6. ¿Cuándo viene tu madre a casa?

7 a Describe a Nora con **(no)... nada**, **nadie** y **nunca**. ▶ p. 129 ▶ Gramática, p. 87/6

querer hablar con nadie

conocer a nadie

nunca *salir* cuando llueve

nunca *tender* la ropa

hacer nada los domingos

olvidar nada

7 b ¿Y tú? Cuenta qué haces siempre y qué no haces nunca. ▶ Suplemento, p. 89/7

8 ¡A jugar! **A** formula preguntas, **B** contesta con **(no) ... nada**, **nadie** y **nunca**. Tenéis un minuto. Si **B** contesta con «sí», **A** gana. Luego intercambiad los papeles. ▶ p. 130

Ejemplo: **A**: ¿Comes golosinas?
B: No, nunca como golosinas. /
No, no como nunca golosinas.

> Du musst **no** vor dem Verb verwenden, wenn **nada**, **nadie** und **nunca** nach dem Verb stehen.

Aprender mejor

Ein Gespräch führen ▶ Destrezas, p. 140/34

9 a Suche im Text (S. 82) Ausdrücke für die folgenden Kategorien. Ergänze sie dann durch weitere Ausdrücke, die du schon kennst. ▶ p. 130

| 1. Fragen, um einen Kompromiss zu finden | 2. Ausdrücke, um Verständnis zu zeigen |

9 b Schreibe die Ausdrücke auf kleine Kärtchen und lege sie auf deinen Tisch. Wenn du einen Ausdruck verwendet hast, drehe das Kärtchen um. Wende diese Methode in der **Tarea final** an.

Ya lo sé – Hablar

10 Cuenta a Nora sobre la relación con tus padres.

¿Sobre qué temas discutes con tus padres? (las tareas del hogar, tu habitación, el móvil, las actividades juntos, etc.)

¿Qué preguntas o frases de tus padres te molestan?

Discutir con los padres

Mit eurer eTwinning-Klasse erstellt ihr einen Beitrag zum Thema: ¿Sobre qué temas discuten los jóvenes con sus padres en España y en Alemania?

1 ¡Tú eliges!

Podcast: Ihr nehmt einen Podcast auf.
Dialog: Ihr präsentiert den Podcast live in der Klasse.

2 ¡Preparad@s!

Wählt die Themen, über die die Teilnehmenden des Podcast diskutieren, z. B.:
— Haustiere
— Aufgaben im Haushalt
— gemeinsame Aktivitäten oder Zeit für sich
— Medienzeit
— […]

Verteilt die Rollen:
— Wer spielt die Jugendlichen? Wer spielt die Eltern? Wer moderiert das Gespräch?
— Überlegt euch entsprechend eurer Rolle, welche Argumente ihr vorbringen wollt, und macht euch Notizen. Wie möchtet ihr beginnen und welchen Verlauf könnte das Gespräch haben? Sucht euch Kärtchen (S. 85/9) mit Ausdrücken aus, die ihr verwenden möchtet.

▶ Destrezas, p. 140/34   ▶ Para comunicarse, p. 156/4, p. 158/6

3 ¡List@s!

Übt euren Podcast. Nehmt ihn auf und bearbeitet ihn.

> Informiert euch im Internet darüber, was einen guten Podcast ausmacht und was ihr beachten solltet. Recherchiert und entscheidet gemeinsam mit eurer Lehrkraft, wie und mit welchem Programm ihr den Podcast aufnehmen und bearbeiten möchtet.

4 ¡Ya! Spielt euren Podcast vor oder präsentiert ihn live in der Klasse.

Diskutiert anschließend: War die Situation realistisch? Ihr könnt für eure Einschätzung auch die Checkliste zum Feedback nutzen.

Gramática 4

Du sprichst über Pflichten im Haushalt — Dazu benötigst du:

1 Mis padres **vienen** a casa a las siete. Por eso, **pongo** la mesa.
Chispa **sigue** a Lili a cada paso, pero Lili no le **da** muchas galletitas.

die Verben **dar**, **poner**, **venir** und **seguir**.
▶ Los verbos, p. 150

ERKLÄRFILM

2 Mi madre **me** manda muchos mensajes.
Te damos más paga, ¿vale?
¿**Os** falta información?

die indirekten Objektpronomen:

Martín { me / te / le / nos / os / les } da consejos.

Du forderst jemanden auf, etwas zu tun — Dazu benötigst du:

ERKLÄRFILM

3 **Llama** a tu madre y **discute** el tema con ella. Luego **salid** a pasear.

den Imperativ: ▶ Los verbos, p. 150

	hablar	comer	repartir
2. Ps. Sg.	habla	come	reparte
2. Ps. Pl.	hablad	comed	repartid

❗ **pensar**: piensa/pensad, **jugar**: juega/jugad

Du gibst wieder, was jemand sagt oder fragt — Dazu benötigst du:

ERKLÄRFILM

4 Nora: «Necesito mi espacio.»
Nora **dice que** necesita su espacio.
Madre: «Discutimos mucho.»
La madre **cuenta que** discuten mucho.

den indirekten Aussagesatz im Präsens, der mit einem Verb wie **decir** (▶ Los verbos, p. 150), **escribir**, **contar** oder **creer** eingeleitet wird.

ERKLÄRFILM

5 Martín:
«¿Dónde está mamá?»
«¿Cómo estás?»
«¿Qué hace Amaia?»
«¿Tienes hambre?»

Martín **pregunta** / **quiere saber**…
… **dónde** está mamá.
… **cómo** estoy.
… **qué** hace Amaia.
… **si** tengo hambre.

den indirekten Fragesatz im Präsens, der mit einem Verb wie **preguntar** oder **querer saber** und mit **dónde**, **cómo**, **qué** oder **por qué** eingeleitet wird.

Wenn du Fragen ohne Fragewort indirekt wiedergeben willst, verwendest du die Konjunktion **si** (*ob*).

Du verneinst etwas — Dazu benötigst du:

6 Mamá dice que **no** hago **nada** en casa.
No hay **nadie** aquí.
Mis padres **nunca** me dejan en paz.
Nadie me llama.

die Verneinung mit **(no…) nada/nadie/nunca**.

❗ Stehen **nada**, **nadie** oder **nunca** hinter dem konjugierten Verb, muss vor dem Verb **no** stehen.

Suplemento 4

Gramática

1 **Los verbos dar, decir, seguir y venir:** Completa las frases. ▶ Gramática, p. 87/1, 4

1. ¿Por qué no [*decir*/tú] nada a tus padres?
2. Me gusta el parque. [*Venir*] aquí para descansar.
3. [*Seguir*/yo] a mis influencers favoritas en las redes.
4. ¿Qué mes [*venir*] después de junio?
5. Mis padres me [*dar*] la paga todos los viernes.
6. Chicos, ¿le [*dar*/vosotros] de comer al perro, por favor?
7. Mis amigas [*venir*] a las tres.
8. Yo siempre [*decir*] la verdad.
9. Mis perros me [*seguir*] a cada paso.
10. Mis padres [*decir*] que no quieren una mascota en casa.
11. ¿[*Venir*/vosotros] a la fiesta?
12. Os [*dar*/yo] mis apuntes después de la clase, ¿vale?

2 **El verbo poner:** Nora y Pau hablan de las tareas en casa. Completa el diálogo. ▶ Gramática, p. 87/1

Nora: ¿Qué tienes que hacer en casa? ¿Tú [...] el lavavajillas?
Pau: Pues sí, normalmente [...] el lavavajillas y también lo recojo. Antes de dormir, mi padre y yo [...] la mesa para el desayuno. Mi padre siempre [...] la mesa para la cena. ¿Tú y tus hermanos también [...] la mesa?
Nora: En mi casa, mis hermanos [...] la mesa. Mi madre hace la compra y mi padre cocina.

3 a **El imperativo:** ¿Qué dicen los jóvenes? Utiliza **el imperativo en singular**. ▶ Gramática, p. 87/3

1. *preguntar* al profe
2. *explicar* el ejercicio
3. *resolver* el problema
4. *buscar* la respuesta
5. *invitar* a todos a la fiesta
6. *beber* algo

3 b ¿Y qué les dice la profesora a la clase? Utiliza **el imperativo plural**.

1. *abrir* las ventanas
2. *leer* el texto
3. *escribir* en vuestros cuadernos
4. *contestar* las preguntas
5. *recoger* la basura
6. *organizar* una fiesta
7. *disfrutar* del fin de semana
8. *fijar* un día para estudiar

facultativo

4 **Los pronombres de complemento indirecto:** Ismael habla con Lili sobre su perro Chispa. Completa las frases con **me, te, le, nos, os** y **les**. ▶ Gramática, p. 87/2

Lili: ¿Qué tal la discusión con tus padres sobre adoptar a un animal?
Ismael: ¡Muy bien! A mis padres y a Amir también [...] gustan los perros y mañana vamos al refugio. Queremos adoptar un perro, pero todavía [...] falta un poco de información.
Lili: ¡Genial!
Ismael: Oye, ¿y a vosotros Chispa [...] escucha?
Lili: Sí, [...] escucha casi siempre. Voy al entrenamiento con él. Luego [...] doy el número, ¿vale?
Ismael: Sí, muchas gracias. ¿Y qué cosas compras para Chispa? ¿[...] compras muchos juguetes?
Lili: No, pero mi madre [...] compra muchos. Tengo una lista de las cosas que necesitas.
Ismael: ¡Genial! ¿[...] puedes mandar la lista, por favor?
Lili: Claro. Luego [...] mando la lista. Además, [...] puedo dar más consejos a ti y a tus padres.
Ismael: Gracias, Lili.

5 **Los pronombres de complemento:** Escribe las frases con un **pronombre directo** o **indirecto**.
▶ Gramática, p. 65/7, p. 87/2

Ejemplo: No podemos resolver los acertijos. → No los podemos resolver.

1. No podemos resolver los acertijos.
2. Ismael espera a sus amigas.
3. No conocemos a Diego.
4. ¿Por qué no visitas a tus abuelos?
5. La veterinaria explica todo a mis padres.
6. Veo a la profesora.
7. Mis padres regalan un gato a mi hermana.

direkte Objekpron.	indirekte Objekpron.
lo/la	le
los/las	les

6 **El estilo indirecto:** Álex pide ayuda a Nora. Nora quiere ayudar a su amiga, pero tiene que hablar antes con su madre. ¿Qué dice Nora a su madre? Formula frases. ▶ Gramática, p. 87/4, 5

Álex escribe/dice/cuenta que [...].
Álex pregunta si/cuándo/ qué / por qué / (a)dónde [...].

Hola, Nora. Tengo un problema con la presentación de la clase de Literatura. No entiendo la historia del libro. ¿Me puedes ayudar? ¿Cuándo tienes tiempo? Después te invito a un helado. ¿Qué te parece el plan? Hasta luego, un abrazo, Álex.

15:11

7 **La negación:** Describe a Ismael. Formula frases con **no [...] nada/nadie/nunca**. ▶ Gramática, p. 87/6

nada	nadie	nunca
• sin gafas: *ver*	• en el recreo: *hablar* con	• *ir* al cine solo
• cuando está triste: *comer*	• *querer* estudiar con	• *tomar* el sol al mediodía
• los viernes: *hacer*	• *llamar* por teléfono a	• *bailar*

▶ Soluciones

Tu lectura

¡Desconecta! de Manuel Vila Baleato

A las ocho menos cuarto la canción[1] favorita de Blanca empieza a sonar[2] en su móvil, que está en el suelo[3], al lado de su cama. Después de coger[4] el teléfono y desactivar[5] el modo avión[6], mira sus perfiles en las redes sociales: tiene 7 mensajes nuevos y 39 «me gusta». Todavía en la cama, contesta un par de mensajes y ve las fotos de sus amigos virtuales.

Cuando termina, ve en el móvil que ya son las ocho y se levanta para ducharse muy rápido. Mientras[7] desayuna en la cocina, Blanca tiene su teléfono en la mesa, aunque a sus padres eso no les gusta nada. Su madre le dice «adiós» mientras termina su café y se va rápido a su trabajo. El padre de Blanca está poniendo unos platos en el armario y se enfada[8] cuando la ve con el móvil:

¡Blanca! ¿Ya estás otra vez con el móvil? Vas a llegar tarde al instituto, ¡venga, corre!

Blanca termina su zumo, coge su mochila y sale de casa para ir al instituto. En el metro escucha música en su móvil y contesta mensajes o ve las fotos nuevas de sus amigos en las redes sociales. Cuando llega al instituto tiene que esconder su teléfono en la mochila porque los alumnos solo pueden usar sus móviles en las clases cuando el profesor lo dice antes. En los recreos, los chicos y chicas no pueden sacar[9] sus teléfonos ni usar tabletas o sus ordenadores.

1 la canción das Lied **2 sonar** klingeln **3 el suelo** der Fußboden **4 coger algo** etw. nehmen **5 desactivar algo** etw. deaktivieren **6 el modo avión** der Flugmodus **7 mientras** während **8 enfadarse** sich ärgern **9 sacar algo** etwas herausholen

A Blanca y a muchos de sus compañeros no les parece justo[10] todo eso, pero la nueva directora es superestricta y no quiere escuchar la palabra «móvil». Muchos profesores sí están a favor[11] del uso[12] de los teléfonos, sobre todo porque el instituto tiene una plataforma digital y allí los alumnos pueden ver si hay cambios[13] de horario, si falta un profesor o si
35 tienen clase en un aula diferente. Pero la directora y algunos[14] profesores ya no quieren móviles en el instituto porque el curso pasado[15] tuvieron[16] un problema bastante grande. Un alumno sacó[17] una foto de un profe en la pizarra y después la puso[18] en un grupo de chat de los compañeros de clase. Blanca y sus amigos creen que no es justo: ¿Por qué tienen que pagar[19] todos por el error de uno?

40 El miércoles, a quinta hora, la directora del instituto entra en 3°B, la clase de Blanca y sus amigos.
—¡Buenos días! Estoy aquí para dar una información importante.
45 Como sabéis, desde septiembre ya no podéis usar vuestros móviles en el instituto. Pues bien, ahora tenemos una nueva propuesta[20] para la semana que viene. La verdad es que es un desafío[21] para todos nosotros, también para los profesores, pero creemos que hay que discutir
50 los cambios que nos trae Internet, con sus ventajas y desventajas[22]...
—¿De qué desafío estás hablando? —pregunta una alumna a la directora.
—Pues es algo muy fácil. Nosotros estamos a favor de un uso normal de Internet y las redes sociales, pero creemos que si estamos durante una semana desconectados[23] totalmente...
Los chicos empiezan a hablar entre ellos, un poco nerviosos, y la directora les pide silencio[24]:
55 —¡Tranquilos, por favor! ¡Silencio! Sabemos que los medios son muy importantes para vosotros, que los usáis todos los días, pero pensamos que con este proyecto vamos a lograr[25] resultados muy buenos. La idea es estar desconectados todo el día, en casa y en el instituto. Vamos a vivir una semana sin Internet, ¿qué os parece?

10 justo fair   **11 estar a favor de algo** für etw. sein   **12 el uso** die Verwendung   **13 el cambio** die Änderung
14 algunos einige   **15 pasado** vergangener   **16 [ellos] tuvieron** sie hatten   **17 sacó una foto** er machte ein Foto   **18 lo puso en** er stellte es in   **19 pagar** bezahlen   **20 la propuesta** der Vorschlag
21 el desafío die Herausforderung   **22 las ventajas y desventajas** die Vor- und Nachteile
23 estar desconectados offline sein   **24 el silencio** die Ruhe
25 lograr algo etwas erreichen

Y tú, ¿tienes móvil?

¿Qué te parece vivir una semana sin Internet?

Mi móvil y yo todos los días y para todo. ¿Sin móvil? ¡No, gracias!

Siempre está ahí para mí cuando lo necesito.

¡Por suerte tengo mi móvil! Hace muchas cosas para mí.

Todo el día mensajes, llamadas... Necesito una pausa.

Módulo 4

¿Cómo llego al parque?

El equipo de fútbol de Álex juega en el parque del Retiro y Pau va a ver el partido.

Va en metro hasta la estación de Atocha. Allí Pau sube las escaleras y mira el camino en el móvil. El lugar se llama «Centro deportivo La Chopera». De repente, su móvil se queda sin batería. La estación es inmensa y hay muchísima gente. ¿Cómo va a encontrar el camino sin el móvil?
5 Va a la oficina de información.

—Hola, una pregunta, ¿cómo llego al Centro deportivo La Chopera?
—Muy fácil, está en el centro del Retiro. Sal de la estación y sigue todo recto hasta...
—¿Perdón?
—Ehhhh... Pues, ven, te enseño.
10 El señor de la información sale y camina unos metros con Pau.
—Allí está la salida, ¿la ves?
—Sí, claro.
—Muy bien, pues, sal por esta puerta, luego cruza la avenida. ¡Ten cuidado en el semáforo! Siempre hay mucho tráfico.
15 —Ah, bueno, ¿y después?
—Gira a la derecha y después a la izquierda. Luego sigue todo recto en la calle de Alfonso XII. Cruza la calle y entra en el parque por la Puerta del Ángel Caído. ¿Quieres un mapa?
—Sí, muchas gracias. ¡Adiós!

Con el móvil es mucho más fácil encontrar el camino...

★ **1** **Lee el resumen del texto y corrige los cinco errores.** ☆ ▶ p. 130

Pau quiere ir al parque del Retiro porque va a jugar con su equipo de fútbol. En la estación de Atocha pierde su móvil, por eso no puede mirar el camino. Pau va a un quiosco y pregunta. La señora que trabaja allí explica el camino a Pau. En el semáforo de la calle Alfonso XII siempre hay mucho tráfico, dice el señor. Para Pau es fácil encontrar el camino.

2 a Relaciona los dibujos con las expresiones correctas para dar una dirección.

1. subir las escaleras
2. entrar en (un lugar)
3. girar a la izquierda
4. seguir todo recto
5. salir de (un lugar)
6. girar a la derecha
7. cruzar la calle/avenida

a.   b.   c.   d.

e.   f.   g.

2 b Busca en el texto otras expresiones que te sirven para dar o pedir direcciones.

Hier lernst du:
- nach dem Weg zu fragen und einen Weg zu beschreiben.

3 Busca el imperativo de los verbos y forma parejas. ▶ Gramática, p. 107/1

| salir | seguir | venir | cruzar | tener | girar |

| ¡sigue! | ¡cruza! | ¡sal! | ¡ten! | ¡gira! | ¡ven! |

4 a ¿Qué dice Lili a Chispa? Utiliza el imperativo en singular. ▶ Gramática, p. 107/1

1. ¡*Venir* aquí!
2. ¡*Tener* cuidado con mis zapatillas!
3. ¡*Buscar* mi mochila!
4. ¡*Subir* a mi cama!
5. ¡*Salir* de mi habitación!
6. ¡*Traer* la pelota!

4 b Ahora da órdenes a Chispa y a Rulo, el perro del vecino. Utiliza las expresiones del ejercicio **4a** en imperativo plural. ▶ Gramática, p. 107/1

5 a Estás en la calle de Tánger número 27. Tu amiga Raquel de Madrid te explica cómo llegar a un lugar. Escucha, mira con atención el plano de Madrid y sigue el camino con el dedo. ¿Adónde llegas?

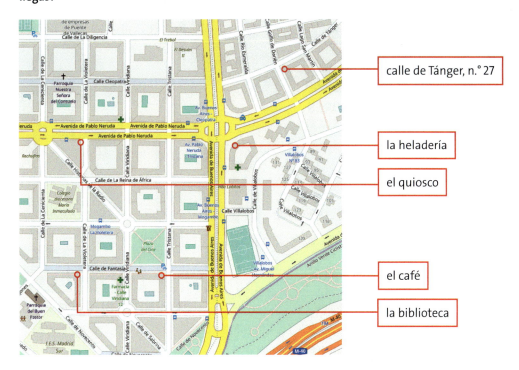

5 b ¡A jugar! Elegid un inicio y describid un camino a otro lugar del mapa. **A** explica y **B** adivina. Luego intercambiad los papeles.

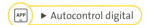
▶ Autocontrol digital

noventa y tres **93**

Unidad 5
Argentina, tierra de contrastes

BUENOS AIRES

CERRO DE LOS SIETE COLORES

CAMINITO, BUENOS AIRES

Nach dieser Unidad kannst du:
- von einem Ausflug berichten.

Dafür lernst du:
- Eckdaten eines Landes vorzustellen.
- Jahreszahlen anzugeben.
- über eine Reihe von Ereignissen in der Vergangenheit zu berichten.
- zu erzählen, was du erlebt hast.

BARILOCHE

GLACIAR PERITO MORENO

USHUAIA

1   Sieh dir die Fotos und die Überschrift an. Was verbindest du mit Argentinien? Welche Fotos überraschen dich und warum?

2   Ahora mira el vídeo y cuenta qué lugares quieres visitar y por qué.

> **Jahreszeiten in Argentinien**
> Frühling: September bis November
> Sommer: Dezember bis Februar
> Herbst: März bis Mai
> Winter: Juni bis August
> Erkläre, warum das so ist.

5 Vocabulario

Presentar un país

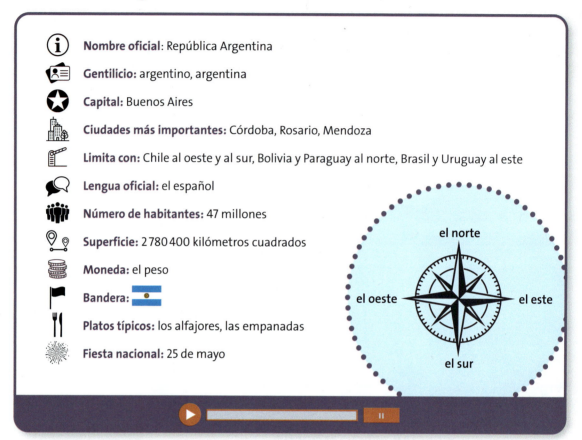

- **Nombre oficial:** República Argentina
- **Gentilicio:** argentino, argentina
- **Capital:** Buenos Aires
- **Ciudades más importantes:** Córdoba, Rosario, Mendoza
- **Limita con:** Chile al oeste y al sur, Bolivia y Paraguay al norte, Brasil y Uruguay al este
- **Lengua oficial:** el español
- **Número de habitantes:** 47 millones
- **Superficie:** 2 780 400 kilómetros cuadrados
- **Moneda:** el peso
- **Bandera:**
- **Platos típicos:** los alfajores, las empanadas
- **Fiesta nacional:** 25 de mayo

ERKLÄRFILM

1 a Mira el vídeo y repite las palabras.

1 b ¿Qué información ya conoces? ¿Qué información es nueva para ti?

2 Di dónde viven las personas y qué país quieren conocer. ▶ Suplemento, p. 108/2

Ejemplo: Martina vive en Argentina y quiere conocer Panamá.

1. Martina
2. José Luis
3. Agustina
4. Santiago
5. Ximena
6. Thiago
7. Valentina

Argentina, Cuba, Nicaragua, Bolivia, Ecuador, Panamá, Chile, Guatemala, Perú, Colombia, Honduras, Uruguay, Costa Rica, México

Vocabulario   Texto A   Texto B   Tarea final   Gramática   5

3 Elegid cada uno/-a cuatro países de América Latina y explicad con qué países limitan. ▸ Umschlagseite

Chile | Bolivia | Uruguay | México | Honduras
Venezuela | Guatemala | Panamá

¿Con qué países limita Chile?

Chile limita al norte con [...].

Mit Vokabeltrainer-Apps lernen ▸ Destrezas, p. 143/45

Viele Vokabeltrainer-Apps funktionieren nach dem Karteikarten-Prinzip. Praktisch ist, dass du dir die Wörter anhören und so die Aussprache üben kannst. Gleichzeitig kannst du deinen Lernfortschritt verfolgen und Vokabeln auch unterwegs üben.

4 Frage deine Lehrkraft, welche Vokabeltrainer-App sie dir empfiehlt, lade die App herunter und leg los! Trage die neuen Wörter ein oder stelle sie in deiner Vokabelsammlung zusammen und überlege, wann und wo du sie lernen möchtest.

5 ¿Qué es? Busca en la ficha (p. 96) las palabras para presentar un país.

1. Las personas que viven en un país son los [...].
2. «El argentino» y «la argentina» son los [...] para llamar a la gente de Argentina.
3. Desde 2002, el euro es la [...] de muchos países de Europa.
4. Madrid es la ciudad más importante de España, es la [...] del país.
5. El 3 de octubre es la [...] de Alemania.
6. Alemania tiene 357 683 km² de [...]. ¡Argentina es casi ocho veces más grande!

6 ¡Tú eliges! Elige **6a** o **6b**. ▸ Para comunicarse, p. 155/3

6 a Presentad el país en vuestra ficha. **A** empieza. ▸ B, p. 130

6 b Busca información sobre un país (p. ej. el país de tu familia) en Internet. Luego prepara una ficha con las palabras clave y apunta la información. Ahora presenta tu país en clase. ▸ Los números, p. 147
▸ Destrezas, p. 144/47

Nombre:

Detalles de Argentina

Antes de leer

1 Überfliege den Text und sieh dir das Bild an. Um welche Textsorte handelt es sich?

2 a Escucha y repite los años.

| 1535 | 2024 | 1986 | 2022 | 1957 | 2017 | 1810 | 1816 |

2 b Escucha y apunta los años que escuchas.

Los argentinos y las argentinas tenemos mucho que celebrar.
Aquí presentamos cuatro temas importantes para nuestro país.

FUNDACIÓN DE BUENOS AIRES

Hoy es el 25 de mayo y como cada año por esta fecha desde hace más de dos siglos, los argentinos celebran el Día de la Patria. Pero, ¿qué celebran realmente?

El 25 de mayo de 1810 los argentinos formaron su primer gobierno.

El conquistador español Pedro de Mendoza salió de España el 24 de agosto de 1535 y llegó al Río de la Plata en enero de 1536. El 3 de febrero de ese mismo año él y sus hombres fundaron un puerto que luego se convirtió en la capital del país, Buenos Aires.

Pasaron casi 300 años hasta el 25 de mayo de 1810. En esa fecha, Argentina comenzó el proceso de independencia de España. Entonces, los argentinos formaron su primer gobierno y por eso celebran hoy su Fiesta Nacional.

Finalmente, el 9 de julio de 1816 los argentinos celebraron la independencia del país. Hasta hoy, esta fecha es una fiesta para todos.

LITERATURA

Entre 1957 y 1959 Héctor G. Oesterheld publicó *El Eternauta*, uno de los cómics argentinos más famosos. Cuenta la llegada de unos extraterrestres a Buenos Aires. Además, esta obra de ciencia ficción relata la historia de Argentina y propone que un futuro mejor siempre es posible. En 2017 un grupo de artistas argentinos adaptó el cómic a una película de animación.

DEPORTES

La selección nacional de fútbol de Argentina ganó la Copa del Mundo de fútbol en tres ocasiones: en 1978, en 1986 y en 2022. El 18 de diciembre de 2022, Lionel Messi continuó la leyenda del fútbol argentino: sus compañeros y él levantaron el trofeo de campeón del mundo en Qatar.

CIENCIA

En abril de 2024 varios científicos descubrieron restos de una especie de dinosaurio desconocido. Esta especie vivió en la Patagonia ¡hace 66 millones de años!

Comprender el texto

3 Lee el artículo, busca las fechas y qué pasó en Argentina. Luego completa la tabla en tu cuaderno.
▶ p. 131

fecha	información
24 de agosto de 1535	el conquistador Mendoza salió de España
enero de 1536	

Descubrir

4 a Vergleiche die Sätze. Welche Verben stehen im Präsens, welche im **pretérito indefinido**?
▶ Gramática, p. 107/2

1. Selma **comió** una empanada y yo **bebí** un zumo.
   Selma **come** una empanada y yo **bebo** un zumo.
2. Ayer mi amiga Selma y yo **celebramos** el Día de la Patria en la plaza.
   Hoy mi amiga Selma y yo **celebramos** el Día de la Patria en la plaza.

4 b Suche im Text alle Verben im **pretérito indefinido** und notiere sie in dein Heft. Schreibe die dazugehörigen Infinitive dazu. ▶ Gramática, p. 107/2

4 c ¡Escucha bien! Höre nun die Sätze und hebe die Hand, wenn du einen Satz im **pretérito indefinido** hörst.

Practicar

5 ¿Cómo se preparó Rubén, un jugador de la selección nacional, para el Mundial? Mira los dibujos y cuenta cómo pasó el día antes del partido. ▶ Gramática, p. 107/2

> primero • luego • después • al final

despertarse temprano

desayunar

empezar el entrenamiento

limpiar sus zapatillas

preparar la cena

descansar

5

Vocabulario   Texto A   Texto B   Tarea final   Gramática

6 Haced entrevistas y hablad sobre los datos de vuestra vida. ▶ Suplemento, p. 109/6

¿En qué año
- *empezar* el colegio?
- *aprender* a nadar?
- *adoptar* una mascota?
- *comer* [...] por primera vez?
- *recibir* tu primer móvil?
- *aprender* a ir en bicicleta?
- *preparar* el desayuno por primera vez?

¿Dónde
- *quedar* solo/sola en casa por primera vez?
- [...]

Vocabulario y expresión

7 a Busca para cada sustantivo el verbo de la misma familia. ▶ Destrezas, p. 133/3

¿No conoces una palabra? Piensa en una palabra de la misma familia que ya conoces.

Ejemplo: la discusión – discutir

> la discusión • la propuesta • la protección • la llegada • el experimento • la explicación • la limpieza • el conocimiento • la preferencia • la adopción • la participación • la organización • la solución • la celebración

7 b Ahora busca para cada verbo o sustantivo el adjetivo de la misma familia.

Ejemplo: idealizar – ideal

> idealizar • la importancia • la inteligencia • modernizar • la tradición • la magia • la especialidad • la perfección • el rizo • la paciencia • la ecología

Escuchar

8 a Escucha lo que cuenta Andrea sobre el Día de la Patria y pon los dibujos en el orden correcto.

8 b ¿Qué hizo Andrea en la fiesta del Día de la Patria? Escucha otra vez y resume lo que cuenta Andrea. Los dibujos te pueden ayudar. ▶ Destrezas, p. 139/31

8 c Überlege, wie du deiner Familie die Begriffe **asado** und **pericón** auf Deutsch erklären oder umschreiben kannst. ▶ Destrezas, p. 142/42

| Vocabulario | **Texto A** | Texto B | Tarea final | Gramática | **5** |

Aprender mejor

Wichtige Informationen in die andere Sprache übertragen ▶ Destrezas, p. 142/42

Wenn du Informationen aus spanischen Texten auf Deutsch wiedergeben sollst oder umgekehrt, musst du meist nicht Wort für Wort oder Satz für Satz übersetzen. Sage in deinen eigenen Worten das, was dein Gegenüber unbedingt wissen muss.

9 a Lies dir die Aufgabenstellung ganz genau durch.

– Was weißt du über die Person, die nach den Informationen fragt?
– Welche Informationen aus dem Text muss die Person unbedingt wissen?

9 b Quieres ir con Inés, tu compañera de intercambio española, a la Noche de los Museos en tu ciudad. Ella encontró información en Internet y tiene muchas preguntas. Mándale un mensaje y contesta sus preguntas.

Inés
¡Hola! Tengo muchas ganas de ir a la Noche de los museos. ¿Qué actividades hay? ¿Solo podemos visitar museos? ¿Es gratis? ¿Cómo podemos ir?
09:27

Wohin heute?

Am Samstag, dem 21. August, steht die Stadt wieder ganz im Zeichen von Kunst, Kultur und Musik.

Die Lange Nacht der Museen lockt mit einem tollen Programm an verschiedenen Orten in
5 der gesamten Stadt. Über 100 Veranstaltungen sind geplant, von außergewöhnlichen Führungen über Live-Konzerte und Ausstellungen bis hin zu Lesungen und Vorträgen. Das Programm beginnt um 16 Uhr und endet um Mitternacht. Ein besonderer Blickfang soll das abschließende Feuerwerk um 23 Uhr in der Innenstadt werden.
Dabei sind wie immer die Alte Stadtkirche, das Naturkundemuseum, das Museum für Kunst
10 und Geschichte und viele mehr. Aber auch auf den Plätzen und in Parks werden viele interaktive Angebote und Konzerte angeboten.
Die Tickets kosten 12,50 €. Kinder und Jugendliche bis 17 Jahren zahlen 3 €. Die Tickets berechtigen auch zur Fahrt mit öffentlichen Verkehrsmitteln und den ab 15.45 Uhr eingesetzten Sonderbussen.
15 Tickets sind hier erhältlich: Museumsnacht.Tickets.com.

Ya lo sé – Hablar

10 ¡Ahora tú! Habla sobre un día especial en el pasado. ▶ p. 131

El diario de Álex

Ya hace dos años que Álex fue por última vez a Argentina. En abril viajó con su padre para visitar a su familia.

<u>Lunes, 11 de abril. ¡Por fin en Argentina ☺!</u>

Anteayer llegamos a Buenos Aires y fuimos directamente a Iguazú. ¡Otras dos horas más en el avión! Ayer por fin comenzamos nuestro viaje por el norte del país. Vimos las Cataratas de Iguazú, ¡fue realmente impresionante!

<u>Viernes, 15 de abril. ¡Montañas de colores!</u>

El miércoles pasado fuimos a la provincia de Jujuy y visitamos el Cerro de los Siete Colores. ¡Me encantó el paisaje! Por primera vez vi una montaña de color rosa. ¡Allí saqué un montón de fotos muy chulas!
Anoche volvimos a Buenos Aires, y ya tengo muchas ganas de pasar tiempo con mi familia.

<u>Lunes, 18 de abril. Buenos Aires, la capital.</u>

El sábado por la mañana papá y yo fuimos en ~~autobús~~ *colectivo* al Obelisco y visitamos la Plaza de Mayo. Por la tarde, con mi abuelo, paseamos por el Barrio de La Boca y estuvimos en la Calle Museo Caminito.
Ayer fuimos a San Telmo con los amigos de mi papá. Los amigos fueron muy amables conmigo y me gustó mucho el ambiente del barrio. Allí comimos empanadas, pero las empanadas argentinas. ¡Qué buenas! Fue «relindo», como dicen aquí, aunque todavía tengo que acostumbrarme a decir «vos» en lugar de «tú» y «ustedes» por «vosotros». 😁

<u>Jueves, 21 de abril. Última parada: el fin del mundo.</u>

Ayer y anteayer hice muchas cosas, por eso no tuve tiempo para escribir. Además, como caminamos mucho por la ciudad, todavía me duelen los pies. El otro día, mi tía me llevó al estadio de Boca Juniors y vimos un partido. Tuvimos mucha suerte, porque jugaron muy bien y ganaron 4 a 0.
Buenos Aires es una ciudad genial, con el tango, el teatro Colón, las librerías en la Avenida Corrientes... ¡Es simplemente impresionante!
Mañana continuamos nuestro viaje... y vamos a Ushuaia, ¡a ver los pingüinos!

> Zwischen dem nördlichsten und dem südlichsten Punkt Argentiniens liegen 3 694 km, das ist vier Mal so viel wie in Deutschland.

Comprender el texto

1 a Lee el diario de Álex y pon las frases en el orden correcto.

- a. Álex comió empanadas.
- b. Álex paseó por el Barrio de la Boca.
- c. Álex volvió a Buenos Aires.
- d. Álex llegó a Buenos Aires.
- e. Álex visitó el Cerro de los Siete Colores.
- f. Álex vio un partido de fútbol.

1 b Ahora resume el viaje de Álex. Utiliza conectores ☆ ▶ p. 131

Modelo para hablar

2 a Escucha, lee y repite.

¿Qué hiciste?
Rubén: ¿[...] el viernes pasado?
Álex: Visité el centro de Buenos Aires y [...] Barrio de la Boca.
Rubén: ¿Y ayer? ¿Qué hiciste?
Álex: [...] porque fuimos al estadio Boca Juniors y pudimos ver el partido.
Rubén: Entonces, ¿[...]?
Álex: Sí, [...].

2 b ¡Ahora tú! ¿Qué tal tu fin de semana? Presentad el diálogo.

A ¿Qué hiciste el viernes pasado?

B Fui al centro. / Quedé con amigos. / Hice una excursión con mis padres. / [...].

¿Y ayer? ¿Qué hiciste?

Pasé el día con mis padres. / Visité a mis abuelos. / Quedé con mis amigos. / [...].

Y, ¿qué hicisteis?

Fuimos al cine. / Vimos una película. / [...].

Entonces, ¿tuviste un buen fin de semana?

Sí, tuve un buen fin de semana. / No, fue un finde horrible. / [...].

Descubrir

3 a Suche im Text (S. 102) die Formen des **pretérito indefinido** der folgenden Verben.

| ir | ser | ver | estar | hacer | tener | sacar |

3 b Wie sagst du folgende Sätze auf Deutsch? Was fällt dir bei **fue** auf? ▶ Gramática, p. 107/3, 4

1. Anteayer Álex **fue** a Iguazú.
2. ¡**Fue** realmente impresionante!

Practicar

4 a ¿Adónde fueron ayer? Utiliza una forma del **pretérito indefinido** del verbo **ir** y la preposición **a**.
▶ Gramática, p. 107/4

1. [yo] • estadio
2. [tú] • parque
3. Ismael • mercado
4. Lili y yo • piscina
5. Álex y tú • café
6. Lili y Pau • insti
7. [nosotros] • polideportivo
8. [vosotras] • jardín
9. [ellos] • puerto
10. Nora y Lili • lago

ciento tres 103

5

4 b Preguntad adónde fuisteis ayer.

- ¿Adónde fuiste / fuisteis ayer?
- Ayer fui a [...].
- Mona y yo fuimos a [...].

5 ¡A jugar! ¿Qué hiciste anteayer? Haced el juego en cadena. ▶ Gramática, p. 107/2, 3

A: ¿Qué hiciste anteayer?
B: Saqué la basura. ¿Y tú?
A: Vi una película.

B: A vio una película y yo saqué la basura. Y tú, ¿qué hiciste anteayer?
C: Yo [...].

> *hacer* la compra • *bailar* • *escuchar* música • *leer* una revista • *pasar* la aspiradora •
> *lavar* los platos • *escrolear* en las redes sociales • *nadar* • *jugar* al baloncesto • *tomar* el sol •
> *sacar* fotos • *pasear* al perro • *hacer* los deberes para [...] • [...]

6 Mira la agenda de Lili de la semana pasada y cuenta a Ismael lo que hizo. ▶ Gramática, p. 107/2–4
▶ Suplemento, p. 109/7, 8

LUNES	MARTES	MIÉRCOLES	JUEVES	VIERNES	SÁBADO	DOMINGO
comer helado con Nora	comprar libros	ir al insti a las 7:30	hacer deporte	tener un examen de Física	ver una película con Pau	descansar
hacer las tareas del hogar	ver la tele	tener una cita con la profe	ir al cine con mamá	hacer un picnic	ir a la fiesta de Álex	leer mi libro nuevo

Escuchar

7 a Escucha la llamada entre Álex y su madre y pon los lugares que visitó Álex en el orden correcto. Sobra uno.

1
la Plaza de Mayo

2
Puerto Madero

3
el MALBA

4
el Teatro Colón

5
Bosques de Palermo

7 b Escucha la llamada otra vez y toma apuntes. ¿Qué hizo Álex en estos lugares? ☆ ▶ p. 131

| Vocabulario | Texto A | **Texto B** | Tarea final | Gramática | **5** |

Pronunciar

8 a Escucha y repite. Luego compara las palabras. ¿Por qué existe la letra **ü**?

| enseguida | pingüinos | juguete | cigüeña |

8 b Escucha y practica el trabalenguas.

> En un albergue[1] de Paraguay un pingüino toca la guitarra y canta canciones bilingües[2] para la cigüeña[3] nicaragüense[4]. ¡Qué sinvergüenza[5]!

1 **el albergue** die Herberge 2 **bilingüe** zweisprachig 3 **la cigüeña** der Storch
4 **nicaragüense** aus Nicaragua/ nicaraguanisch 5 **¡Qué sinvergüenza!** Wie unverschämt!

Vocabulario y expresión

9 a Para hablar sobre el pasado necesitas expresiones para estructurar tu relato. Pon las siguientes expresiones en orden cronológico – ¡Hoy es viernes!

| el lunes pasado | ayer | hace dos semanas | anoche | la semana pasada |

| el martes por la mañana | anteayer | hace un año |

| el 1 de enero | el marzo pasado |

> Ayer fue genial. Por la mañana quedé con un amigo. Después […].

9 b Ahora elegid uno de estos momentos y contad qué hicisteis.

ir a […] con […]
salir con […]
hacer
tener un examen de […]
ver un/a […]
volver a casa muy tarde
comer
escribir
ser muy divertido / […]

conocer a una persona
muy interesante / […]
descubrir
aprender
discutir con […]
recibir un mensaje de […]
estar todo el día en […]
participar en […]
[…]

Ya lo sé – Escribir

11 Escribe en tu diario sobre el fin de semana pasado. Puedes utilizar el texto (p. 102) como modelo.
▶ Para comunicarse, p. 159/7   ▶ Destrezas, p. 141/39

– ¿Dónde estuviste?
– ¿Qué hiciste? ¿Con quién?
– ¿Cómo fue?

▶ Autocontrol digital

ciento cinco **105**

Una excursión especial

 Ihr berichtet eurer eTwinning-Klasse von einem zurückliegenden Ausflug oder einer Klassenfahrt.

1 ¡Tú eliges!

Collage: Ihr erstellt eine Collage über den Ausflug.
Blog: Ihr erarbeitet einen Blogeintrag als Reisetagebuch.

2 ¡Preparad@s!

Überlegt:

- welche Orte, Daten, Aktivitäten ihr vorstellen möchtet, ▶ Destrezas, p. 141/37
- die Reihenfolge der Aktivitäten, die ihr gemacht habt und die entsprechenden Zeitangaben,
- welche Adjektive ihr benutzen möchtet, um die Orte und die Aktivitäten zu beschreiben.

> Bevor du im Internet recherchierst, überlege dir gute Suchbegriffe für dein Thema. Je besser du deine Suche einschränkst, desto brauchbarer sind die Informationen.
> Wenn du verlässliche Fakten suchst, bevorzuge offizielle Webseiten.
> Du suchst z. B. Informationen über Wasserfälle in Argentinien, also gib folgendes ein:
> **site:.ar „cataratas".**
> **site:.ar** sucht nur auf Seiten aus Argentinien,
> **„"** sucht den oder die exakten Begriffe. ▶ Detrezas, p. 144/47

3 ¡List@s!

Gestaltet eure Collage bzw. schreibt euren Blogeintrag: ▶ Para comunicarse, p. 159/7

Collage:	Blogeintrag:
– Formuliert eure Texte.	– Formuliert eure Texte.
– Wählt passende Fotos aus.	– Wählt passende Fotos aus.
– Gestaltet eure Collage.	– Schreibt euren Text und fügt z. B. Links ein.

4 ¡Ya!

Stellt eure Collage bzw. euren Blog in der Klasse vor.

Bei welchem Ausflug wärst du gerne dabei gewesen? Wollt ihr euch gegenseitig einschätzen, könnt ihr dafür die Checkliste zum Feedback nutzen.

> **Una excursión especial**
> ¡Hola! Hoy hablamos sobre una excursión que hicimos el mes pasado con la profesora de historia. Fuimos en tren desde Érfurt. […]

Gramática 5

Du beschreibst einen Weg	Dafür benötigst du:
1 **Ven** aquí, te enseño. **Sal** por allí, pero **ten** cuidado con los coches.	die unregelmäßigen Imperative der Verben **salir**, **tener**, **venir** und **seguir**:

	salir	tener	venir	seguir
2. Pers. Sing.	sal	ten	ven	sigue
2. Pers. Plural	salid	tened	venid	seguid

Du berichtest von Ereignissen in der Vergangenheit	Dazu benötigst du:

ERKLÄRFILM

2 —Te **llamé** <u>ayer</u>...
—¿Por qué no me **mandaste** un mensaje?
<u>La semana pasada</u> Álex **llegó** a Buenos Aires.
<u>Anoche</u> **comimos** empanadas de queso.
—<u>El viernes pasado</u> **salisteis** con vuestras amigas?
—No, ellas **salieron** con sus padres. Pero **salimos** <u>hace dos semanas</u>.

das **pretérito indefinido** der Verben auf **-ar**, **-er** und **-ir**: ▶ Los verbos, p. 150

comprar	comer	vivir
compr**é**	com**í**	viv**í**
compr**aste**	com**iste**	viv**iste**
compr**ó**	com**ió**	viv**ió**
compr**amos**	com**imos**	viv**imos**
compr**asteis**	com**isteis**	viv**isteis**
compr**aron**	com**ieron**	viv**ieron**

❗ -gar: lle**gu**é, llegaste, llegó
-car: bus**qu**é, buscaste, buscó
-zar: empe**c**é, empezaste, empezó
leer: leí, leíste, le**y**ó, leímos, leísteis, le**y**eron

ERKLÄRFILM

3 El jueves **estuvimos** en un museo.
Vimos obras relindas.
Tuvimos mucha suerte con el tiempo.
Hizo mucho calor.

unregelmäßige Formen des **pretérito indefinido** (**estar**, **hacer**, **tener**, **ver**). ▶ Los verbos, p. 150

ERKLÄRFILM

4 Ayer **fuimos** a una fiesta. **Fue** muy divertido.

das **pretérito indefinido** der Verben **ser** und **ir**:
▶ Los verbos, p. 150

Primero	fui	al museo.
¿	Fuiste	a Iguazú?
El partido	fue	genial.
Ayer	fuimos	a Ushuaia.
¿No	fuisteis	a San Telmo?
Los amigos	fueron	muy amables.

5 Álex y su padre caminaron mucho y por eso hoy **les duelen** los pies.

das Verb **doler**. ▶ Los verbos, p. 150

ciento siete 107

Suplemento 5

Vocabulario

1 Relaciona los dibujos con las expresiones para describir el camino.

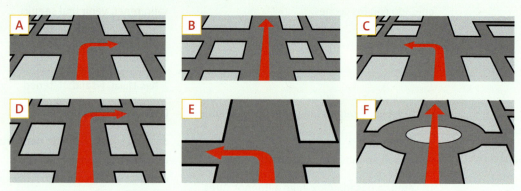

1. coger la segunda calle a la derecha
2. seguir todo recto
3. girar a la derecha
4. girar a la izquierda
5. coger la primera calle a la izquierda
6. cruzar la plaza

2 Relaciona los países con los gentilicios correspondientes.

| Argentina • Bolivia • Chile • Colombia • Costa Rica • Cuba • Ecuador • El Salvador • Guatemala • Honduras • México • Nicaragua • Panamá • Perú • Puerto Rico • República Dominicana • Uruguay • Venezuela | hondureño/-a • chileno/-a • uruguayo/-a • colombiano/-a • mexicano/-a • boliviano/-a • ecuatoriano/-a • guatemalteco/-a • nicaragüense • panameño/-a • argentino/-a • salvadoreño/-a • puertorriqueño/-a • venezolano/-a • dominicano/-a • peruano/-a • costarricense • cubano/-a |

Gramática

3 **El imperativo:** El padre de Nora escribió una lista con las tareas del hogar. Formula instrucciones.
▶ Gramática, p. 107/1

Ekai	Nora	Amaia	Ekai, Nora y Amaia
• sacar la basura • pasar la aspiradora	• limpiar el baño • lavar los platos	• comprar pan • recoger el lavavajillas	• ordenar la habitación • hacer la cama

4 **El imperativo de los verbos tener, salir y venir:** La familia de Ismael hace las tareas del hogar. Completa las frases. ▶ Gramática, p. 107/1

1. Madre: Ismael, Amir, ¡[...] cuidado con los platos!
2. Padre: Chicos, ¡[...] de aquí! Quiero pasar la aspiradora.
3. Madre: Ismael, Amir, ¡[...] al salón a ordenar!
4. Ismael: Amir, ¡[...] cuidado con mi cámara!

5. Amir: Ismael, ¡[...] de mi habitación! Estoy ordenando.
6. Padre: Ismael, ¡[...] aquí a recoger tus cómics!

5 **El verbo doler:** Al final del día, a Álex le duelen muchas partes del cuerpo. Formula frases.
▶ Gramática, p. 107/5

los ojos   un diente   los pies   la mano derecha

6 **El pretérito indefinido:** Lee la historia de Álex y su abuelo Valentín. Luego escribe el texto en pretérito indefinido. ▶ Gramática, p. 107/2

Valentín, el abuelo de Álex, la llama para ir al museo. Quedan a las diez en la puerta del museo. Valentín llega primero y compra las entradas. Pasan muchas horas en el museo. A las dos salen y buscan un bar. En el bar comen empanadas y beben un zumo. Después pasean en un parque y Álex saca muchas fotos. Su abuelo le enseña su lugar favorito. Por la noche, cenan con toda la familia y después escuchan música y bailan.

7 **El pretérito indefinido:** ¿Qué cuenta Nora de sus vacaciones en Colombia? Completa el e-mail.
▶ Gramática, p. 106/2–4

> Asunto: Hola desde Colombia
>
> Hola, Ismael:
> ¿Qué tal?
> Martín, Ekai, Amaia y yo [*pasar*] las vacaciones en Colombia. El primer día, mi tía me [*contar*]
> 5 historias sobre nuestra familia. [*Aprender*/yo] mucho. Amaia y yo [*compartir*] habitación todo el mes con nuestras primas. ¡[*Ser*] muy divertido!
> [*Viajar*/nosotros] a muchos sitios muy guais y [*conocer*/yo] a amigos de mis tíos.
> [*Ir*/nosotros] a un mercado, [*comprar*/yo] regalos muy chulos.
> Una noche, mis tíos [*organizar*] una fiesta con toda la familia. [*Ser*] genial. [*Comer*/nosotros]
> 10 y [*beber*/nosotros] muchas cosas ricas. Y claro, [*bailar*/nosotros] muchísimo.
> ¡Las vacaciones [*ser*] chéveres (guay en Colombia)!
> Un abrazo, Nora

8 **El pretérito indefinido del verbo estar:** Cuenta dónde estuvo la pandilla la semana pasada.
▶ Gramática, p. 107/32

1. lunes • [yo] • instituto
2. martes • [tú] • centro comercial
3. miércoles • Ismael • cine
4. jueves • [nosotros] • parque
5. viernes • [vosotras] • museo
6. sábado • Álex y Nora • bosque

CHIC@S DE HOY — NÚMERO 5

¿Entendés?

El español es el idioma oficial de muchos países. Por eso, hay muchas palabras para decir lo mismo.

España	Argentina
el autobús	el colectivo
el chico	el pibe
la chica	la mina
¿sabes?	¿viste?
las palomitas	el pochoclo
la falda	la pollera
la camiseta	la remera
el aguacate	la palta
genial	bárbaro
aquí	acá
allí	allá
tú	vos

Caricatura

Cuenta la historia de lo que ves en la caricatura. ¿Cómo eres tú cuando ves un partido de fútbol? Haz un dibujo.

© Tute

Tu película
Mi mundial

Dirección: Carlos Andrés Morelli
País: Uruguay, Argentina, Brasil
Año: 2017
Actores: Jorge Bolani, Facundo Campelo

Mira el trailer de Mi mundial. ¿Tienes ganas de ver la película? ¿Conoces una historia similar en otro país?

El mundo del español
¿Qué información te dan estos letreros?

Evaluación 2

Comprensión lectora

1 a Lee el folleto y completa las frases.

1. Ushuaia se llama «el fin del mundo» porque [...].
2. El Tren del Fin del Mundo va hasta [...].
3. Durante el viaje puedes aprender mucho sobre [...].
4. En la playa y en las rocas puedes ver [...].
5. Los guías[1] hablan [...].

¡Tour al Fin del Mundo!

Empezamos la aventura en Ushuaia, la ciudad más al sur del planeta. A solo ocho kilómetros de Ushuaia nos espera el «Tren del Fin del Mundo». En este tren histórico pasamos por bosques de

El Tren del Fin del Mundo es un tren histórico.

5 árboles nativos[2] y escuchamos una audioguía con la historia del tren, del Parque Nacional Tierra del Fuego y de la ciudad. El viaje hasta «la Estación del Fin del Mundo» dura[3] una hora. Allí comienza la visita al parque donde caminamos por senderos[4] naturales y
10 aprendemos muchísimo sobre la naturaleza y los animales. Con nuestros guías expertos puedes ver pingüinos en la playa y lobos marinos descansando en las rocas. Además, navegamos por el Canal Beagle para ver delfines y ballenas nadando cerca del barco[5]. También
15 observamos[6] cóndores majestuosos en el cielo.

Nuestros guías te cuentan todo sobre los animales y te muestran los mejores lugares. Este tour es una oportunidad[7] de vivir una aventura inolvidable[8] en Ushuaia.

Apúntate y descubre la magia de la naturaleza en el Fin del Mundo. ¡Te esperamos!

20 💬 Hay tours en español, inglés y portugués.

🕒 6 horas 30 minutos (aprox.)

📍 Punto de encuentro:
Plaza Islas Malvinas, Ushuaia

Los lobos marinos descansan en las rocas.

1 los guías die Reiseleiter **2 los árboles nativos** die heimischen Bäume **3 durar** dauern
4 el sendero der Pfad **5 el barco** das Schiff **6 observar algo** etw. beobachten **7 la oportunidad** die Gelegenheit **8 inolvidable** unvergesslich

1 b Estás en Argentina y puedes visitar Buenos Aires (texto, p. 102) o hacer el tour al Fin del Mundo. ¿Qué prefieres hacer? Explica por qué.

Comprensión auditiva

 2 Escucha el diálogo entre Álex y Rubén y contesta las preguntas.

1. ¿Qué problema tiene Lola?
2. ¿Qué idea tuvo Álex?
3. ¿Qué problema tiene ahora Álex?
4. ¿Qué quieren hacer Álex y Rubén?

Mediación

 3 Du bist mit deiner Familie in Spanien und ihr wollt eine Kleinigkeit in der Bar León essen. Lies dir die Speisekarte durch und beantworte die Fragen deiner Familie.

Auf Salat habe ich keine Lust, welche anderen vegetarischen Gerichte gibt es?

Ich möchte gerne ein belegtes Brötchen. Welche gibt es?

Ich habe Lust auf etwas Süßes, aber kein Eis. Was kann ich bestellen?

Ich würde gern Tortilla probieren. Gibt es welche?

Gibt es Saft?

Menú BAR LEÓN
DESDE 1980

BOCADILLOS
- Bocadillo de jamón ibérico — 7,50
- Bocadillo de queso — 5,-
- Bocadillo con tortilla de patatas — 5,-
- Bocadillo vegano con verduras — 4,50

ENSALADA MIXTA — 5,-
- con huevo — 5,50
- con atún — 6,50
- con queso — 6,-
- con verduras — 6,-

POSTRES
- Flan de caramelo — 3,50
- Helado — 4,-
- Sorbete de limón — 3,-
- Fruta de temporada — 2,-

BEBIDAS
- Agua — 2,-
- Zumo — 3,-
- Vino de la casa — 4,50
- Cerveza — 2,50

Expresión oral

 4 Estás en el bar León y hablas con la camarera[1]. Escucha sus preguntas y contesta.

[1] **la camarera** die Kellnerin

Expresión escrita

5 Álex y su padre fueron el sábado pasado al barrio de La Boca. ¿Qué hicieron? Tú eres Álex y escribes una postal para Nora y le hablas de tu día.

comenzar el día en [...] • *ir* a [...] • *ver* • *visitar* • *estar* en [...] • *comer* • *caminar* por [...]

Módulo 5

Cómo vivía sin móvil

 Pilar, la madre de Pau, le cuenta cómo era la vida cuando ella era joven.

Antes no teníamos móviles, y muchas familias no tenían Internet en casa. Pero a partir de la segunda mitad de los años 90, cada vez más familias tenían
5 Internet. Al principio, la conexión era muy lenta. Normalmente tardaba minutos en conectarse y hacía un sonido muy divertido. Los móviles no tenían acceso a Internet. Solo podíamos hacer llamadas y mandar mensajes (SMS). Yo no hablaba todos los días con mis
10 amigos, porque el teléfono era muy caro. Además, teníamos mucho cuidado porque en aquella época pagábamos por el número de letras de los SMS. ¡Qué útiles eran las abreviaciones, como xq (= por qué), tkm (= te quiero mucho) o salu2 (= saludos)!
15 ¿Sabías que la radio nos informaba cuando recibíamos un SMS o una llamada? Cuando escuchábamos la radio y el móvil estaba cerca, la radio hacía un ruido raro.

Siempre teníamos que acordar la hora exacta y el lugar para quedar porque pocos tenían móvil. Además, los móviles no tenían mapas, ¿te imaginas?
20 Cuando yo quería hablar con mis amigos, los tenía que llamar al teléfono fijo de sus casas. Como en mi casa solo había un teléfono, casi siempre contestaban tus abuelos o tu tía. Y como el teléfono estaba en el salón, nunca podía hablar tranquila. Y claro, ¡no iba al baño con el móvil! Para sacar fotos tenía una cámara pequeña. Los selfis todavía no existían. Tampoco había redes sociales. Por eso tengo pocas fotos de cuando era adolescente.

 1 Discutid sobre vuestro uso del móvil. ¿Cuánto tiempo pasas con tu móvil? ¿Para qué lo usas?

> Auf deinem Handy gibt es eine Funktion, die dir die Dauer der Smartphone-Nutzung zeigt. Gehe zu den „Einstellungen" und tippe auf dem Menüpunkt „Bildschirmzeit" oder „Digitales Wohlbefinden".

2 ¿Verdadero o falso? Lee el texto y corrige las frases falsas.

1. Antes, pocas familias tenían Internet.
2. A partir de los años 80, muchas familias tenían Internet.
3. Hace 40 años, los móviles ya tenían acceso a Internet.
4. Normalmente, solo había un teléfono fijo en la casa para toda la familia.
5. Todos los móviles tenían una cámara para sacar fotos.
6. No había redes sociales y la gente no sacaba selfis.

Hier lernst du:
- zu erzählen, wie etwas früher war.

3 a ¿Masculinos o femeninos? Lee los sustantivos y decide. Luego forma su plural.

> curiosidad • conexión • abreviación • televisión • mitad • actividad

3 b Apunta más palabras que terminan en **-ión** u **-ad**. Puedes utilizar la lista alfabética.

4 a Lies folgende Sätze aus dem Text (S. 114): Auf welche Zeit bezieht sich die verwendete Verbform? Und was beschreibt sie: einen bestimmten Zeitpunkt oder einen Zeitraum?

1. «Yo no **hablaba** todos los días con mis amigos, porque el teléfono **era** muy caro.» (ll. 9–10)
2. «En aquella época **pagábamos** por el número de letras de los SMS.» (ll. 11–12)
3. «Siempre **teníamos** que acordar la hora exacta y el lugar para quedar.» (l. 18)

4 b Suche im Text (S. 114) die Formen des **pretérito imperfecto** und schreibe sie mit dem entsprechenden Infinitiv auf. ▶ Gramática, p. 117/1

4 c Übertrage die Tabelle in dein Heft und vervollständige sie mit den Endungen der Verben. Was fällt dir bei der Bildung des **pretérito imperfecto** auf? Welche Verben sind unregelmäßig? ▶ Gramática, p. 117/2

	-ar	-er	-ir
yo	-aba	-ía	-ía
tú			

★ **5** Mira las fotos y explica lo qué (no) hacían los chicos cuando eran pequeños. Usa los verbos siguientes en la forma del **pretérito imperfecto**. Utiliza **todos los días, siempre** o **nunca**.
☆ ▶ p. 132

> *leer* solo • *nadar* • *comer* verduras • *bailar* • *ir* en bici • *jugar* al fútbol

Karim

Mateo

Lola

Malak

Iago

Inés

ciento quince **115**

6 El abuelo de Nora cuenta sobre su vida cuando era pequeño. Completa las frases con las formas del **pretérito imperfecto**.

1. Cuando [ser/yo] joven, [vivir/yo] en un pueblo.
2. Mis amigos y yo [jugar] en el bosque o [nadar] en el lago.
3. En el instituto, mi profesor [ser] muy estricto.
4. Mis abuelos [tener] una casa muy vieja.
5. Los domingos, [ponerse] mis mejores pantalones y [visitar] a mis abuelos.
6. A veces, [hacer/nosotros] excursiones.

7 ¿Cómo era la vida antes? Reformula las frases en **pretérito imperfecto**.

Ejemplo: Antes no hacíamos compras por Internet.

Hoy en día...
— hacemos compras por Internet.
— mandamos mensajes de voz.
— recibimos fotos y vídeos en el móvil.
— buscamos información en Internet.
— aprendemos idiomas con el móvil.
— hay agendas en el móvil.

8 Lili llama a su abuela. Escucha la llamada y completa las frases.

1. Lili tiene que hacer una presentación para [...].
2. La abuela vivía en un [...] cerca de Salamanca.
3. En las vacaciones siempre iba a la costa para [...].
4. La abuela leía mucho en casa y en la [...].
5. Buscaba información en [...].
6. En casa no tenían [...]

9 Compara tu vida de hoy con tu vida cuando tenías ocho años. Las siguientes preguntas te pueden ayudar.

1. ¿Dónde vivías? → ¿Dónde vives ahora?
2. ¿Cómo se llamaba tu colegio? → ¿Cómo se llama tu instituto ahora?
3. ¿Qué (no) te gustaba? → ¿Qué (no) te gusta ahora?
4. ¿Quién era tu mejor amigo/-a? → ¿Quién es hoy tu mejor amigo/-a?
5. ¿Qué hacías en tu tiempo libre? → ¿Qué haces en tu tiempo libre ahora?
6. ¿Adónde ibas en las vacaciones? → ¿Dónde pasas tus vacaciones ahora?

Minitarea

Hacéis con vuestra clase de eTwinning una cápsula del tiempo para la gente del año 2126.
▶ Destrezas, p.139/32

1 **¡Preparad@s!**
- Elige un aspecto de vuestro día a día. ¿Qué puede ser interesante para la gente del futuro? Por ejemplo: cómo escucháis música, cómo pagáis en las tiendas, cómo viajáis, cómo hacéis los deberes, …
- Describe cómo tú lo haces hoy. Luego haz entrevistas con tus abuelos y tus padres para saber cómo era antes.

> Du kannst statt deiner Familie auch KI für die Interviews nutzen. Überlege dir zuerst, wie alt die Person ist, die die Fragen beantworten soll, und wo sie lebt. Stelle ihr dann deine Fragen.

2 **¡List@s!**
- Escribe tu texto para la cápsula.
- Elige fotos de vuestra vida u objetos que quieres enseñar.

3 **¡Ya!** Presenta tu texto y tus objetos en clase. Luego haced la cápsula del tiempo. Podéis evaluar los textos con ayuda de la hoja de evaluación.

Gramática

ERKLÄRFILM

Du erzählst, wie etwas früher war	Dazu benötigst du:			
1 Normalmente las familias solo **tenían** un teléfono fijo en casa. Antes **disfrutábamos** más de los momentos. Mi equipo siempre **ganaba** los partidos de fútbol.	das **pretérito imperfecto** der Verben auf **-ar**, **-er** und **-ir**:			
		-ar	-er	-ir
	[yo]	gan**aba**	ten**ía**	sal**ía**
	[tú]	gan**abas**	ten**ías**	sal**ías**
	[él/ella]	gan**aba**	ten**ía**	sal**ía**
	[nosotros/-as]	gan**ábamos**	ten**íamos**	sal**íamos**
	[vosotros/-as]	gan**abais**	ten**íais**	sal**íais**
	[ellos/ellas]	gan**aban**	ten**ían**	sal**ían**
2 Cuando **era** pequeño, no **íbamos** al baño con el móvil. En aquella época **íbamos** mucho al cine. Todos los días mi abuelo **veía** un episodio de una serie.	die unregelmäßigen Formen der Verben **ser**, **ir** und **ver**:			
		ser	ir	ver
	[yo]	era	iba	veía
	[tú]	eras	ibas	veías
	[él/ella]	era	iba	veía
	[nosotros/-as]	éramos	íbamos	veíamos
	[vosotros/-as]	erais	ibais	veíais
	[ellos/ellas]	eran	iban	veían

▶ Autocontrol digital

Módulo 6

Una noche mágica

El Blog de Ester

De San Juan y otras cosas

Ester Garro   23 de junio   Hay 3 comentarios

Hoy es la noche de San Juan y también este año hemos dado la bienvenida al verano por todo lo alto aquí en La Coruña.

5 Ya esta mañana hemos comprado el pan y las sardinas tradicionales de San Juan. Esta tarde, varias bandas de música han tocado en las verbenas de los barrios. Y esta noche ha habido como siempre una fiesta en la playa de Riazor. Allí, miles de personas han hecho hogueras en la playa y muchos han cumplido con la tradición de bañarse en el mar. He visto a muchos amigos en la fiesta.

La noche de San Juan es la noche para quemar los pensa-
10 mientos negativos y para pedir deseos. «Tienes que saltar tres veces sobre el fuego para tener suerte», ha dicho mi abuela. Y sí, claro, esta noche también yo «he saltado las hogueras». Esta vez no he tenido miedo.
También ha habido fuegos artificiales y hemos celebrado
15 con alegría hasta muy tarde.

Ya en casa, mi familia y yo hemos puesto en agua las hierbas de San Juan. Aquí usamos esta agua para evitar a las meigas, como llamamos a las brujas en gallego. ¡Esta noche ha sido mágica! Ahora me voy a la cama, estoy cansada, pero contenta. ¡El verano puede comenzar!

DEJA TU COMENTARIO

★ **1** **Lee la entrega del blog de Ester y corrige los errores.** ☆ ▶ p. 132

1. Esta noche han celebrado la noche de San Juan en Alicante.
2. La gente ha dado la bienvenida a sus amigos.
3. Esta mañana, la familia de Ester ha comprado el pan y la tortilla tradicionales de San Juan.
4. Miles de personas han hecho pícnic en la playa.
5. Muchos han cumplido con la tradición de bailar en la playa.
6. La familia de Ester usa el agua de siete hierbas para dar la bienvenida a las brujas.

2 ¿Te gusta esta fiesta en la playa de Riazor? Explica por qué (no).

(No) Me gusta la fiesta	porque	las tradiciones del lugar me parecen	interesantes/divertidas/raras/[...].
		(no) me gusta/n	las actividades con muchísima gente. los fuegos artificiales. bañarme en el mar de noche. [...].
		[...].	

Hier lernst du:
- zu berichten, was jemand heute / diese Woche gemacht hat.

 3 a Antes de ir a la playa de Riazor, Ester recibe tres mensajes de voz. Escucha y relaciona los mensajes con los emoticonos. Sobran dos emoticonos. ▶ Destrezas, p. 137/20

| 1 | 2 | 3 | 4 | 5 |

 3 b Escucha otra vez. ¿Dónde están las personas? Presta atención a los sonidos.

 3 c Ahora relaciona los problemas con las personas que llaman.

la abuela

el padre

Maripaz

| A | No quiere saltar la hoguera. | B | No va a ir a la playa esta noche. | C | Necesita las hierbas de San Juan. |

4 Lies die Sätze aus dem Blog. Wie sagst du sie auf Deutsch? Was fällt dir auf? ▶ Gramática, p. 121/1

1. «Esta mañana **hemos comprado** el pan.» (l. 5)
2. «Esta noche también yo ‹**he saltado** las hogueras›.» (ll. 12–13)
3. «Esta vez no **he tenido** miedo.» (l. 13)

5 a Um das **pretérito perfecto** zu bilden, benötigst du die Formen des Hilfsverb **haber**. Ergänze das Schema in deinem Heft. ▶ Gramática, p. 121/1

[yo]	he	
[tú]	[…]	
[él/ella]	[…]	hablado
[nosotros/-as]	[…]	comido
[vosotros/-as]	[…]	vivido
[ellos/ellas]	[…]	

5 b Wie werden die Partizipien der regelmäßigen Verben gebildet?

ciento diecinueve **119**

Módulo 6

5 c Completa los comentarios de la entrega del blog con las formas correctas del **pretérito perfecto**.

> **3 COMENTARIOS**
>
> **Samos 25** ¡Este año [*olvidar*/yo] comprar las hierbas de San Juan! Por eso, esta tarde mi abuela [*tener*] que ir al campo y las [*recoger*/ella] allí.
>
> **DXove!** ¡Los chicos y yo también [*estar*] esta noche en Riazor! ¡San Juan mola! ¿A qué hora [*llegar*] a la playa esta noche Maripaz y tú? ¿Y de verdad [*saltar*/tú] las hogueras esta noche?
>
> **TocToc03** ¡Las bandas que [*tocar*] este año en la verbena de mi barrio [*estar*] fantásticas!

6 a **A** pregunta a **B** qué (no) ha hecho esta semana. Después intercambiad los papeles.
▶ Gramática, p. 121/1

> *desayunar* huevos • *llegar* tarde al instituto • *discutir* con tus hermanos/padres • *jugar* al fútbol con tus amigos • *comer* tu comida favorita • *tener* un examen • *hacer* algo nuevo • *olvidar* algo importante • *escribir* un mensaje a [...] • *tener* dificultades con algo • *sacar* la basura

¿Has tenido un examen esta semana?

Sí, esta semana he tenido un examen.

6 b Cuenta qué (no) ha hecho **A**/**B** esta semana.

Esta semana Elise ha tenido un examen. Además, [...].

7 Vais a ir a una fiesta por la noche. Habláis sobre las tareas para la fiesta. **A** empieza con sus preguntas y **B** contesta. Luego intercambiad los papeles. ▶ B, p. 132

Ejemplo: –¿Has comprado [...]? –No, no he comprado [...].

A

las tareas de **B**
– ¿*comprar* [...]?
– ¿*ir* a la panadería?
– ¿*poner* [...]?
– ¿*invitar* a nuestros amigos?
– [...]

mis tareas
– preparar la mochila
– mirar el horario del bus ✓
– pedir dinero a mamá y papá
– ver el tiempo en mi app ✓

Minitarea

El domingo por la noche escribes un texto sobre lo que has hecho este día con tu familia para el blog que tenéis con vuestra clase de eTwinning.

1 **¡Preparad@s!**

- Elige de tres a cinco actividades.
- Ordena tus ideas con ayuda de un mapa mental: ¿Qué habéis hecho esta mañana? ¿Qué habéis hecho esta tarde? ¿Qué habéis hecho esta noche? ▶ Destrezas, p. 135/13, p. 141/37

2 **¡List@s!**

Escribe tu texto:

- Puedes utilizar el blog de Ester (▶ p. 118) como modelo.
  ▶ Destrezas, p. 141/39
- Busca un título atractivo para tu texto.
- Utiliza la «Checkliste» para mejorar tu texto. ▶ Destrezas, p. 142/41

 3 **¡Ya!**

- Dejad comentarios en las otras entregas de la clase.
- Intercambiad vuestros textos. Podéis evaluar los textos con ayuda de la hoja de evaluación.

> Was ist euch wichtig für einen respektvollen Umgang? Formuliert Regeln für die Kommentierung eurer Blogeinträge.

Gramática

Du berichtest, was du heute / diese Woche gemacht hast

Dazu benötigst du:

1 Este domingo **he visitado** a mucha gente.
¿Ya **has hecho** los deberes?
Hoy **han dado** la bienvenida al verano.
Este año **he viajado** a España con mi familia.
Esta mañana no **he olvidado** mi desayuno en casa.

das pretérito perfecto (haber + Partizip):

Hoy		he	com**ido** pastel.
¿Ya		has	habl**ado** con Pau?
Este año	(no)	ha	discut**ido** poco.
Este mes		hemos	visto a Ana.
Esta tarde		habéis	hecho los deberes.
Esta noche		han	puesto las hierbas en agua.

Folgende Partizipien sind unregelmäßig:

❗ abrir – **abierto**, decir – **dicho**, escribir – **escrito**, hacer – **hecho**, leer – **leído**, poner – **puesto**, ver – **visto**, volver – **vuelto**

▶ Autocontrol digital

Diferenciación y trabajo en parejas

Unidad 1 | Vocabulario

2 Completa con las preposiciones y apunta las actividades en tu cuaderno. ▶ p. 14

a • en • de

1. ir [...] pie
2. navegar [...] Internet
3. ir [...] compras
4. ir [...] piragua
5. ir [...] tren
6. montar [...] caballo
7. ir [...] bicicleta
8. hacer rutas [...] bici de montaña
9. ir [...] la piscina

3 Escucha y elige las actividades correctas para los seis sonidos. | Höre zu und wähle die passenden Aktivitäten für die sechs Geräusche aus. ▶ p. 15

ir a la piscina • sacar fotos • patinar • ir en tren • montar a caballo • pasear al perro

Unidad 1 | Texto A

5 b Ahora mira el dibujo y describe lo que están haciendo las personas en la playa. | Sieh dir nun das Bild an und beschreibe, was die Personen am Strand gerade machen. ▶ Gramática, p. 25/1
▶ Suplemento, p. 27/6 ▶ p. 18

nadar | *hacer* cola | *comer* helado | *tocar* la guitarra | *bailar*

recoger basura | *hacer* un pícnic

6 a Pau y su abuela hablan sobre las actividades de los fines de semana con la pandilla de Madrid. Mirad los dibujos y haced minidiálogos.

▶ Gramática, p. 25/2 ▶ Suplemento, p. 27/5 ★ ▶ p. 18

¿Qué os gusta hacer?

Nos gusta [...].

ir al cine

patinar en el parque

charlar

bailar

hacer vídeos

nadar en la piscina

7 Tú eres **B**. **A** te llama por teléfono para quedar. **A** empieza. ▶ A, p. 19

B
1. Ihr begrüßt euch.
2. Sage, wo du bist und was du gerade machst. Frage, wo **A** gerade ist und was **A** gerade macht.
3. Verabrede dich mit **A**: Wo? / Wann? / Was?
4. Ihr verabschiedet euch.

Verwende **estar** + **gerundio**, um zu sagen, was du gerade machst.

8 b Escucha el resto de la conversación y elige tres actividades que les gusta hacer en un día perfecto. | Höre weiter zu und wähle drei Aktivitäten aus, die sie an einem perfekten Tag gerne machen. ★ ▶ p. 19

1. Escuchar música.
2. Pasear al perro.
3. Tocar la guitarra.
4. Nadar en la piscina.
5. Hacer deporte.
6. Patinar en el parque.

Unidad 1 | Texto B

2 b Cuenta sobre la excursión de la pandilla. Formula frases en orden cronológico. ★ ▶ p. 20

El sábado por la mañana	los chicos *ver* el horario del autobús.
Allí	la pandilla *tener que* correr.
También	los jóvenes *ir* a los toboganes.
Al mediodía	los amigos *comer* y *contar* chistes.
Por la tarde	*nadar* y *hacer* una competición.
A las siete y cuarto	*jugar* con la pelota en el agua.
Entonces	la pandilla *ir* en autobús al parque acuático.

ciento veintitrés 123

Diferenciación y trabajo en parejas

6 La pandilla está en la parada de autobús. Escucha y elige la respuesta correcta. ★ ▶ p. 22

1. ¿A qué hora llegan los jóvenes a la parada de autobús?	→ 19.48 h • 20.12 h • 20.48 h
2. ¿Qué número tiene el autobús que también va hasta «El Retiro»?	→ 68 • 76 • 86
3. ¿Cuántas paradas son hasta la parada «El Retiro»?	→ 32 • 35 • 45
4. ¿A qué hora sale el autobús?	→ 19.55 h • 20.05 h • 20.15 h
5. ¿A qué hora llegan los jóvenes a la parada «El Retiro»?	→ 21.05 h • 21.25 h • 21.10 h

Módulo 1

2 Mira las fotos de los jóvenes (p. 30). ¿Quién lleva qué? **A** formula una pregunta y **B** contesta. Luego intercambiad los papeles. ★ ▶ p. 31

¿Quién lleva una falda amarilla?

Es Laura.

¿Quién lleva | una falda • un jersey • vaqueros • una camiseta • una camisa • pantalones de chándal • un abrigo • una chaqueta • un vestido • zapatos • zapatillas de deporte • botas • un uniforme escolar | rojo/-a • amarillo/-a • gris • negro/-a • blanco/-a • naranja • rosa • azul • verde • marrón?

Unidad 2 | Texto A

1 Lee el texto y elige un título para cada parte. ★ ▶ p. 36

| Un plan tranquilo | ¡Qué estrés! | Es muy difícil elegir | Introducción |

6 Elegid cinco extraescolares y decid qué os parecen y por qué. ★ ▶ p. 37 ▶ Suplemento, p. 42/3, 4

Ejemplo: –A mí me interesan las clases de manualidades porque me parecen muy creativas.
 ¿Y a ti?
 –A mí también/no. A mí me interesa [...] porque [...].

aburrido/-a • creativo/-a • difícil • divertido/-a • fácil • interesante • moderno/-a • tradicional

9 Hablad sobre las extraescolares en vuestro instituto. **A** empieza. ▶ A, p. 38

B
 – Begrüße **A** und zähle auf, welche AGs du machen willst.
 – Erkläre, warum du diese AGs auswählst. Dann frage, welche AGs **A** auswählt.
 – Frage nach, warum **A** diese AGs machen möchte.
 – Verabschiedet euch.

Unidad 2 | Texto B

 6 ¿Cómo son los jueves de Álex? Describe su rutina.

▶ Gramática, p. 45/5 ▶ Suplemento, p. 47/6   ▶ p. 42

	7:00	A las siete, Álex *despertarse*
	7:10	A las siete y diez, *vestirse*
	8:10	A las ocho y diez, *ir* al instituto en autobús
	8:30–15:30	De las ocho y media hasta las tres y media, *tener* clase
	15:30–17:25	De las tres y media hasta las cinco y veinticinco, *jugar* al baloncesto
	18:00	A partir de las seis, *estudiar*
	21:00	A las nueve, *cenar* con su madre y Carlos
	22:15	A las diez y cuarto, *dormirse*

Ya lo sé – Escribir

 11 Para el club de escritura, Lili tiene que escribir sobre su día de la semana favorito. Lee el inicio e imagina cómo puede seguir el texto. Toma apuntes y escribe el final. ▶ Destrezas, p. 141/37

★ ▶ p. 43

> El sábado es mi día favorito. Me levanto tarde y desayuno con mamá. Luego salgo a pasear a Chispa. A Chispa le gusta mucho porque ve a sus amigos en el parque y juegan juntos.

levantarse • (no) *ducharse* • *correr* • *perder* el bus • *llegar* tarde • *escribir* un examen • no *tener* el estuche • *encontrar* un lápiz en la mochila • *sacar* un sobresaliente • *comer* en el patio • *ir* a clase de robótica • (no) *tener* deberes • *cenar* • *ver* una peli/serie • *dormirse* • [...]

Unidad 3 | Texto A

 1 b Lee otra vez el artículo (p. 56) y elige un título para cada párrafo. ★ ▶ p. 57

| Las playas | La comida | La capital gallega | La lluvia | La cultura celta |

Diferenciación y trabajo en parejas

5 Queréis saber más sobre ciudades de Galicia. **A** hace una pregunta y **B** contesta en frases completas. Luego **B** pregunta y **A** contesta, etc. ▶ A, p. 58

Ejemplo: **B:** ¿Dónde está Vigo? **A:** Vigo está en Galicia, a una hora en coche de Santiago.

> **B**
>
> **Tus preguntas para A sobre Vigo:**
> ¿Dónde? ¿Cómo? ¿Por qué / famoso/-a? ¿De qué / fotos? ¿En qué / lugar / pícnic?
>
> **Tu información para A sobre La Coruña:**
> Dónde: en Galicia, a 50 minutos en coche de Santiago
> Cómo: antiguo/-a, mucha historia
> Famosa por: la fiesta de San Juan
> Fotos: la Torre de Hércules, faro antiguo/-a de España
> Pícnic: el Parque de Santa Margarita

6 Queréis visitar Galicia y preparáis vuestra maleta. **A** hace una pregunta y **B** contesta. Utilizad **ese/esa** y **este/esta** y el **superlativo absoluto**. Luego intercambiad los papeles.
▶ Gramática, p. 65/3   ▶ Suplemento, p. 66/4   ★ ▶ p. 58

> **este/esta** (aquí)
> → cosas que están cerca
> **ese/esa** (allí)
> → cosas que están lejos

aburrido/-a • feo/-a • interesante • divertido/-a • bonito/-a • moderno/-a • grande • pequeño/-a • chulo/-a

el libro • la gorra • las revistas • la chaqueta • la mochila • las gafas • el jersey • los pantalones • las botas

¿Quieres llevar esas gafas?

Sí, esas gafas me parecen chulísimas.

8 a Escucha el podcast de Yamal y elige un título para el episodio de hoy. ★ ▶ p. 59

| Historias de Galicia | Comer en Galicia | Lugares de Galicia | Mi amiga Pati |

Unidad 3 | Texto B

5 b Escucha otra vez y elige el final correcto de cada frase. ★ ▶ p. 62

1. Todos los días llegan a Santiago personas como él: cansadas, con hambre y [...].
2. Un hombre busca un lugar para [...].
3. Es tarde. El hombre no [...].
4. Durante el día el hombre [...].
5. En la noche el hombre vuelve a [...].
6. Según los habitantes de Santiago, el peregrino espera a [...].

a. su lugar destrás de la catedral.
b. una chica que no llega.
c. con la ropa típica de los peregrinos.
d. habla, busca a alguien.
e. evitar la lluvia.
f. no está.

6 ¡A jugar! Primero **A** explica unas palabras y tú, **B**, adivinas. Luego tú (**B**) explicas estas palabras y **A** adivina. ▶ A, p. 62

| 1. la hermana | 2. el comedor | 3. el gato | 4. el profesor | 5. el hobby |

Módulo 3

4 ¿Qué hay que comprar? Estás en el mercado. **A** te llama por teléfono porque necesita más alimentos. **A** empieza. ▶ A, p. 73

B
Ihr begrüßt euch.
2. Bejahe und frage, ob du noch etwas einkaufen sollst.
4. Wiederhole, was **A** braucht:

1 Liter   350 g   2 kg

6. Bestätige, dass du alles hast. Frage nach, ob **A** noch etwas braucht.
8. Sage, dass du sie auch kaufen kannst. Schlage vor, dass ihr gemeinsam Tortilla machen könnt. Ihr verabschiedet euch.

ciento veintisiete **127**

Diferenciación y trabajo en parejas

Unidad 4 | Vocabulario

 6 a Discutid cuáles son para vosotros los tres derechos más importantes en la familia y explicad por qué. ★ ▶ p. 77

Ejemplo: Para mí el derecho más importante es [...] porque [...]. También [...].

> *significar* mucho para mí • *tener* dinero para mí • *tener* tiempo libre / para mí •
> *poder* hacer mis cosas • *poder* estar con mi pandilla •
> no *tener* que estar siempre con la familia • *necesitar* [...] • [...]

Unidad 4 | Texto A

 2 ¿Qué necesitan estos animales? Lee el texto (p. 78) y relaciona. ★ ▶ p. 79

1. los perros	a. atención, tiempo de juego y mucho cariño
2. los peces	b. poca atención
3. los hámsteres	c. mucho espacio
4. todos los animales	d. entrenamiento
5. las tortugas	e. poco espacio
6. los gatos	f. comida, una cama o un terrario e ir al veterinario

Los perros necesitan [...].

 9 a Copia la tabla en tu cuaderno. Luego escucha la entrevista con una persona del refugio de animales. Escucha otra vez y completa la tabla. ▶ Destrezas, p. 136/18 ★ ▶ p. 80

Nombre	¿Qué animal es?	¿Cuántos años tiene?	Sus necesidades
Carlitos			
	una gata		

💡 Wenn du etwas nicht verstehst, lasse eine Lücke und konzentriere dich beim nächsten Hören darauf.

 10 Tú (**B**) eres la madre o el padre de **A** que quiere un perro. **A** empieza. Presentad el diálogo.
▶ A, p. 81

B
2. Sage **A**, dass du verstehst. Nenne Dinge, an die **A** denken muss.
4. Reagiere auf **A**. Er/Sie soll
   – eine Liste mit den Dingen schreiben, die gekauft werden müssen,
   – über einen Namen nachdenken,
   – den Artikel (S. 78) lesen,
   – mit Freunden/Freundinnen sprechen, die ein Haustier haben,
   – [...].
5. Findet gemeinsam eine Lösung.

13 Trabajas en un refugio. Cada mes mandáis un e-mail a personas interesadas en adoptar. Escribe el e-mail y presenta a una mascota que busca una familia. Elige a un animal, explica cómo es y da consejos para la adopción de este animal. ▶ Destrezas, p. 141/40 ★ ▶ p. 81

> un gato • un perro • una tortuga •
> un hámster • un pez • [...]

> tranquilo/-a • inteligente • rápido/-a •
> independiente • activo/-a • [...]

> espacio • cariño • una cama • un terrario • una pecera • una jaula • comida •
> tiempo de juego • entrenamiento • mucha/poca atención • [...]

Unidad 4 | Texto B

2 b ¿Sobre qué temas discuten Nora y su madre? Elige los tres temas correctos. ▶ p. 83

| la paga | el espacio | el uso del móvil | las tareas del hogar | las notas |

4 Los padres llegan a casa y Martín ayuda a Nora con la discusión. Escucha la conversación y corrige los errores en las frases. ★ ▶ p. 84

1. La madre de Nora se preocupa porque Nora no <u>come</u> nada.
2. Nora necesita <u>ropa nueva</u>.
3. Amaia siempre <u>pasa la aspiradora</u>.
4. El padre quiere hacer <u>una lista de la compra</u>.
5. Nora y sus padres deciden que Nora puede usar el móvil <u>cuatro</u> horas al día.
6. Nora también quiere hablar sobre <u>sus notas</u>.

7 a Ordena las palabras. Luego conjuga el verbo y describe a Nora. ★ ▶ p. 85 ▶ Gramática, p. 86/6

Nora • con • no • hablar • *querer* • nadie.

Nora • a • en • no • la • *conocer* • nadie • fiesta.

Nora • cuando • *salir* • nunca • llueve.

nunca • Nora • la • *tender* • ropa.

los • Nora • *hacer* • nada • no • domingos.

olvidar • Nora • no • nada

Diferenciación y trabajo en parejas

 8 ¡A jugar! **A** formula preguntas, **B** contesta con **(no)... nada**, **nadie** y **nunca**. Tenéis un minuto. Si **B** contesta con «sí», **A** gana. Luego intercambiad los papeles. ⭐ ▶ p. 85

Ejemplo: **A**: ¿Comes golosinas? **B**: No, nunca como golosinas. / No, no como nunca golosinas.

> Denke daran, dass du **no** vor dem Verb verwenden musst, wenn **nada**, **nadie** und **nunca** nach dem Verb stehen.

comer golosinas • *estudiar* todos los días • *hacer* siempre los deberes con los amigos • *discutir* con la gente • *visitar* a alguien • *escuchar* música • *tener* algo en la mochila • *escribir* mensajes a alguien • *comprar* algo en la cafetería • *hacer* algo hoy por la tarde • [...]

 9 a Relaciona las expresiones con las dos categorías. ¿Qué otras expresiones conoces? ⭐ ▶ p. 85

| 1. Fragen, um einen Kompromiss zu finden | 2. Ausdrücke, um Verständnis zu zeigen |

Ya conozco esa historia... • Claro, ¡normal! • ¿No crees? • ¿Cómo podemos resolver esto? • Si, te entiendo. • ¿Te parece? • Tranquilo/-a, estoy aquí para ti. • ¿Estás de acuerdo? • ¿Qué pasa? Te veo triste... • ¿Qué piensas? • [...]

Módulo 4

 1 Lee el resumen del texto y corrige los cinco errores. ⭐ ▶ p. 92

Pau quiere ir al parque del Retiro porque <u>va a jugar con su equipo de futbol</u>. En la estación de Atocha <u>pierde su móvil</u>, por eso no puede mirar el camino. Pau va a <u>un quiosco</u> y pregunta. <u>La señora</u> que trabaja allí explica el camino a Pau. En el semáforo de la calle Alfonso XII siempre hay mucho tráfico, dice el señor. Para Pau es fácil encontrar el camino.

Unidad 5 | Vocabulario

5 Presentad el país en vuestra ficha con las palabras y expresiones de la p. 96. **A** empieza. ▶ A, p. 97

Unidad 5 | Texto A

3 Ordena las fechas en orden cronológico en una tabla. Luego busca qué pasó entonces y completa la tabla en tu cuaderno. ▶ p. 99

> 24 de agosto de 1535 • en enero de 1536 • 3 de febrero de 1536 • 25 de mayo de 1810 •
> 9 de julio de 1816 • entre 1957 y 1959 • en 2017 • en abril de 2024 • en 1978, 1986 y 2022 •
> el 18 de diciembre de 2022 • hace 66 millones de años • 3 de febrero de 1536

fecha	información
Hace 66 millones de años	una especie de dinosaurios vivió en la Patagonia

10 ¡Ahora tú! Habla sobre un día especial en el pasado. ▶ p. 101

> *celebrar* • *visitar* • *preparar* • *decorar* • *charlar* • *contar* chistes • *beber* • *comer* juntos •
> *tomar* algo • *escuchar* música • *cantar* • *bailar* • *jugar* • *quedar* con amigos • *recibir* regalos •
> *salir* • *volver* • *llegar* [...]

Unidad 5 | Texto B

1 b Ahora resume el viaje de Álex. Utiliza los siguientes conectores. ▶ p. 102/1b

| primero | después | luego | al final | además | entonces |

7 b Escucha la llamada otra vez y relaciona. ¿En qué lugares hizo Álex estas cosas? ¡Ojo, sobran dos actividades! ▶ p. 104

1. Puerto Madero

2. Bosques de Palermo

3. el Teatro Colón

4. el MALBA

> a. Encontró una novela gráfica para Pau.
> b. Fue a un concierto.
> c. Hizo un pícnic y comió empanadas.
> d. Vio obras de artistas famosos.
> e. Sacó fotos de un puente muy original.
> f. Comió un bocadillo con dulce de leche.

Módulo 5

5 Mira las fotos y explica lo qué (no) hacían los chicos cuando eran pequeños. Utiliza los verbos en la forma del **pretérito imperfecto**. Utiliza **todos los días**, **siempre** o **nunca**. ▶ p. 115

1 Karim • *jugar* al fútbol
2 Lola • *comer* verduras
3 Mateo • *nadar*
4 Malak • *bailar*
5 Iago • *leer* solo
6 Inés • *ir* en bici

Módulo 6

1 Lee la entrega del blog de Ester (p. 118) y corrige los errores en estas frases. ▶ p.118

1. Esta noche han celebrado la noche de San Juan <u>en Alicante</u>.
2. La gente ha dado la bienvenida <u>a sus amigos</u>.
3. Esta mañana, la familia de Ester ha comprado <u>el pan y la tortilla tradicionales</u> de San Juan.
4. Miles de personas <u>han hecho pícnic</u> en la playa.
5. Muchos han cumplido con la tradición de <u>bailar en la playa</u>.
6. La familia de Ester usa el agua de siete hierbas <u>para dar la bienvenida a las brujas</u>.

7 Vais a ir a una fiesta por la noche. Habláis sobre las tareas para la fiesta. **A** empieza con sus preguntas y **B** contesta. Luego intercambiad los papeles. ▶ A, p. 120

Ejemplo: –¿Has comprado [...]? –No, no he comprado [...].

las tareas de A
– ¿*preparar* la mochila?
– ¿*mirar* el horario del bus?
– ¿*pedir* dinero a tus padres?
– ¿*ver* el tiempo en la app?
– [...].

B

mis tareas
– comprar [...].
– ir a la panadería ✓
– poner [...].
– invitar a nuestros amigos ✓

Destrezas

Wortschatz verstehen und lernen | Entender y aprender vocabulario

Unbekannte Wörter verstehen

1   Abbildungen und Kontext nutzen
Fotos, Illustrationen und Bildunterschriften eines Textes helfen dir, einzelne unbekannte Wörter zu erschließen. Achte ebenso auf den Kontext, d. h. den Satz bzw. die Sätze drumherum, und die Gestaltung der jeweiligen Textsorte (z. B. E-Mail, Zeitschriftenartikel, Chatverlauf).

2   Andere Sprachen nutzen
Viele Wörter ähneln sich in verschiedenen Sprachen, da sie denselben Ursprung haben. Nutze dein Wissen aus anderen Sprachen, um dir spanische Wörter zu erschließen.

  el problema   the problem   le problème
  das Problem   problem   Проблема

3   Wortfamilien erkennen
Manchmal kennst du ein Wort aus derselben Wortfamilie, d. h. der Wortstamm ist gleich, z. B. **bailar** – **el baile**. Diese Ähnlichkeit hilft dir, um unbekannte Wörter zu verstehen.

4   Mit den alphabetischen Wortlisten arbeiten
Im spanisch-deutschen Wörterbuch (▶ lista alfabética, p. 186–196) und im deutsch-spanischen Wörterbuch (▶ S. 197–206) findest du alle Wörter, die du im Laufe dieses Schuljahres lernst, und auch alle Wörter aus *¡Apúntate! 1*.

Der Artikel gibt an, ob das Wort männlich oder weiblich ist.   Hier kommt das Wort zum ersten Mal vor: ▶ U1/Voc steht für Unidad 1, Vocabulario.

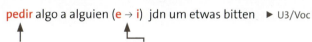

Rot gedruckte Verben sind unregelmäßig oder weisen eine Besonderheit auf.   **pedir** ändert den Stammvokal (e → i) (▶ p. 151)

NEU 5   Ein Wort im zweisprachigen Wörterbuch nachschlagen
Du suchst ein Wort, das in diesem Buch nicht vorkommt? Schlage es in einem zweisprachigen Wörterbuch nach: Verben im Infinitiv, Substantive im Singular und Adjektive in der maskulinen Singularform.

Destrezas

a Suche im spanisch-deutschen Wörterbuch

So ist ein Wörterbucheintrag aufgebaut:

Wortart:
n. = nombre (Nomen/Substantiv)
v. = verbo (Verb)
adj. = adjetivo (Adjektiv)

Geschlecht:
f. = femenino (weiblich)
m. = masculino (männlich)

parque [ˈparke] n. m.
1. (Grünanlage) der Park
2. (für kleine Kinder) der Laufstall
3. ~ **infantil** der Spielplatz
4. ~ **nacional** der Nationalpark
5. ~ **temático** der Themenpark

1., 2., 3., 4., 5. = verschiedene Bedeutungen des Wortes

Die Tilde ~ ersetzt das gesuchte Wort.

b Suche im deutsch-spanischen Wörterbuch

Geschlecht:
f. = feminin (weiblich)
m. = maskulin (männlich)
n. = neutrum (sächlich)

Ecke n. f.
1. (außen) la esquina: *der Kiosk an der* ~ el quiosco de la esquina
2. (innen) el rincón: *in der* ~ *des Zimmers* en el rincón de la habitación
3. (Sport) el córner
4. *mit jdm um die* ~ *verwandt sein* ser pariente lejano de alguien

Redewendung

Vokabeln lernen

6 Mit der Wortliste lernen

Lerne neue Wörter mit der **lista cronológica** (▶ lista cronológica, p. 160–185). In der dritten Spalte findest du Sätze, in denen die neuen Wörter verwendet werden. Dort findest du auch Synonyme, Antonyme, sowie Wörter, die im Englischen ähnlich sind. Du kannst die Wortliste auch in dein Vokabelheft abschreiben.
– Wähle sieben bis zehn neue Wörter aus und lerne sie täglich eine Woche lang.
– Wiederhole die Wörter anschließend einmal pro Woche.

7 Mit Karteikarten lernen

– Schreibe auf die eine Seite einer Karteikarte das spanische Wort und einen Beispielsatz.
– Schreibe auf die andere Seite die deutsche Übersetzung des Wortes und male ein Bild, wenn du magst.
– Wähle sieben bis zehn Karteikarten aus. Lies zuerst das spanische Wort und den Beispielsatz vor. Nenne die deutsche Übersetzung. Drehe die Karte um und kontrolliere deine Antwort.
– Wenn du alle Wörter geübt hast, lies die deutsche Bedeutung, sage das Wort auf Spanisch und überprüfe deine Antwort mithilfe der Rückseite.

Du kannst auch Karteikarten für Verben anlegen, deren Konjugation du lernen möchtest. Schreibe auf die Vorderseite das Verb, auf die Rückseite die Konjugationen.

8 Wörter gestalten
– Fertige eine Zeichnung an, die zur Bedeutung des Wortes passt.
– Gestalte das Wort so, dass seine Bedeutung auf den ersten Blick klar wird.

9 Mit Mimik und Gesten lernen
– Überlege dir passende Mimik und Gesten für die Wörter, die du lernst. So prägst du sie dir besser „mit dem ganzen Körper" ein.

10 Mit Klebezetteln lernen
– Schreibe Wörter, die du dir merken willst, auf kleine Klebezettel und bringe diese bei dir zu Hause an Stellen an, an denen du oft vorbeikommst, z. B. an deinem Kleiderschrank.

NEU 11 Wortschatz systematisieren
– Suche zu neuen Wörtern „Partner-Wörter", die zu ihnen passen, z. B. das Gegenteil, ein Wort mit einer ähnlichen Bedeutung oder auch Wörter aus derselben Familie.
– Schreibe die Wörter auf eine Karteikarte und lerne sie zusammen. Ergänze sie regelmäßig um neue Wörter, die du gelernt hast.

12 Kollokationen lernen
– Lerne den ganzen Ausdruck (= Kollokation), in dem ein Wort verwendet wird:

13 Wörter in einer Mindmap ordnen
– Ordne Wörter, die zu einem Thema gehören, in einer Mindmap.
– Schreibe das Thema in die Mitte (z. B. **la comida**).
– Lege Oberbegriffe fest (z. B. **los alimentos**) und trage sie in die Mindmap ein.
– Ordne diesen Oberbegriffen die anderen Wörter zu (z. B. **la leche**).

ciento treinta y cinco

14 Nach Themen ordnen

– Lege zu einem Thema, z. B. **la ciudad**, eine Vokabelkarte an, auf der du alle dazu passenden Wörter, Ausdrücke (= Kollokationen), Satzanfänge usw. zusammenträgst.

la ciudad			
el barrio	el parque	charlar	Por la tarde…
	la plaza	pasar tiempo con los amigos	Normalmente…
	la biblioteca	buscar información	
	el mercado	quedar (con)	
	la heladería	tomar algo	
	[…]		

NEU ## 15 Eine Merkgeschichte erfinden

Überlege dir eine Geschichte, in der die Wörter vorkommen, die du dir einprägen möchtest. Du kannst die Geschichte auch aufschreiben, entweder vollständig oder in Stichworten.

NEU ## 16 Den Wortschatz erweitern

Lege dir ein kleines Wörterbuch an. Dort trägst du die neuen Wörter ein und kannst dazu noch andere Wörter ergänzen, die dir persönlich wichtig sind.

Hören | Escuchar

Vor dem Hören

17 Die Aufgabenstellung lesen und verstehen

– Lies dir die Aufgabenstellung genau durch und stelle dir die Gesprächssituation vor:
  • Wie viele Personen sprechen?
  • Sprechen sie am Telefon, zu Hause oder z. B. in einem Geschäft?
  • Gibt es Abbildungen, damit du dir die Situation besser vorstellen kannst?
– Lies dir die Aufgabenstellung noch einmal durch und achte darauf, ob du nur verstehen sollst, worum es geht (= globales Hörverstehen) oder ob du ganz bestimmte Informationen heraushören sollst (= selektives/detailliertes Hörverstehen).

18 Eine Tabelle vorbereiten

– Wenn mehrere Personen miteinander sprechen, dann schreibe die Namen auf.
– Wenn du deren Haustiere heraushören sollst, ergänze eine zweite Spalte neben den Namen.
– Um die Charaktereigenschaften der Tiere einzutragen, ist eine weitere Spalte nötig usw.

	¿Cómo se llama?	Mascota	¿Cómo es?	Más información
1				
2				
3				

Für alles Weitere, was du verstehst, füge eine zusätzliche Spalte „**Más información**" hinzu.

Während des Hörens

19 Notizen machen, überprüfen und ergänzen
- Notiere nur Stichwörter, schreibe keine ganzen Sätze.
- Notiere jede neue Information in einer neuen Zeile und benutze Spiegelstriche.
- Kürze lange Wörter ab und lasse Artikel und Bindewörter weg.
- Verwende Abkürzungen und Symbole: **p. ej. (por ejemplo)**, – (minus), + (plus), = (gleich), ≠ (ungleich), → (für eine Folgerung).

20 Globales Hörverstehen: Verstehen, worum es geht
- Höre beim ersten Hören nur zu und gewöhne dich an die Sprechenden.
- Achte auf die Hintergrundgeräusche (z. B. Geschirrgeklapper, Musik, ...) oder den Tonfall (z. B. fröhlich, traurig, besorgt, ...).
- Es gibt drei Fragen, die dir helfen, Gespräche grob zu verstehen:
  1. Wer spricht? (**¿Quién habla?**)
  2. Wo findet das Gespräch statt? (**¿Dónde están las personas?**)
  3. Worüber reden die Personen? (**¿De qué hablan las personas?**)

21 Selektives Hörverstehen: Einzelne Informationen heraushören
- Achte beim Hören nur auf die Informationen, die du laut Aufgabenstellung heraushören sollst.
- Schreibe nur Stichpunkte auf (z. B. in einer Tabelle).

22 Detailliertes Hörverstehen: Alle relevanten Informationen verstehen
- Versuche beim ersten Hören, das Gespräch grob zu verstehen und die drei wichtigsten Fragen (▶ Globales Hörverstehen, S. 137/20) zu beantworten.
- Konzentriere dich bei jedem weiteren Anhören auf weitere Details.
- Schreibe alle wichtigen Informationen auf, die du verstanden hast.

Hör-Seh-Verstehen | Comprensión audiovisual

23 Wenn du ein Video / einen Film ansiehst:
- achte auf den Hintergrund und finde heraus, wo die Filmszene stattfindet,
- achte auf den Gesichtsausdruck und die Körperbewegungen der Schauspieler/-innen, um deren Gefühle zu erspüren.
- Beobachte ihre Lippenbewegungen.

Lesen | Comprender el texto

Vor dem Lesen

24 Texte über ihre Gestaltung erschließen
- Sieh dir den Text an und finde heraus, welche Textsorte es ist.
- Lies dir die Überschrift und die Zwischenüberschriften durch, da sie dir Hinweise zum Thema des Textes geben.
- Sieh dir die Fotos und Bilder an, da sie weitere wichtige Informationen enthalten.

Textsorten sind z. B.
- E-Mail
- Chat
- Dialog
- Rezept
- (Zeitungs-)Artikel
- Erzählung
- Gedicht
- Werbeprospekt

Während des Lesens

NEU **25 Die „W-Fragen" beantworten: Schlüsselwörter im Text finden**

Du kannst mit drei bis sechs gezielten Fragen, den sogenannten „W-Fragen", ermitteln, worum es im Text geht: ¿Quién? (Wer?), ¿Qué? (Was?), ¿Cuándo? (Wann?), ¿Dónde? (Wo?), ¿Por qué? (Warum?), ¿Cómo? (Wie?).
- Lies dir den Text durch und suche nach Schlüsselwörtern, um diese Fragen zu beantworten.
- Es ist nicht schlimm, wenn du zu einer Frage keine Antwort findest, denn nicht jeder Text gibt Antwort auf alle „W-Fragen".

26 Globales Leseverstehen: Verstehen, worum es geht

Versuche zunächst zu verstehen, worum es im Großen und Ganzen geht.
- Lies dafür den Text einmal durch, ohne dich an unbekannten Wörtern aufzuhalten.
  Drei Fragen helfen dir, Lesetexte grob zu verstehen:
  1. Um wen geht es? (¿Quién?)
  2. Wo spielt die Handlung? (¿Dónde?)
  3. Worum geht es? (¿Qué?)

27 Selektives Leseverstehen: Einzelne Informationen herauslesen

Hierbei sollst du einzelne Informationen aus dem Text herauslesen.
- Lies dir vor dem Lesen die Aufgabenstellung genau durch. Dann weißt du, nach welchen Schlüsselwörtern du suchen musst.
- Überfliege den Text und suche nach diesen Schlüsselwörtern. Lies dir den Abschnitt, in dem du ein Schlüsselwort gefunden hast, noch einmal genau durch, um die Frage zu beantworten.

28 Detailliertes Leseverstehen: Alle relevanten Informationen verstehen

Bei manchen Texten sollst du viele Details verstehen.
- Versuche beim ersten Lesen, den Text grob zu verstehen (▶ Globales Leseverstehen, S. 138/26).
- Lies dir den Text dann genau durch und konzentriere dich auf Wörter und Sätze, die du gut verstehst.
- Versuche beim Lesen weitere „W-Fragen" zu beantworten, z. B. Wie? (¿Cómo?), Warum? (¿Por qué?)

NEU **29 Einen Text in Sinnabschnitte gliedern / Zwischenüberschriften formulieren**

Texte haben meistens einen Aufbau, der das Verstehen erleichtert. Du findest z.B. in Zeitungstexten eine Überschrift, eine Einleitung, einen Hauptteil (der oft nach Themen gegliedert ist) und einen Schlussteil. Um den neuen Text besser zu verstehen, kannst du dir diese Gliederung zunutze machen:
- Teile den Text in Sinnabschnitte ein. Ein Sinnabschnitt kann einen oder mehrere Absätze umfassen.
- Gib jedem Sinnabschnitt eine Überschrift, die zusammenfasst, worum es jeweils geht.

Nach dem Lesen

NEU **30 Die Inhalte eines Textes zusammenfassen**

Eine Zusammenfassung enthält in knapper Form die wichtigsten Informationen des Ausgangstextes. Diese findest du, indem du bei einem erzählenden Text die „W-Fragen" stellst (Wer?, Was?, Wann?, Wo?, Wie?, Warum?).

Sprechen | Hablar

Um dich in Gesprächen gut auszudrücken, helfen dir die **Para comunicarse**-Seiten (▶ Para comunicarse, p. 154–159) sowie die **Modelos para hablar** in den einzelnen Lektionen.

Monologisches Sprechen

31 Flüssig sprechen

- Übe die Aussprache der spanischen Wörter mithilfe der Aussprache-Übungen (▶ Pronunciar) im Buch.
- Lies spanische Texte laut vor. Lies dabei nicht nur einzelne Wörter, sondern mehrmals hintereinander ganze Sätze.
- Lerne einzelne Ausdrücke und Sätze auswendig. Sprich sie laut aus und achte auf die Bindung der Wörter.

> Übe das flüssige Sprechen mithilfe der Audios in diesem Buch. Sprich zunächst nur mit und dann nach und nach allein.

NEU 32 Einen Kurzvortrag halten

Vorbereitung
- Sammle Informationen zu deinem Thema (z. B. mithilfe einer Mindmap (▶ S. 135/13) oder Tabelle).
- Sammle Wörter und Ausdrücke, um über dein Thema zu sprechen (▶ Para comunicarse, p. 154–159).
- Formuliere deinen Text.
- Fertige einen Stichwortzettel an, sodass du möglichst frei sprechen kannst (▶ Freies Sprechen: Der Kniff mit dem Knick, S. 140/35).
- Überlege, ob du für deinen Vortrag ein Plakat oder eine Collage verwenden möchtest.
- Übe deinen Vortrag vor dem Spiegel, vor deinen Freunden/Freundinnen oder vor deinen Eltern.

Durchführung
- Sprich langsam, laut und deutlich.
- Versuche, so frei wie möglich zu sprechen, und vermeide es abzulesen.
- Schaue deine Mitschüler/-innen während des Vortrags an.

Bewertung
Du kannst die Präsentation / den Kurzvortrag der anderen bewerten. Eine Checkliste zum Feedback findest du in der Cornelsen Lernen App.

NEU 33 Ein Bild beschreiben

- Sage zunächst, worum es auf dem Bild geht, und beschreibe es dann im Detail.
- Achte auf den korrekten Gebrauch von **hay** und **estar**.
- Wenn Personen abgebildet sind, beschreibe ihr Aussehen. Willst du sagen, was sie auf dem Bild gerade tun, verwende **estar** + **gerundio** (z. B. **En la foto hay dos personas. Una está leyendo un cómic y la otra está dibujando.**).
- Folgende Formulierungen helfen dir:

| Este cuadro
Esta foto
Este dibujo
[…] | presenta | una escena
un detalle | de […]. |

A la izquierda/derecha	hay un/una [...].
En el centro	puedes/podéis ver [...].
En primer plano	vemos [...].
Al fondo	

- Verwende Ausdrücke wie **cerca (de)**, **detrás/delante (de)**, **al lado del / de la**, **enfrente de**, **arriba** (oben) und **abajo** (unten).

Dialogisches Sprechen

34 Ein Gespräch führen

- Sammle Ideen zum Gesprächsthema.
- Notiere passende Wörter und Ausdrücke (▶ Para comunicarse, p. 154–159).
- Überlege dir, was dein/-e Gesprächspartner/-in sagen könnte, und bereite mögliche Reaktionen darauf vor.
- Wende den „Kniff mit dem Knick" an (▶ Freies Sprechen: Der Kniff mit dem Knick, S. 140/35).
- Versuche, den Stichwortzettel so wenig wie möglich zu benutzen.
- Folgende Formulierungen können dir in der jeweiligen Gesprächssituation helfen:

Fragen stellen	**sich entschuldigen**	**Begeisterung zeigen**	**einen Kompromiss finden**
¿Por qué (no) [...]?	¡Perdón!	¡Genial!	¿Cómo podemos resolver esto?
¿Qué significa [...]?	¡Lo siento!	¡Qué guay!	¿Estás de acuerdo?

einen Einwand vorbringen	**Zeit gewinnen**	**sich einverstanden erklären**	**Verständnis zeigen**
Pero (tú / vosotros/-as) también [...]	Puedes [...].	De acuerdo.	Sí, te entiendo.
Lo entiendo, pero [...]	Bueno [...].	Vale.	Tranquilo/-a, estoy aquí contigo.
	Espera (un momento).		

Freies Sprechen

35 Der Kniff mit dem Knick

- Nimm ein Blatt Papier und schreibe den Text, den du für den Kurzvortrag / das Gespräch vorbereitet hast, auf den großen Teil eines Blattes.
- Schreibe nur die wichtigen Stichwörter auf den kleinen Teil des Blattes. Sie dienen dir als Gedächtnisstütze beim Vortragen.
- Klappe den ausführlichen Text beim Vortragen weg. Wenn du nicht weiterweißt, klappe das Blatt auf und lies nach.

Mi habitación	
Por la tarde estoy en mi habitación.	– por la tarde
Normalmente hago mis deberes y escucho música.	– deberes, música
A veces leo revistas en mi cama.	– en mi cama
¡Mi cama es mi mundo! ¡Me encanta!	– mi mundo

NEU **36 Einen Sprechfächer verwenden**

Ein Sprechfächer hilft dir, in einem Gespräch freier und spontaner zu sein. Dafür notierst du Redemittel, die zur jeweiligen Gesprächssituation passen, auf einen Sprechfächer (z.B. Ausdrücke, um sich zu entschuldigen, Begeisterung zu zeigen oder Zeit zu gewinnen). Wenn du beim Sprechen nicht weiterweißt, klappst du den Fächer auf.

Schreiben | Escribir

Vor dem Schreiben

37 Ideen sammeln und ordnen

– Lies die Aufgabenstellung genau durch und finde heraus, welche Art von Text du schreiben sollst.
– Sammle Ideen und schreibe spanische Wörter und Ausdrücke auf, die du verwenden willst. Ordne sie in einer Mindmap (▶ S.135/13).
– Lege eine Struktur für deinen Text an: Formuliere Überschriften für die einzelnen Abschnitte und ordne ihnen die zuvor gesammelten Wörter und Ausdrücke zu.

NEU **38 Texte strukturieren**

Verwende Zeitangaben, um deinen Text zu strukturieren:

> ayer, hoy, por la mañana, por la tarde, por la noche, el fin de semana,
> ahora, en ese momento, primero, después, luego, más tarde, al final

NEU **39 Modelltexte verwenden**

Suche dir als Vorlage einen spanischen Text. Markiere oder schreibe Ausdrücke und Formulierungen heraus, die du gut für deinen eigenen Text verwenden kannst. So hast du immer ein Modell, an dem du dich orientieren kannst.

Texte schreiben

40 Eine Nachricht / Eine E-Mail / Eine Postkarte schreiben

Begrüßung	Querida [...] / Querido [...]:
	¿Qué tal? Yo estoy [...].
Dein Bericht	Vivo en [...]. Mi barrio es [...].
	Hay [...], pero no hay [...].
	Mi lugar favorito es [...]
	En el instituto [...]. Mi horario [...].
	La asignatura que más me gusta es [...]. Pero no me gusta [...].
Deine Aktivitäten	Por la tarde [...]. A veces [...]. Nunca [...].
	Con los amigos/-as [...]. A nosotros/-as nos encanta [...].
Verabschiedung	Y tú, ¿qué haces [...]? ¿Te gusta [...]?
	Saludos, / Besos, / Un abrazo, [...].

> Verwende Ausdrücke, die deinen Text strukturieren.
> Zeitliche Strukturierung:
> **por la mañana, por la tarde, por la noche, ahora, después, hoy**
> Räumliche Strukturierung:
> **aquí, allí**

Nach dem Schreiben

41 Texte überprüfen
- Überprüfe, ob du an alles gedacht hast, was typisch für die Textsorte ist. Zu einer E-Mail gehören z. B. die Begrüßung und die Verabschiedung.
- Lies dir den Text Satz für Satz durch und überprüfe ihn mithilfe der Checkliste:

Stimmen Substantiv und Begleiter überein?	**las** manzan**as**, **tu** pis**o**	✓
Passen Substantiv und Adjektiv zusammen?	una montañ**a** alt**a**	✓
Passen Subjekt und Verbform zusammen?	**Álex y Lili están** en el supermercado.	✓
Hast du die Tilden und Akzente richtig gesetzt?	ma**ñ**ana, l**á**piz, helader**í**a, compr**é**	✓
Hast du Satzanfänge und Namen großgeschrieben?	**L**a familia de **Á**lex vive en **A**rgentina.	✓
Hast du an die Satzzeichen gedacht?	Y tú**,** ¿qué tal**?**, ¡La verdad**!**	✓
Stimmt die Zeitform des Verbs?	**Hoy estoy** en casa. **Ayer fui** al cine. **Mañana vamos a ir** a la fiesta.	✓
Ist die Satzstellung richtig (Subjekt – Verb – Objekt – Ergänzungen)?	Mi abuela lee la revista en el salón. [Subjekt] [Verb] [Objekt] [Ergänzungen].	✓
Ist die Verneinung richtig formuliert?	Mi hermana **no** hace **nada** en casa. Mis padres **nunca** me dejan en paz.	✓
Hast du die indirekte Rede korrekt verwendet?	Nora **cuenta que** discuten mucho. Mi abuelo **pregunta si** tengo hambre.	✓

Verwende die automatische Rechtschreibkorrektur, wenn du deinen Text in einem Word-Dokument schreibst. Markiere deinen Text und gehe auf ▶ Überprüfen ▶ Sprache ▶ Sprache für die Korrekturhilfen festlegen ▶ Spanisch (Spanien).

Tauscht eure Texte paarweise aus und lest sie durch. Notiert mögliche Fehler mit Bleistift.

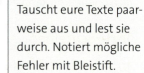

Sprachmittlung | Mediación

42 Wichtige Informationen in die andere Sprache übertragen
Falls deine Familie und deine Freunde/Freundinnen kein Spanisch sprechen, kannst du sie als „Sprachmittler/-in" unterstützen, Informationen in der unbekannten Sprache zu verstehen. Vielleicht musst du als „Spanischexperte/Spanischexpertin" auch für spanische Jugendliche, die Deutschland besuchen, deutsche Texte oder Gespräche auf Spanisch erklären.
- Übersetze nicht jedes Wort, sondern überlege, was dein Gegenüber wissen muss.
- Umschreibe Wörter, die du nicht übersetzen kannst.
- Überlege, welche Dinge dein Gegenüber nicht kennen kann, und erkläre sie.

NEU **43 Wörter umschreiben**

Wenn du sprachmittelst, musst du vielleicht Dinge erklären, die dem anderen nicht vertraut sind. Dabei kann es passieren, dass du Wörter benötigst, die du nicht kennst. Umschreibe sie, indem du z.B. Relativsätze verwendest oder **para** + Infinitiv:

Es un lugar para [...].
Es algo que [...].
Es algo para + *infinitivo*.
Es una persona que [...]. / Es un animal que [...]. / Es una cosa que [...].

Medienkompetenz | Competencia digital

44 Ein Online-Wörterbuch verwenden

– Nutze ein Online-Wörterbuch, um ein Wort nachzuschlagen. Prüfe die Suchergebnisse sorgfältig und finde die für deinen Fall passende Übersetzung.

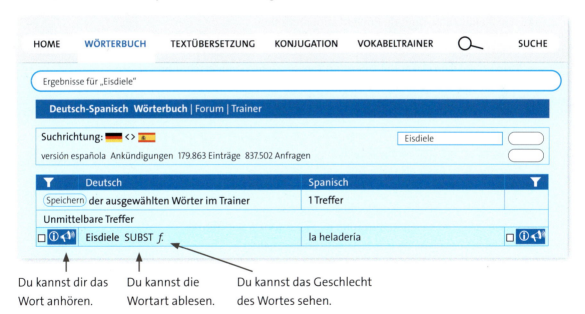

Du kannst dir das Wort anhören.   Du kannst die Wortart ablesen.   Du kannst das Geschlecht des Wortes sehen.

45 Mit digitalen Medien Vokabeln lernen

– Lerne Vokabeln mithilfe von Vokabeltrainer-Apps auf dem Handy oder am Computer.
– Höre dir die Wörter an und übe die Aussprache.
– Verwende digitale Geräte auch als Aufnahmegeräte und lerne mit deinen eigenen Aufnahmen.

46 Umgang mit persönlichen und fremden Daten

Damit deine oder die Daten von anderen Personen nicht in falsche Hände geraten:
- Frage bei anderen Personen nach, bevor du ihre Daten weitergibst (z. B. jemandem die Telefonnummer eines Freundes schickst) oder ein Foto von ihnen veröffentlichst.
- Überlege genau, wem du welche Daten anvertraust, z. B. bei welcher Webseite du dich mit deiner E-Mail-Adresse registrierst.
- Frage deine Eltern, ob du deine Telefonnummer und Adresse weitergeben darfst.
- Nutze unterschiedliche Passwörter, um anderen den Zugriff auf deine Daten zu erschweren.

47 Informationen im Internet finden

- Überlege dir treffende Suchbegriffe für dein Thema und gib sie in die Suchmaschine ein.

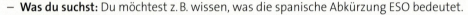

> Wenn du nach konkreten Informationen suchst, helfen dir folgende Tricks:
> - **Was du suchst:** Du möchtest z. B. wissen, was die spanische Abkürzung ESO bedeutet.
> - **Wie gehst du vor:** Dafür gibst du ein: **site:.es „ESO"**
>
> | site:.es | „ESO" (in Anführungszeichen) |
> |---|---|
> | Sucht nur auf Seiten in einem Land (hier Spanien: es). | Sucht den oder die exakten Begriffe. Du kannst auch mehrere Wörter eingeben. |

48 Ein Plakat / Eine digitale Präsentation erstellen

a Plakat
- Strukturiere dein Plakat mit Überschriften und Zwischenüberschriften.
- Schreibe nur Stichpunkte.
- Ordne Fotos und Bilder so an, dass sie einen Zweck erfüllen.

b Präsentationsfolien
- Verwende möglichst wenige Folien.
- Schreibe nicht mehr als sechs Zeilen auf eine Folie.
- Schreibe nur Stichpunkte.
- Wähle eine gut lesbare Schrift und Schriftgröße.
- Verwende einen hellen Hintergrund und eine dunkle Schriftfarbe.
- Vermeide Spezialeffekte, z. B. tanzende Buchstaben.

49 Quellendokumentation und rechtliche Grundlagen

- Achte immer darauf, welche Musik, Bilder oder Videos du kopieren, herunterladen oder präsentieren darfst.
- Notiere immer die Quelle (Name der Internetseite, die URL, den Urheber, das Datum, an dem du die Seite besucht hast), aus der du deine Informationen bzw. Musik, Bilder oder Videos beziehst.
- Suche am besten nach gemeinfreien Bildern (*creative commons* [cc]) und prüfe, ob und wie du das Foto verwenden darfst.

La pronunciación y la ortografía

La pronunciación | Die Aussprache

Las consonantes | Die Konsonanten

[β]	a veces, todavía	[ɣ]	amiga, llegar	[p]	pan, apoyo
[b]	botas, palabra	[k]	quiosco, clase	[ɾ]	artículo, tortuga
[θ]	gracias, zumo	[l]	leyenda, azul	[r]	torre, barra
[tʃ]	ducha, chiste	[ʎ]	botella, sencillo	[s]	queso, subir
[d]	desayunar, desierto	[m]	mesa, comida	[t]	metro, tráfico
[ð]	jugadora, judo	[n]	verano, durante	[ks]	exacto, explicar
[f]	al fondo, fantástico	[ŋ]	lengua, manga	[j]	yo, ayudar
[x]	videojuego, gente	[ɲ]	España, montaña	[w]	página web
[g]	guay, guitarra				

Las vocales | Die Vokale

[a]	plaza, adiós, falda
[e]	regular, normalmente, tenis
[i]	instituto, vida, y, final
[o]	tobogán, trofeo
[u]	lugar, estudiar, pregunta

Der Vokal **u** wird in folgenden Fällen nicht ausgesprochen:
– nach **q**, z. B. q**u**edar, q**u**iosco
– zwischen **g** und **i** bzw. **e**, z. B. g**u**itarra, j**u**guete.

Los diptongos | Die Diphthonge

[ai]	hay, guay	[eu]	euro, Europa	[j]	genial, bien, ciudad
[au]	aula, jaula, dinosaurio	[oi]	hoy, voy, soy	[w]	agua, bueno, situación
[ei]	veinte, aceite				

Reglas de acento | Betonungsregeln

1 Wörter, die auf **n**, **s** oder einen Vokal enden, werden auf der vorletzten Silbe betont.

examen
año
normalmente
quedamos
gracias
vosotros
alfabeto
biblioteca

2 Wörter, die auf einen Konsonanten (außer **n**, **s**) enden, werden auf der letzten Silbe betont.

fatal
genial
charlar
ciudad
ordenador
profesor

3 Wörter, deren Betonung von diesen Regeln abweicht, haben einen Akzent auf der betonten Silbe.

también
café
heladería
información
bolígrafo
cómic
lápices

ciento cuarenta y cinco **145**

Los signos de puntuación | Die Satzzeichen

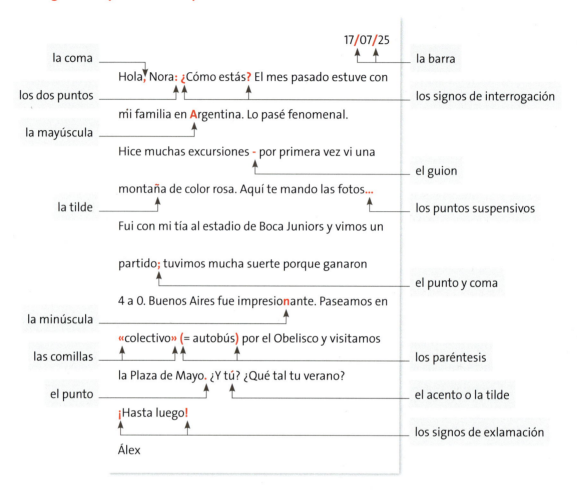

La ortografía | Die Rechtschreibung

Las letras mayúsculas y minúsculas | Die Groß- und Kleinschreibung

Im Spanischen werden Substantive in der Regel klein geschrieben. Ausnahmen sind:

Hugo	Hugo (Vorname)	– Eigennamen
Rodríguez	Rodríguez (Nachname)	
España	Spanien (Land)	– geografische Bezeichnungen
los Pirineos	die Pyrenäen (Gebirge)	
el Día de Muertos	der Tag der Toten	– Feiertage und Feste
Navidad	Weihnachten	
Nochevieja	Silvester	
Geografía	Erdkunde	– Schulfächer
la Alhambra		– Sehenswürdigkeiten
la Plaza de Mayo		

Los números

1 Los números cardinales 0–1000 | Die Kardinalzahlen 0–1000

0	cero	21	veintiuno/-a, -ún	50	cincuenta
1	uno, una, un	22	veintidós	60	sesenta
2	dos	23	veintitrés	70	setenta
3	tres	24	veinticuatro	80	ochenta
4	cuatro	25	veinticinco	90	noventa
5	cinco	26	veintiséis	100	cien
6	seis	27	veintisiete	101	ciento uno/-a, un
7	siete	28	veintiocho	156	ciento cincuenta y seis
8	ocho	29	veintinueve	200	doscientos/-as
9	nueve	30	treinta	300	trescientos/-as
10	diez	31	treinta y uno/-a, y un	400	cuatrocientos/-as
11	once	32	treinta y dos	500	quinientos/-as
12	doce	33	treinta y tres	600	seiscientos/-as
13	trece	34	treinta y cuatro	700	setecientos/-as
14	catorce	35	treinta y cinco	800	ochocientos/-as
15	quince	36	treinta y seis	900	novecientos/-as
16	dieciséis	37	treinta y siete	1000	mil
17	diecisiete	38	treinta y ocho	1 524	mil quinientos veinticuatro
18	dieciocho	39	treinta y nueve	10 000	diez mil
19	diecinueve	40	cuarenta	300 000	trescientos/-as mil
20	veinte			1 000 000	un millón

Die Jahreszahlen werden im Spanischen immer so ausgesprochen wie die Kardinalzahlen:
z. B. 2026 = dos mil veintiséis

2 Los números ordinales | Die Ordnungszahlen

1º	el primero	1ª	la primera		el **primer** piso
2º	el segundo	2ª	la segunda		
3º	el tercero	3ª	la tercera		el **tercer** piso
4º	el cuarto	4ª	la cuarta		
5º	el quinto	5ª	la quinta		

En la clase

El español en la clase | Spanisch im Unterricht

Hilfe erbitten/anbieten

¿Tienes un boli/lápiz?	Hast du einen Kuli/Bleistift?
¿Te puedo ayudar?	Kann ich dir helfen?
–¿Me puedes ayudar? –¡Claro!	– Kannst du mir helfen? – Na klar!

Um Wiederholung bitten

¿Puede repetirlo/explicarlo otra vez?	Können Sie es noch einmal wiederholen/erklären?
¿Puede hablar más despacio/alto, por favor?	Können Sie bitte langsamer/lauter sprechen?

Um Hinweise oder Erklärungen bitten

No entiendo el ejercicio / los ejercicios.	Ich verstehe die Aufgabe/n nicht.
–¿Cómo se dice «[...]» en alemán/español? –Se dice [...].	– Was heißt „[...]" auf Deutsch/Spanisch? – Es heißt [...].
¿Se puede decir también «[...]»?	Kann man auch „[...]" sagen?
¿Cómo se llama esto en español?	Wie heißt das auf Spanisch?
–¿Cómo se escribe «[...]»? –Se escribe [...].	– Wie schreibt man „[...]"? – Man schreibt es [...].
¿«[...]» se escribe con o sin «hache»?	Schreibt man „[...]" mit oder ohne „hache"?
¿En qué página está?	Auf welcher Seite steht das?
¿Es correcto/incorrecto?	Ist das richtig/falsch?
¿Qué significa «mochila» en alemán?	Was bedeutet „mochila" auf Deutsch?
–¿A quién le toca? –Te toca a ti.	– Wer ist dran? – Du bist dran.

Sich entschuldigen

Lo siento.	Es tut mir leid.
Disculpa./Perdona.	Entschuldige.
No pasa nada.	Das macht nichts.

Indicaciones para los ejercicios | Arbeitsanweisungen in den Übungen

¡A jugar!	Spielen wir.
Adivina.	Rate.
Apunta las palabras / los números.	Notiere die Wörter / die Zahlen.
Busca los lugares en el mapa / las expresiones en el texto.	Suche die Orte in der Karte / die Ausdrücke im Text.
Cierra el libro.	Schließe das Buch.
Completa la tabla / con las formas de [...].	Ergänze die Tabelle / mit den Formen von [...].
Contesta las preguntas.	Beantworte die Fragen.
Copia la tabla en tu cuaderno.	Übertrage die Tabelle in dein Heft.
Corrige las frases falsas / el error.	Korrigiere die falschen Sätze / den Fehler.
Cuenta como en el ejemplo.	Erzähle wie in dem Beispiel.
Da consejos.	Gib Ratschläge.
Describe las fotos.	Beschreibe die Fotos.
Elige el dibujo correcto.	Wähle das richtige Bild aus.
Escribe un texto sobre [...]. / un mensaje.	Schreibe einen Text über [...]. / eine SMS.
Escucha, lee y repite.	Höre zu, lies mit und sprich nach.
Escucha el pronóstico del tiempo (otra vez).	Höre dir die Wettervorhersage (noch einmal) an.
Explica las siguientes palabras.	Erkläre die folgenden Wörter.
Forma/Formula frases con las expresiones.	Bilde Sätze mit den Ausdrücken.
Haz una lista / una encuesta.	Erstelle eine Liste. / Führe eine Umfrage durch.
Imagina [...] / el final de cada frase.	Stelle dir [...] / das Ende jedes Satzes vor.
Intercambiad los papeles.	Wechselt euch ab.
Jugad al juego de mesa.	Spielt das Gesellschaftsspiel.
Lee las descripciones / las líneas [...] en voz alta.	Lies die Beschreibungen / die Zeilen [...] laut vor.
Mira el vídeo.	Schaue dir das Video an.
Pregunta [...].	Frage [...].
Presta atención a los sonidos.	Achte auf die Geräusche.
Prepara una lista.	Erstelle eine Liste.
Pon en orden los dibujos.	Bringe die Bilder in die richtige Reihenfolge.
Presentad el diálogo.	Präsentiert den Dialog.
¿Qué te/os llama la atención?	Was fällt dir/euch auf?
Relaciona los pronombres con [...].	Verbinde die Pronomen mit [...].
Sobra una foto / un dibujo.	Ein Foto / Eine Zeichnung bleibt übrig.
Tirad el dado.	Würfelt.
Toma apuntes en tu cuaderno.	Mache dir Notizen in deinem Heft.
Utiliza las palabras claves.	Verwende die Schlüsselwörter.

Los verbos

Hier findest du die Konjugationen aller Verben, die du in ¡Apúntate! 1 und 2 gelernt hast.

1 Los verbos auxiliares | Die Hilfsverben

infinitivo	ser	estar	haber	❗
presente	soy	estoy	he	
	eres	estás	has	
	es	está	ha	hay
	somos	estamos	hemos	
	sois	estáis	habéis	
	son	están	han	
pretérito indefinido	fui	estuve	hube	
	fuiste	estuviste	hubiste	
	fue	estuvo	hubo	hubo
	fuimos	estuvimos	hubimos	
	fuisteis	estuvisteis	hubisteis	
	fueron	estuvieron	hubieron	
imperativo	sé, sed	está, estad		
gerundio	siendo	estando		

2 Los verbos regulares en -ar/-er/-ir | Die regelmäßigen Verben auf -ar/-er/-ir

infinitivo	hablar	comer	vivir	❗
presente	hablo	como	vivo	**recoger**: recojo, recoges, …
	hablas	comes	vives	**saber**: sé, saben, …
	habla	come	vive	**salir**: salgo, sales, …
	hablamos	comemos	vivimos	**traer**: traigo, traes, …
	habláis	coméis	vivís	**proteger**: protejo, proteges, …
	hablan	comen	viven	
pretérito indefinido	hablé	comí	viví	**leer**: leí, leíste, leyó, leímos, leísteis, leyeron (*ebenso*: creer)
	hablaste	comiste	viviste	**-car**: buscar: busqué, buscaste, … (*ebenso*: explicar, sacar, tocar)
	habló	comió	vivió	**-gar**: llegar: llegué, llegaste, … (*ebenso*: jugar)
	hablamos	comimos	vivimos	**-zar**: empezar; empecé, empezaste, … (*ebenso*: cruzar, organizar)
	hablasteis	comisteis	vivisteis	
	hablaron	comieron	vivieron	
imperativo	habla, hablad	come, comed	vive, vivid	**salir**: sal
gerundio	hablando	comiendo	viviendo	**leer**: leyendo, **creer**: creyendo

3 Los grupos de verbos | Die Gruppenverben

3.1 Los verbos con diptongación: e → ie | Diphthongierte Verben: e → ie

infinitivo	**pensar**	**entender**	**preferir**	**❗**
presente	pienso	entiendo	prefiero	**tener: tengo**, tienes, …
	piensas	entiendes	prefieres	**venir: vengo**, vienes, …
	piensa	entiende	prefiere	
	pensamos	entendemos	preferimos	
	pensáis	entendéis	preferís	
	piensan	entienden	prefieren	
pretérito indefinido	pensé	entendí	preferí	**tener: tuve, tuv**iste, …
	pensaste	entendiste	preferiste	**querer: quise, quis**iste, …
	pensó	entendió	prefirió	…
	pensamos	entendimos	preferimos	**venir: vine, vin**iste, …
	pensasteis	entendisteis	preferisteis	
	pensaron	entendieron	prefirieron	
imperativo	piensa, pensad	entiende, entended	prefiere, preferid	
gerundio	pensando	entendiendo	prefiriendo	
ebenso:	despertarse, empezar, sentarse	entender, perder, querer, tener, tender	convertirse, sentirse, venir	

3.2 Los verbos con debilitación vocálica: e → i | Die Verben mit Vokalschwächung: e → i

infinitivo	**pedir**	**seguir**	**❗**
presente	pido	sigo	**elegir**: elijo, eliges, …
	pides	sigues	
	pide	sigue	
	pedimos	seguimos	
	pedís	seguís	
	piden	siguen	
pretérito indefinido	pedí	seguí	
	pediste	seguiste	
	pidió	siguió	
	pedimos	seguimos	
	pedisteis	seguisteis	
	pidieron	siguieron	
imperativo	pide, pedid	sigue, seguid	
gerundio	pidiendo	siguiendo	
ebenso:	vestirse		

Los verbos

3.3 Los verbos con diptongación: o → ue | Diphthongierte Verben: o → ue

infinitivo	contar	volver	dormir	❗
presente	cuento	vuelvo	duermo	**jugar**: juego, juegas, ...
	cuentas	vuelves	duermes	
	cuenta	vuelve	duerme	
	contamos	volvemos	dormimos	
	contáis	volvéis	dormís	
	cuentan	vuelven	duermen	
pretérito indefinido	conté	volví	dormí	**jugar**: jugué, jugaste, ...
	contaste	volviste	dormiste	**poder**: pude, pudiste, ...
	contó	volvió	durmió	
	contamos	volvimos	dormimos	
	contasteis	volvisteis	dormisteis	
	contaron	volvieron	durmieron	
imperativo	cuenta, contad	vuelve, volved	duerme, dormid	
gerundio	contando	volviendo	durmiendo	**poder**: pudiendo
ebenso:	acostarse, encontrar, jugar, probar	doler, llover, poder		

3.4 Los verbos con el cambio c → zc | Die Verben mit der Veränderung c → zc

infinitivo	conocer	❗
presente	conozco	**convencer**: convenzo, convences, ...
	conoces	
	conoce	
	conocemos	
	conocéis	
	conocen	
pretérito indefinido	conocí	
	conociste	
	conoció	
	conocimos	
	conocisteis	
	conocieron	
imperativo	conoce, conoced	
gerundio	conociendo	
ebenso:	parecer	

4 Los verbos irregulares | Die unregelmäßigen Verben

	hacer	ir	ver	venir	saber
infinitivo					
presente	hago	voy	veo	vengo	sé
	haces	vas	ves	vienes	sabes
	hace	va	ve	viene	sabe
	hacemos	vamos	vemos	venimos	sabemos
	hacéis	vais	veis	venís	sabéis
	hacen	van	ven	vienen	saben
pretérito indefinido	hice	fui	vi	vine	supe
	hiciste	fuiste	viste	viniste	supiste
	hizo	fue	vio	vino	supo
	hicimos	fuimos	vimos	vinimos	supimos
	hicisteis	fuisteis	visteis	vinisteis	supisteis
	hicieron	fueron	vieron	vinieron	supieron
imperativo	haz, haced	ve, id	ve, ved	ven, venid	sabe, sabed
gerundio	haciendo	yendo	viendo	viniendo	sabiendo

	tener	poner	dar	decir	traer
infinitivo					
presente	tengo	pongo	doy	digo	traigo
	tienes	pones	das	dices	traes
	tiene	pone	da	dice	trae
	tenemos	ponemos	damos	decimos	traemos
	tenéis	ponéis	dais	decís	traéis
	tienen	ponen	dan	dicen	traen
pretérito indefinido	tuve	puse	di	dije	traje
	tuviste	pusiste	diste	dijiste	trajiste
	tuvo	puso	dio	dijo	trajo
	tuvimos	pusimos	dimos	dijimos	trajimos
	tuvisteis	pusisteis	disteis	dijisteis	trajisteis
	tuvieron	pusieron	dieron	dijeron	trajeron
imperativo	ten, tened	pon, poned	da, dad	di, decid	trae, traed
gerundio	teniendo	poniendo	dando	diciendo	trayendo

Para comunicarse

Hier findest du nach Lernzielen geordnete spanische Sätze und Ausdrücke mit ihrer deutschen Übersetzung. Da jede Sprache anders funktioniert, ist eine wortwörtliche Übersetzung oft nicht möglich. Achte auf die kleinen Unterschiede.

1 Du stellst dich und andere vor

1.1 Du stellst dich vor

Me llamo (Lili).	Mein Name ist (Lili).
Soy de (Madrid).	Ich komme aus (Madrid).
Tengo (14) años.	Ich bin (14) Jahre alt.

1.2 Du sagst, dass dir etwas (nicht) gefällt

Unidad 1	¿Qué te gusta hacer?	Was machst du gern?
	A mí me gusta (nadar).	Ich (schwimme) gern.
	A mí no me gusta (correr).	Ich (jogge) nicht gern.

1.3 Du sprichst über Stärken und Schwächen

Unidad 1	Soy buen/mal (perdedor).	Ich bin ein guter/schlechter (Verlierer).
	Soy buena/mala (jugadora).	Ich bin eine gute/schlechte (Spielerin).
	¿Eres buen/mal alumno?	Bist du ein guter/schlechter Schüler?

2 Du sprichst über die Schule

2.1 Du sprichst über deinen Stundenplan und den Schulalltag

(Química) es mi fuerte.	Ich bin gut in (Chemie).
Los lunes tengo (Música).	Montags habe ich (Musik).
Los miércoles tengo (dos horas de Inglés).	Mittwochs habe ich (zwei Stunden Englisch).
Después del recreo tengo (Mates).	Nach der Pause habe ich (Mathe).
Esta semana tenemos exámenes.	Diese Woche haben wir Klausuren.
(Hoy) salgo del instituto a (las cuatro y media).	(Heute) bin ich um (halb fünf) mit der Schule fertig.

2.2 Du sprichst über außerschulische Aktivitäten

Unidad 2	En mi instituto (no) hay mucha oferta.	In meiner Schule gibt es (k)ein großes Angebot.

	Tengo actividades extraescolares (casi todos los días).	Ich habe (fast jeden Tag) eine außerschulische Aktivität.
	A mí (no) me interesan mucho (las extraescolares).	Ich interessiere mich (nicht) besonders für (außerschulische Aktivitäten).
	Este trimestre participo en (la banda del instituto).	Dieses Trimester mache ich bei (der Schulband) mit.
	Me interesa (el club de lectura) porque (me encanta leer).	Mich interessiert (der Buchclub), weil (ich sehr gern lese).

2.3 Du sprichst über Schulstress

Unidad 2	Tenemos muchas clases y asignaturas nuevas. ¡Qué estrés!	Wir haben so viel Unterricht und so viele neue Fächer. Was für ein Stress!
	¿Cuándo voy a estudiar para (los exámenes)?	Wann soll ich bloß für (die Prüfungen) lernen?
	¿Cuándo voy a (descansar)?	Wann kann ich (mich mal ausruhen)?
	No quiero estar (cansado) todo el tiempo.	Ich will nicht ständig (müde) sein.

3 Du stellst ein Land / eine Region vor

3.1 Du sprichst über Besonderheiten eines Landes

Módulo 2	(El Teide) es la montaña más alta de (España).	(Der Teide) ist der höchste Berg (Spaniens).
	(El Real Madrid y el FC Barcelona) son los mejores (equipos de fútbol) de España.	(Real Madrid und der FC Barcelona) sind die besten (Fußballmannschaften) Spaniens.
	(Frías) es la ciudad más pequeña de (España).	(Frías) ist die kleinste Stadt in (Spanien).

3.2 Du beschreibst eine Landschaft

Unidad 3	En el primer plano hay (una playa).	Im Vordergrund ist (ein Strand) zu sehen.
	Vemos (el mar y la costa).	Man sieht (das Meer und die Küste).
	A la izquierda del pueblo hay (montañas con un lago) y a la derecha hay (campos).	Links vom Dorf sind (Berge und ein See) und rechts (Felder).
	Al fondo de la imagen vemos (el horizonte).	Im Hintergrund sieht man (den Horizont).
	En el centro hay (una iglesia).	In der Mitte ist (eine Kirche).

Para comunicarse

3.3 Du sprichst über eine Region oder ein Land

Unidad 3	(Santiago) es la capital de (Galicia).	(Santiago) ist die Hauptstadt (Galiciens).
	(Galicia) es famosa por (su comida).	(Galicien) ist für (seine Küche) berühmt.
	La cultura (celta) está muy presente en (las tradiciones y en la música).	Die (keltische) Kultur ist mit ihren (Traditionen und ihrer Musik) sehr präsent.
	(Esta playa) es el lugar perfecto para sacar fotos de (la naturaleza).	(Dieser Strand) ist der perfekte Ort für (Natur-)Fotos.
Unidad 5	El nombre oficial del país es (República Argentina).	Der offizielle Name des Landes lautet (Republik Argentinien).
	(Argentina) limita con (cinco países).	(Argentinien) grenzt an (fünf Länder).
	La lengua oficial es el (español) y la moneda el (peso).	Die Amtssprache ist (Spanisch) und die Währung ist der (Peso).
	(Argentina) tiene (47) millones de habitantes y una superficie de (2.780.400) km².	(Argentinien) hat (47) Millionen Einwohner/-innen und eine Fläche von (2.780.400) km².

3.4 Du vergleichst etwas

Unidad 3	(Santiago) no es tan grande como (Madrid).	(Santiago) ist nicht so groß wie (Madrid).
	(En un bar la comida) es menos cara que (en un restaurante).	(Das Essen in einer Bar) ist günstiger als (in einem Restaurant).
	La (gaita) es tan tradicional aquí como en (Escocia).	Der (Dudelsack) hat hier eine genauso große Tradition wie in (Schottland).
	(Esta playa) es más bonita que esa.	(Dieser Strand) ist schöner als der andere.

 ## 4 Du sprichst über deine Familie und deinen Alltag

4.1 Du beschreibst deine Familie

	Mi familia es (muy grande).	Meine Familie ist (sehr groß).
	Tengo una familia (bastante pequeña).	Meine Familie ist (ziemlich klein).
	Tengo (tres hermanos).	Ich habe (drei Geschwister).
	No tengo hermanos.	Ich habe keine Geschwister.

4.2 Du sagst, was du anziehst

Módulo 1	¿Qué ropa te pones hoy?	Was ziehst du heute an?
	¿Cuál es tu outfit del día?	Was ist dein Outfit des Tages?
	Hoy me pongo (un vestido azul).	Heute ziehe ich (ein blaues Kleid) an.
	Tengo que llevar (un uniforme).	Ich muss (eine Uniform) tragen.
	Siempre salgo con (ropa cómoda).	Ich trage immer (gemütliche Kleidung).
	Es de segunda mano.	Das ist Secondhand.
	Hoy hace sol y por eso llevo (gafas de sol).	Heute scheint die Sonne, deshalb trage ich (eine Sonnenbrille).

4.3 Du sprichst über das Wetter

Módulo 1	Hace mucho/bastante calor/frío.	Heute ist es sehr/ziemlich heiß/kalt.
	Hace buen/mal tiempo.	Es ist schönes/schlechtes Wetter.
	Hoy hace sol.	Heute scheint die Sonne.
	Desde (el jueves) está lloviendo.	Es regnet seit (Donnerstag).
	El día es gris.	Heute ist es bewölkt.

4.4 Du beschreibst deinen Tagesablauf

Unidad 2	Me levanto (a las siete) y me visto.	Ich stehe (um 7 Uhr) auf und ziehe mich an.
	Me preparo bien y estudio (un poco cada día).	Ich bereite mich gut vor und lerne (jeden Tag ein bisschen).
	Picoteo todo el tiempo, por eso no tengo hambre (a la hora de cenar).	Ich knabbere die ganze Zeit etwas und habe dann (beim Abendessen) keinen Hunger.
	Antes de dormir (leo un poco).	Bevor ich schlafen gehe, (lese ich ein bisschen).

4.5 Du gehst einkaufen und sagst, was zu tun ist

Módulo 3	¿Qué tenemos que comprar?	Was müssen wir einkaufen?
	Tengo la lista de compra en el móvil.	Ich habe die Einkaufsliste im Handy.
	Hay que comprar (pan y queso).	Wir müssen (Brot und Käse) kaufen.
	(Dos kilos de patatas), por favor.	Wir hätten gern (2 kg Kartoffeln).
	Una pregunta, ¿son ecológicos?	Eine Frage: Sind die Bio?

Para comunicarse

		Muy bien. Eso es todo. ¿Cuánto es?	Danke, das ist alles. Wie viel kostet das?
		Aquí tienes. Muchas gracias.	Bitteschön und vielen Dank.

4.6 Du sprichst über Rechte und Pflichten in der Familie

	Unidad 4	Yo (siempre pongo la mesa) y mi hermano (recoge el lavavajillas).	Ich (decke immer den Tisch) und mein Bruder (räumt den Geschirrspüler aus).
		¿Quién (lava los platos) hoy?	Wer (wäscht) heute (ab)?
		Recibo una paga y participo en la toma de decisiones.	Ich bekomme Taschengeld und darf Entscheidungen mittreffen.

🔊 5 Du fragst nach dem Weg

	Módulo 4	Perdón, ¿cómo llego al parque?	Entschuldigung, wie komme ich zum Park?
		Muy fácil. Sigue todo recto y luego gira a la derecha.	Ganz einfach: Gehe geradeaus und biege dann nach rechts ab.
		Ven, te enseño.	Komm, ich zeig's dir.
		Cruza la plaza y sigue todo recto.	Überquere den Platz und laufe weiter geradeaus.
		Gira a la derecha y después a la izquierda.	Biege rechts ab und dann die nächste links.
		¿Quieres un mapa?	Möchtest du einen Stadtplan?

🔊 6 Du führst ein Gespräch

6.1 Du sagst, was du gerade machst

	Unidad 1	¿Qué estás haciendo?	Was machst du gerade?
		¿Estás escribiendo (un mensaje)?	Schreibst du gerade (eine Nachricht)?
		Estoy llamando (a Pau).	Ich rufe gerade (Pau) an.

6.2 Du schilderst die zeitliche Abfolge von Ereignissen

	Unidad 3	Cuando (llego a casa), enseguida (tomo la merienda).	Wenn ich (nach Hause komme), (esse ich) sofort (einen Snack).
		Durante (la semana estudio) y (los fines de semana tengo libre).	Während (der Woche lerne ich) und (am Wochenende habe ich frei).
		(Ayudo a mi abuela) cada día.	(Ich helfe meiner Oma) jeden Tag.

	(Quedo con mis amigos) todos los días.	(Ich verabrede mich) jeden Tag (mit meinen Freunden).
	Al final (del día, Lili llama a Isma).	Am Ende (des Tages ruft Lili Isma an).

6.3 Du forderst jemanden auf, etwas zu tun, und gibst Tipps

Unidad 4	(Tener una mascota) es una responsabilidad importante.	(Ein Haustier) ist eine große Verantwortung.
	Busca información sobre (tu mascota).	Suche Informationen über (dein Haustier).
	Quizás (un gato) es la mejor opción para ti.	Vielleicht ist (eine Katze) für dich die beste Option.
	Hablad en casa sobre (vuestras tareas).	Sprecht zu Hause über (eure Aufgaben).
	Repartid las tareas.	Teilt euch die Aufgaben auf.
	Preguntad a (la veterinaria).	Fragt (die Tierärztin).

6.4 Du hörst aktiv zu und hältst ein Gespräch aufrecht

Unidad 4	Claro, ¡normal!	Klar …
	¿Qué pasa? Te veo triste…	Was ist los? Du siehst traurig aus.
	¿No crees?	Glaubst du nicht?
	¿Estáis de acuerdo?	Seid ihr einverstanden?
	Ya conozco esa historia…	Ja, das kenne ich auch …
	¿Cómo podemos resolver esto?	Wie können wir das Problem lösen?

7 Du berichtest über die Vergangenheit

Unidad 5	En (2018) aprendí a nadar.	(2018) habe ich schwimmen gelernt.
	En (agosto de 2024) Ana empezó el colegio.	Im (August 2024) hat Ana mit der Schule begonnen.
	El sábado pasado (me desperté tarde). Primero (me duché), luego (desayuné) y después (fui al parque).	Am vergangenen Samstag (bin ich spät aufgewacht). Zuerst (habe ich geduscht), dann (habe ich gefrühstückt) und danach (bin ich in den Park gegangen).
	Anoche / El otro día / El año pasado (fui al cine).	Gestern Abend / Neulich / Letztes Jahr (bin ich ins Kino gegangen).

Lista cronológica

Symbole und Abkürzungen

ser Bei Verben in roter Schrift musst du auf unregelmäßige Formen achten.

= bezeichnet Wörter und Wendungen mit gleicher Bedeutung.

→ bezeichnet spanische Wörter derselben Wortfamilie.

≠ bezeichnet Wörter und Wendungen mit gegensätzlicher Bedeutung.

🇬🇧 Englisch

❗ bezeichnet eine sprachliche Besonderheit.

adj.	*adjetivo* (Adjektiv, Adj.)	*inv.*	*invariable* (invariabel, *inv.*)
adv.	*adverbio* (Adverb)	*jdm/jdn*	jemandem/jemanden
etw.	etwas	*m.*	*masculino* (männlich)
f.	*femenino* (weiblich)	*pl.*	*plural* (Plural, Pl.)
fam.	*familiar* (umgangssprachlich, ugs.)	*sg.*	*singular* (Singular, Sg.)
inf.	*infinitivo* (Infinitiv, Inf.)	*sust.*	*sustantivo* (Substantiv, S.)

Unidad 1 | Vocabulario

¡A disfrutar!	Viel Spaß!	¡A **disfrutar** de la piscina!
disfrutar (de algo)	(etw.) genießen	La pandilla **disfruta del** verano.
la piscina	das Schwimmbad	Nora va a la **piscina** los martes.
pasear al perro	mit dem Hund rausgehen	Lili **pasea a su perro** por la tarde.
el/la perro/-a	der Hund, die Hündin	Chispa es el **perro** de Lili.
sacar fotos	Fotos machen	Me gusta **sacar fotos** en el parque.
la pizza	die Pizza	¡Me gusta comer **pizza**!
navegar en Internet	im Internet surfen	→ el **Internet**
hacer camping	zelten	🇬🇧 camping
nadar	schwimmen	Lola **nada** en la piscina.
tomar el sol	sich sonnen	Me gusta **tomar el sol** en la playa.
el sol	die Sonne	☀️
hacer senderismo	wandern	Me gusta mucho **hacer senderismo**.
jugar al fútbol (u → ue)	Fußball spielen	Álex **juega al fútbol** con su equipo.
hacer rutas en bici de montaña	Mountainbike fahren	→ la bicicleta
la ruta	die Route	Hacemos una **ruta** en piragua.
la bici de montaña	das Mountainbike	¿Tienes una **bici de montaña**?
la exposición, las exposiciones *pl.*	die Ausstellung	Ismael quiere visitar una **exposición**.
patinar	skaten	¿Vamos a **patinar** en el parque?
montar a caballo	reiten	¿Dónde puedo **montar a caballo**?
el caballo	das Pferd	¿A ti también te gustan los **caballos**?

dibujar	zeichnen	A Pau le gusta **dibujar**.
hacer manualidades	basteln	¿Quieres **hacer manualidades**?
ir de compras	einkaufen gehen, *auch:* shoppen gehen	→ **comprar**
escalar	klettern	Lili quiere ir a **escalar** con Pau.
ir en piragua	Kanufahren	No me gusta **ir en piragua**.
la piragua	das Kanu	Mis padres tienen una **piragua**.
ir en + *medio de transporte*	*Transportmittel* fahren	**Voy** al insti **en** bicicleta.

❗ **ir a** → *lugar*   **ir en** *bus/metro/bici*

la bicicleta (= la bici *fam*.)	das Fahrrad	🇬🇧 bicycle
el tren	der Zug	🇬🇧 train
el autobús (= bus *fam*.)	der Bus	¿Cuándo llega el **bus**?
el metro	die U-Bahn	Voy al insti en **metro**.
el coche	das Auto	Mi madre va en **coche** al trabajo.
ir a pie	zu Fuß gehen, laufen	Las chicas **van a pie** al insti.
por algo	durch etw.	Vamos en bici **por** el parque.

Palabrateca – Mi fin de semana

hacer galletas – Kekse backen
ir al parque de atracciones – in einen Freizeitpark gehen
jugar a videojuegos – Videospiele spielen
hacer un rompecabezas – ein Puzzle machen

Unidad 1 | Texto A

¡**Qué** + *adj*.!	Wie + *Adj.*	¡**Qué** raro!
a vosotros/-as os gusta/n	euch gefällt/gefallen	¿**A vosotras os gusta** nadar?
la excursión, las excursiones *pl*.	der Ausflug	¿Hacemos una **excursión** el sábado?
a nosotros/-as nos gusta/n	uns gefällt/gefallen	**A nosotras nos gusta** nadar.
por cierto	übrigens	**Por cierto**, ¿dónde están tus padres?
la videollamada	der Videoanruf	¿Hablamos por **videollamada**?
saludar (a alguien)	jdn (be-)grüßen	Voy a **saludar a** Pau.
¡**Qué** + *sust*.!	Was für ein/e + *S*.!	¡**Qué** sorpresa!
por ahí	dort	¿Qué tal el tiempo **por ahí**?
después de + *sust*.	nach + *S*.	≠ antes de
Mira…	Schau mal …	→ **mirar**

Lista cronológica

hacer *plogging*	Plogging machen	*Plogging ist eine Kombination aus Joggen und Müll aufsammeln und kann auch in Parks oder in der Stadt gemacht werden.*
a ellos/ellas les gusta/n	ihnen gefällt/gefallen	**A mis amigos les gusta** correr.
correr	rennen, laufen	¿Quién quiere **correr** por la playa?
al mismo tiempo	gleichzeitig	→ el tiempo
recoger algo	etw. aufheben, aufräumen	Hoy **recojo** basura en la playa.
así	so	Tienes que recoger la basura **así**.
ayudar (a alguien a + *inf.*)	(jdm bei etw.) helfen	¿**Me ayudáis a** recoger la basura?
proteger algo / a alguien	etw./jdn beschützen	🇬🇧 to protect
el medio ambiente	die Umwelt	Tenemos que proteger el **medio ambiente**.
el/la joven, los jóvenes *pl.*	der/die Jugendliche	Los **jóvenes** corren por el parque.
deportivo/-a	sportlich	→ el deporte
el/la influencer	der/die Influencer/-in	Mira, es mi **influencer** favorita.
favorito/-a	Lieblings- (+ S.)	Escalar es mi deporte **favorito**.
Madrid Río *Park in Madrid*		

Unidad 1 | Texto B

terminar	(be-)enden	≠ empezar
bueno/-a	gut	≠ malo/-a
el parque acuático	das Erlebnisbad	→ el parque → el agua
estar lejos	weit (weg) sein	≠ cerca
llegar a	ankommen (in), kommen	**Llegamos al** parque en una hora.
dejar algo	etw. lassen	¿**Dejamos** las mochilas aquí?
la toalla	das Handtuch	Mi **toalla** es verde.
el árbol	der Baum	En el parque hay muchos **árboles**.
la ola	die Welle	Mira, ¡hay una piscina con **olas**!
la competición, las competiciones *pl.*	der Wettkampf, *hier:* das Wettschwimmen	Hacer **competiciones** es divertido.
hasta	bis	¿Corremos **hasta** ese árbol?
el final	das Ende	→ al final
ganar	gewinnen	≠ perder (algo)

el/la nadador/a	der Schwimmer, die Schwimmerin	→ nadar
jugar a algo (u → ue)	etw. spielen *Sport*	Por las tardes **juego** al fútbol con Pau.
la pelota	der Ball	Lili tiene una **pelota** en su mochila.
al mediodía	mittags	Siempre tengo hambre **al mediodía**.
la fruta	das Obst	🇬🇧 fruit
la golosina	die Süßigkeit	Me gustan las **golosinas**.
traer algo	etw. mitbringen	**Traigo** tortilla para comer.
la tortilla (de patatas)	die Tortilla	*Omelette mit Kartoffeln*
contar algo (o → ue)	erzählen	Nora **cuenta** muchos chistes.
las cartas	die Karten	¿Jugamos a las **cartas**?
el/la jugador/a	der Spieler, die Spielerin	→ jugar
por suerte	zum Glück, glücklicherweise	**Por suerte**, soy buena perdedora.
la suerte	das Glück	Mi tía siempre tiene **suerte**.
el/la perdedor/a	der Verlierer, die Verliererin	→ perder
el tobogán, los toboganes *pl.*	die Rutsche	¿Te gustan los **toboganes**?
perder algo (e → ie)	(etw.) verlieren, *hier:* (etw.) verpassen	¡No quiero **perder** el bus!
salir	abfahren	Los lunes **salgo** tarde del instituto.

Módulo 1

te pones	du ziehst an	¿Qué **te pones** hoy?
el outfit del día	das *Outfit of the day* (OOTD)	Este es **mi outfit del día**.
¡Che! *arg.*	Hey!	
el uniforme	die Uniform	En mi insti llevamos **uniforme**.
así que	daher, sodass	Llueve, **así que** me pongo botas.
elegir algo	etw. (aus-)wählen	**Elijo** mi ropa por la noche.
oscuro/-a	dunkel	Hoy me pongo la falda azul **oscuro**.
la camisa	das Hemd	Mi abuelo lleva **camisa**.
blanco/-a	weiß Farbe	¿Te gustan las camisas **blancas**?
los pantalones	die Hose	Hoy me pongo **pantalones** negros.
los zapatos	die Schuhe	Mi padre tiene muchos **zapatos**.
todavía	(immer) noch	**Todavía** hace calor aquí.
frío/-a	kalt	≠ hace calor
me pongo	ich ziehe an	Hoy **me pongo** una falda.

Lista cronológica

el abrigo	der Mantel	¿Tienes un **abrigo** para el frío?
el intercambio (escolar)	der Schulaustausch	Quiero hacer un **intercambio**.
desde	seit	≠ hasta
el tiempo	das Wetter	Hace buen **tiempo** hoy.
llover (o → ue)	regnen	Hoy no **llueve**.
gris	grau	Mis zapatos son **grises**.
los vaqueros	die Jeans	Mis **vaqueros** son muy cómodos.
rosa *inv.*	rosa	La camisa **rosa** es mi favorita.
el jersey	der Pullover	🇬🇧 jersey
la chaqueta	die Jacke	🇬🇧 jacket
las botas	die Stiefel	🇬🇧 boots
sencillo/-a	einfach	Prefiero los jerseys **sencillos**.
cómodo/-a	bequem	Llevo ropa **cómoda**.
de marca	bekannt, Marken- (+ S.)	Solo te gusta la ropa **de marca**.
Hace sol.	Die Sonne scheint.	→ el sol
la camiseta	das T-Shirt	Pau siempre lleva **camisetas**.
los pantalones de chándal	die Jogginghose	Hoy llevo **pantalones de chándal**.
las zapatillas (de deporte)	die Turnschuhe	Llevo **zapatillas** para la competición.
la falda	der Rock	Esta es mi **falda** favorita.
amarillo/-a	gelb	No tengo faldas **amarillas**.
de color (+ *color*)	(*Farbe*)-farben	Llevo gafas **de color** azul.
el color	die Farbe	¿Cuál es tu **color** favorito?
naranja *inv.*	orange *Farbe*	Mi falda favorita es **naranja**.
el vestido	das Kleid	Quiero comprar este **vestido**.
rojo/-a	rot	Mi gorra favorita es **roja**.
de segunda mano	gebraucht, Second Hand	Me gusta la ropa **de segunda mano**.

Bariloche *Stadt im Westen Argentiniens*
Bogotá *Hauptstadt Kolumbiens*
Málaga *Stadt in Andalusien*

Bogotá

Palabrateca – ¿Qué te pones hoy?

los calcetines
die Socken

las medias
die Strumpfhose

el pijama
der Schlafanzug

de manga larga
larmärmlig

de manga corta
kurzärmlig

de lunares
gepunktet

a rayas
gestreift

a cuadros
kariert

Unidad 2 | Vocabulario

la actividad extraescolar (= las extraescolares)	die außerschulische Aktivität	¿Qué **extraescolares** eliges?
primer, primero/-a	erster, erste, erstes	1°, 1ª
el baloncesto	Basketball *Sport*	¿Te gusta el **baloncesto**?
segundo/-a	zweiter, zweite, zweites	2°, 2ª
el tenis	Tennis *Sport*	¿Jugamos al **tenis**?
tercer, tercero/-a	dritter, dritte, drittes	3°, 3ª
el judo	Judo	Voy a **judo** los lunes.
cuarto/-a	vierter, vierte, viertes	4°, 4ª
el balonmano	Handball *Sport*	Mi tía juega al **balonmano**.
quinto/-a	fünfter, fünfte, fünftes	5°, 5ª
el atletismo	Leichtathletik	🇬🇧 athletics
el coro	der Chor	Quiero participar en el **coro**.
el club de lectura	der Buchklub	Pau elige el **club de lectura**.
la lectura	das Lesen, die Lektüre	→ leer
el club de escritura	der Schreibklub	Hay un **club de escritura**, ¡guay!
la escritura	das Schreiben	→ escribir
el huerto escolar	der Schulgarten	Voy al **huerto escolar** los lunes.
el huerto	der (Obst-/Gemüse-)Garten	
escolar	Schul- (+ S.)	¿Lleváis uniforme **escolar**?
las clases particulares (de refuerzo)	der Nachhilfeunterricht	Necesito **clases particulares**.
la natación	Schwimmen *Sport*	→ nadar

ciento sesenta y cinco **165**

Lista cronológica

el patinaje	das Schlittschuhlaufen, das Skaten	→ **patinar**
la gimnasia	das Turnen, die Gymnastik	🇬🇧 gymnastics
las artes plásticas	der Kunstunterricht	¿Os gustan las **artes plásticas**?
la escuela de música	die Musikschule	→ **la música**
el recicl-arte	die Recycling-Kunst	*Kombination aus „reciclar" und „arte"*
❗ el idioma	die Sprache	¿Cuál es tu **idioma** favorito?
las manualidades *pl.*	die Bastelarbeit, Handarbeit	→ **hacer manualidades**
la robótica	die Robotertechnik, Robotik	🇬🇧 robotics

Palabrateca – Actividades extraescolares
el badminton – Badminton      **jugar al ajedrez** – Schach spielen
navegar – Segeln   **el boxeo** – Boxen

Unidad 2 | Texto A

el artículo	der Artikel	🇬🇧 article
todo/-a	alle, ganze/-s, jede/-n/-s	Voy al insti **todos** los días.
lo mismo	dasselbe, das Gleiche	Todos los días hago **lo mismo**.
llenar algo	etw. (aus-)füllen	Este curso no **lleno** mi horario.
tranquilo/-a	ruhig, entspannt	Quiero tener un año **tranquilo**.
evitar algo	etw. vermeiden	Prefiero **evitar** el estrés.
el estrés	der Stress	🇬🇧 stress
parecer + *adj.*	etw. + *Adj.* finden	El judo **me parece** interesante.
la oferta	das Angebot	🇬🇧 offer
interesar a alguien	jdn interessieren	**Me interesan** los cómics.
encantar a alguien	jdm sehr gefallen	**Me encanta** leer.
el curso	*hier:* das Schuljahr	= el año escolar
la asignatura	das Schulfach	Lengua es mi **asignatura** favorita.
estar cansado/-a	müde sein	Estoy muy **cansada** hoy.
el trimestre	das Trimester	Hay tres **trimestres** en un curso.
la banda	die Band	¡Estar en la **banda** mola mucho!
ensayar	proben	Tengo que **ensayar** para la banda.
con esto	damit, hiermit	**Con esto** es suficiente.
suficiente	ausreichend, genügend	🇬🇧 sufficient
estar feliz, felices *pl.*	glücklich sein	¿Estás **feliz** con tus asignaturas?

el/la próximo/-a + *sust*.	der/die nächste + S.	¿Cuál es tu **próxima** clase?
el manga	das Manga	¿Cuál es tu **manga** favorito?
la novela gráfica	die Graphic Novel	Siempre leo **novelas gráficas**.

Unidad 2 | Texto B

la rutina	die Routine	🇬🇧 routine
despertarse (e → ie)	aufwachen	**Me despierto** a las siete y media.
temprano	früh, zeitig	≠ tarde
ducharse	duschen	Antes de desayunar, **me ducho**.
desayunar	frühstücken	Siempre **desayuno** en el bus.
con calma	in Ruhe	Desayuno **con calma**.
la calma	die Ruhe	Pau lee con mucha **calma**.
lavarse los dientes	sich die Zähne putzen	**Me lavo los dientes** antes de dormir.
lavarse	sich waschen	**Me lavo** todos los días.
el diente	der Zahn	Me gusta tener los **dientes** blancos.
ponerse algo **(o → ue)**	sich etw. anziehen	Hoy **me pongo** mi chaqueta azul.
a tiempo	rechtzeitig	El bus siempre llega **a tiempo**.
levantarse	aufstehen	Los fines de semana **me levanto** tarde.
vestirse (e → i)	sich anziehen	Por la mañana **me visto** rápido.
intentar (+ *inf*.)	versuchen (zu + *Inf*.)	**Intento** hacer deporte todos los días.
quedarse	bleiben	Puedes **quedarte** si quieres.
rápido *adv*.	schnell	Siempre tengo que comer **rápido**.
prepararse	sich vorbereiten	→ preparar
cada día	jeden Tag, täglich	Estudio **cada día**.
cada	jede/-r/-s	**Cada** noche leo antes de dormir.
antes (de + *sust*.)	vorher, vor dem/der + S.	Estudio **antes de** un examen.
la ficha	die Karteikarte	¿Puedo estudiar con tus **fichas**?
los apuntes	die Notizen	¿Puedo ver tus **apuntes**?
¡Qué pereza!	Gar keine Lust!	¿Más deberes? **¡Qué pereza!**
la pausa	die Pause	¿Hacemos una **pausa**?
cuando	(immer) wenn; als	Escucho música **cuando** estudio.
sentarse (e → ie)	sich (hin-)setzen	En la clase **me siento** al lado de Nora.
escrolear	scrollen	🇬🇧 to scroll
las redes sociales	die sozialen Medien	¿Estás en las **redes sociales**?

picotear	knabbern	**Picoteo** todo el tiempo.
a la hora de algo	beim, zum Zeitpunkt von etw.	→ **la hora**
cenar	zu Abend essen	¡Es hora de **cenar**!
antes de + *inf.*	bevor	**Antes de** cenar, veo una serie.
dormir (o → ue)	schlafen	En casa de mi abuela **duermo** bien.
un par (de)	einige, ein paar (von)	Veo **un par de** episodios de mi serie.
el mensaje	die Nachricht	🇬🇧 message
dormirse (o → ue)	einschlafen	Hoy quiero **dormirme** temprano.
después de + *inf.*	nachdem	**Después de** comer, me acuesto.
el episodio	die Folge	🇬🇧 episode
luego	dann, später, nachher	Como algo, **luego** salgo.
acostarse (o → ue)	sich hinlegen, ins Bett gehen, schlafen gehen	≠ **levantarse**
organizarse	sich organisieren	→ **organizar**
los hobbies *pl.*	die Hobbys	¿Cuáles son tus **hobbies**?
alguien	jemand	¡Hola! ¿Hay **alguien** en casa?
a la vez	auf einmal, gleichzeitig	Siempre hago muchas cosas **a la vez**.
fijar algo	etw. festlegen	¿**Fijamos** una hora para estudiar?
abierto/-a	offen	Yo soy una persona muy **abierta**.
el interés	das Interesse	→ **interesante**
la estructura	die Struktur	Tu presentación no tiene **estructura**.
estresarse	sich stressen	→ **el estrés**

Módulo 2

la curiosidad	der besondere Fakt, das Wissenswerte	Presento **curiosidades** sobre Madrid.
la costa	die Küste	🇬🇧 coast
español/-a	spanisch	La costa **española** es bonita.
en total	insgesamt	España tiene **en total** casi ocho **mil** km de costa.
mil	tausend	
el kilómetro (km)	der Kilometer	Un **kilómetro** son mil metros.
la Comunidad Autónoma	die Autonome Region	España tiene diecisiete **Comunidades Autónomas**.
el acceso	der Zugang	🇬🇧 access
la montaña	der Berg	🇬🇧 mountain

el/la + *sust.* más/menos + *adj.*	Superlativ	¿Cuál es la montaña **más alta** de Alemania?
alto/-a	hoch (*Berg, Gebäude...*)	
estar situado/-a	gelegen sein, liegen	¿Dónde **está situado** el río Ebro?
la isla	die Insel	¿Cuántas **islas** tiene España?
la isla de + *nombre*	Inselname	🇬🇧 the isle of
el volcán	der Vulkan	🇬🇧 volcano
el río	der Fluss	El **río** Rin („Rhein") tiene más de mil km de **longitud**.
la longitud	die Länge	
el país	das Land	España es un **país** interesante.
el restaurante	das Restaurant	Hoy voy a un **restaurante** con mi tía.
antiguo/-a	alt	≠ moderno/-a
llamarse	heißen	¿Cómo **se llama** tu hermana?
el/la mejor + *sust.*	der/die/das beste + S.	Siempre tienes la **mejor** idea.
la pizzería	die Pizzeria	¿Cuál es la mejor **pizzería** del barrio?
turístico/-a	touristisch	España es un país muy **turístico**.
más de + *número*	mehr als + Zahl	Tengo **más de** 100 libros en casa.
el millón, los millones *pl.*	die Million	Un **millón** tiene seis ceros.
el/la turista	der Tourist, die Touristin	→ turístico/-a
el/la visitante	der Besucher, die Besucherin	→ visitar
el/la mayor + *sust.*	der/die größte, bedeutendste	→ grande
la atracción, las atracciones *pl.*	die Sehenswürdigkeit, Attraktion	La Alhambra es la mayor **atracción** de Granada.
el lagarto	die Echse	El **lagarto** vive en las Islas Canarias.
la ciudad de + *nombre*	Städtename	🇬🇧 the city of
África	Afrika	🇬🇧 Africa
el/la peor + *sust.*	der/die/das schlimmste, schlechteste + S.	≠ el/la mejor
caluroso/-a	heiß Wetter	→ hace calor
la temperatura	die Temperatur	🇬🇧 temperature
el grado	der Grad	Hoy hace 19 **grados** en Madrid.
a la sombra	im Schatten	Hace 45 grados **a la sombra**.
la sombra	der Schatten	En el desierto no hay **sombra**.
Europa	Europa	España está en **Europa**.
el desierto	die Wüste	🇬🇧 desert

Lista cronológica

para terminar	zum Abschluss	→ terminar
el dato	die Angabe, der Fakt	Necesito **datos** sobre tu país.
conocido/-a	bekannt	→ conocer
salvaje	wild *Tier, Natur*	

El Teide *höchster Berg auf der Insel Teneriffa*
Tenerife *eine der Kanarischen Inseln*
el río Ebro *längster Fluss in Spanien*
el río Asón *kürzester Fluss in Spanien*
Barcelona *Hauptstadt Kataloniens im Nordosten Spaniens*
La Rambla *berühmte Straße in Barcelona*
Andalucía *Region im Süden Spaniens*
Córdoba *Stadt in Andalusien, berühmt für ihre Innenhöfe*
Granada *Stadt in Andalusien, berühmt für die Alhambra*
La Alhambra *arabische Festung in Granada*
las Islas Canarias *Inselgruppe im Atlantik*
la Península Ibérica *südwestliche Halbinsel Europas, umfasst Andorra, Portugal und Spanien*
Ceuta y Melilla *spanische autonome Städte in Nordafrika*
el Desierto de Tabernas *Wüste in Andalusien*
la Isla de Lobos *kleinste der Kanarischen Inseln*

Barcelona

Unidad 3 | Vocabulario

Galicia	Galicien	*Region im Nordwesten Spaniens*
el corazón, los corazones *pl.*	das Herz	¿Puedes dibujar un **corazón**?
el carnaval	der Karneval, Fasching	El **carnaval** es mi fiesta favorita.
natural	natürlich, Natur- (+ S.)	→ **la naturaleza**
el paisaje	die Landschaft	Me encanta este **paisaje**.
la región, las regiones *pl.*	die Region, Gegend	🇬🇧 region
la imagen	das Bild	🇬🇧 image
en el primer plano	im Vordergrund	**En el primer plano** hay un coche.
el mar	das Meer	Me encanta el **mar**.
la roca	der Fels	🇬🇧 rock
a la izquierda	links	
la izquierda	die linke Seite	
el faro	der Leuchtturm	Este **faro** es muy alto.
el centro	die Mitte, das Zentrum	🇬🇧 centre
el edificio	das Gebäude	En la foto ves **edificios** típicos.
típico/-a	typisch	Ana es un nombre **típico** en España.

la torre	der Turm	Al fondo hay una **torre**.
la iglesia	die Kirche	En mi barrio, hay muchas **iglesias**.
el lago	der See	Hay un **lago** cerca de mi casa.
el bosque	der Wald	Me encanta ir al **bosque**.
a la derecha	rechts	
la derecha	die rechte Seite	
el campo	das Feld	Al lado del insti hay un **campo**.
el cielo	der Himmel	Me gusta mirar el **cielo**.
la nube	die Wolke	Hoy no hay **nubes** en el cielo.
al fondo	im Hintergrund	**Al fondo** ves el mar.
el fondo	der Hintergrund	¿Qué ves en **el fondo** de la foto?
el horizonte	der Horizonte	El **horizonte** está entre el mar y el cielo.

Palabrateca – El paisaje de mi región

la pradera – die Wiese   el mirador – die Aussichtsplattform

el castillo – das Schloss   el puente – die Brücke

Unidad 3 | Texto A

el motivo	der (Beweg-)Grund	🇬🇧 motive
amar algo / a alguien	etw./jdn lieben	= querer
¿a quién/quiénes?	wen?	¿**A quién** vas a llamar?
internacional	international	🇬🇧 international
¿para qué?	wofür?	¿**Para qué** usas tu móvil?
el bar	die Bar, das Café *in spanischen Bars kann man auch Kaffee trinken und etwas essen*	= café
gallego/-a	galicisch, aus Galicien	Me gusta la comida **gallega**.
¿en qué?	in welche/r, welchen?	¿**En qué** café podemos comer?
¿de qué?	wovon	¿**De qué** estáis hablando?
la capital	die Hauptstadt	🇬🇧 capital
el destino final	das Endziel	🇬🇧 final destination
el destino	das Ziel, *auch:* das Schicksal	🇬🇧 destination (*hier:* Ziel)
el/la peregrino/-a	der/die Pilger/-in	Los **peregrinos** llegan a Santiago.
histórico/-a	historisch	→ la historia
aunque	obwohl	**Aunque** llueve, salgo a pasear.
tan + *adj.* (como)	so + Adj. wie Komparativ	Eva es **tan alta como** Ana.

Lista cronológica

famoso/-a (por)	berühmt (für)	🇬🇧 famous
la comida	das Essen	→ comer
menos + *adj.* (que)	weniger + *Adj.* (als)	Este libro es **menos** largo que ese.
caro/-a	teuer	Este libro es muy **caro**.
gastar algo	ausgeben	En vacaciones **gasto** mucho dinero.
pedir algo (e → i)	etw. bestellen	¿**Pedimos** dos bocadillos y dos zumos?
la empanada	die Teigtasche	En Galicia puedes probar **empanadas** gallegas.
la cultura	die Kultur	🇬🇧 culture
celta *inv.*	keltisch	
estar presente (en algo)	gegenwärtig sein	La cultura celta **está presente** aquí.
la gaita	der Dudelsack	La **gaita** es nuestro instrumento típico.
la tradición, las tradiciones *pl.*	die Tradition	→ tradicional
Escocia	Schottland	Sam es de **Escocia**. 🇬🇧 Scotland
conocer algo / a alguien (c → z)	etw./jdn kennen, *auch:* etw./jdn kennenlernen	¿**Conoces** la empanada gallega?
sin	ohne	≠ con
el instrumento	das Instrument	¿Tocas un **instrumento**?
estar a solo + *tiempo* de + *lugar*	nur + *Zeit* von + *Ort* entfernt sein	**Estoy a solo** cinco minutos de casa.
más + *adj.* (que)	*Komparativ*	Soy **más grande que** tú.
hacer surf	surfen	🇬🇧 to surf
el gallego	Galicisch *Sprache*	En mi casa hablamos siempre **gallego**.
la palabra	das Wort	Ya conozco diez **palabras** en gallego.
la lluvia	der Regen	→ llover
el arte	die Kunst	🇬🇧 art
mágico/-a	magisch	🇬🇧 magic, magical
como	da, weil	**Como** estoy cansada, voy a la cama.
❗ el paraguas	der Regenschirm	Tengo un **paraguas** rojo.

Unidad 3 | Texto B

el misterio	das Geheimnis, Rätsel	🇬🇧 mystery
otro/-a	ein anderer/-s, eine andere, noch ein/e, noch eins	Hoy vienen **otros** peregrinos.

la vez, las veces *pl.*	das Mal	¡Qué pereza! Llueve otra **vez**.
la parte	der Teil	🇬🇧 part
al principio	am Anfang	≠ al final
el principio	der Anfang	≠ el final
el/la adulto/-a	der/die Erwachsene	🇬🇧 adult
la cara	das Gesicht	Tienes algo en la **cara**.
enseguida	sofort	Lili **enseguida** lee el mensaje.
la yincana	die Schnitzeljagd	Vamos a hacer una **yincana**.
invitar a alguien	jdn einladen	→ la invitación
durante	während	Como **durante** la película.
caminar	gehen, wandern	→ el camino
recibir algo	etw. bekommen, erhalten	🇬🇧 to receive
el acertijo	das Rätsel	Este **acertijo** es muy difícil.
resolver algo (o → ue)	etw. lösen *Rätsel*	No puedo resolver este acertijo.
preguntar	fragen	→ la pregunta
el monumento	die Sehenswürdigkeit, das Denkmal	Este es mi **monumento** favorito.
el camino	der Weg	→ caminar
pasar *tiempo*	vergehen Zeit	**Pasa** mucho tiempo.
duro/-a	hart, schwer, schwierig	El examen es muy **duro**.
el sobre	der (Brief-)Umschlag	Lili e Ismael reciben otro **sobre**.
la carta	der Brief	Pau recibe una **carta** de Lili.
en voz alta/baja	laut/leise, mit lauter/leiser Stimme	Nora lee la carta **en voz baja**.
la voz, las voces *pl.*	die Stimme	🇬🇧 voice
esperar (a alguien)	(auf jdn) warten	Pau **espera a** Lili en el parque.
la catedral	die Kathedrale	🇬🇧 cathedral
de noche	nachts	→ la noche
finalmente	endlich, schließlich	🇬🇧 finally
misterioso/-a	geheimnisvoll	→ el misterio
ahí	da, dort	≠ aquí

el Camino de Santiago *Jakobsweg, Pilgerweg von Mitteleuropa bis Santiago de Compostela*
la Semana Santa *die Karwoche, Ostern*
Puerta Santa *Heilige Pforte in die Kathedrale in Santiago de Compostela*
Plaza de la Quintana *Platz an der Kathedrale in Santiago de Compostela*

Módulo 3

hay que + *inf.*	man muss + *Inf.*	**Hay que** comprar leche.
lista de la compra	die Einkaufsliste, der Einkaufszettel	→ **comprar**
el alimento	das Lebensmittel	Mi **alimento** favorito es el queso.
el gramo (g)	das Gramm	200 **gramos** de queso, por favor.
la mantequilla	die Butter	Necesitamos 250 g de **mantequilla**.
el litro	der Liter	🇬🇧 litre
la leche	die Milch	−¿Te gusta la **leche**?
el queso	der Käse	−¿No, pero me encanta el **queso**.
el huevo	das Ei	Hay que comprar seis **huevos**.
ecológico/-a	Bio-(+S.)	Mis padres compran huevos **ecológicos**.
la barra	der Laib Brot	Necesitamos una **barra** de pan.
el pan	das Brot	Me encanta el **pan** con aceite.
el paquete	die Packung	¿Cuántos **paquetes** de arroz compro?
el arroz	der Reis	Me gusta comer **arroz** con verduras.
el jamón	der Schinken	¿Te gusta el **jamón**?
la botella	die Flasche	🇬🇧 bottle
el aceite	das Öl	Necesitamos **aceite** para cocinar.
la lata	die Dose	¿Puedes comprar dos **latas** de atún?
el atún	der Thunfisch	🇬🇧 tuna
la verdura	das Gemüse	Es importante comer **verdura**.
el kilo	das Kilo	Mil gramos son un **kilo**.
la patata	die Kartoffel	🇬🇧 potato
la cebolla	die Zwiebel	Un kilo de **cebolla**, por favor.
la lechuga	der Salat(kopf)	Me gusta comer **lechuga**.
la frutería	das Obstgeschäft, der Obststand	→ **la fruta**
la vendedora	die Verkäuferin	La **vendedora** es simpática.
¿Qué os pongo?	Was darf's sein?	−¿**Qué os pongo?** −Un kilo de naranjas, por favor.
medio/-a	halbe/r, halbes	**Medio** kilo de manzanas, por favor.

medio/-a steht nie mit dem unbestimmten Artikel:
medio kilo de manzanas – **ein halbes** Kilo Äpfel

el tomate	die Tomate	🇬🇧 tomato

¿Algo más?	Noch etwas?	Aquí tiene el jamón, ¿**algo más**?
la **manzana**	der Apfel	Me encantan las **manzanas**.
la **naranja**	die Orange	Me gusta el zumo de **naranja**.
el **plátano**	die Banane	A Lili le encantan los **plátanos**.
Eso es todo.	Das ist alles. *Einkaufen*	
¿Cuánto es?	Wie viel kostet das?	
el **euro**	der Euro	
el **céntimo**	der Cent	
Muchas gracias.	Vielen Dank.	

Palabrateca – ¿Qué hay que comprar?

las setas
die Pilze

el pescado
der Fisch

la carne
das Fleisch

el yogur
der Joghurt

los embutidos
die Wurst

las fresas
die Erdbeeren

el chocolate
die Schokolade

la mermelada
die Marmelade

Unidad 4 | Vocabulario

el **derecho**	das Recht	¿Cuáles son tus **derechos**?
el **deber**	die Pflicht	¿Tienes muchos **deberes** en casa?
poner el lavavajillas	den Geschirrspüler einschalten/ einräumen	Javi, ¿**pones el lavavajillas**, porfa?
poner algo	etw. setzen, stellen, legen	Leo **pone** su libro en la mesa.
el **lavavajillas**	der Geschirrspüler	Tenemos que comprar otro **lavavajillas**.
recoger el lavavajillas	den Geschirrspüler ausräumen	≠ poner el lavavajillas
recoger	ausräumen, abräumen	¿Puedes **recoger** la ropa, porfa?
lavar los platos	abwaschen	No tengo ganas de **lavar los platos**.
lavar algo	etw. waschen	Hay que **lavar** tu camiseta.
el **plato**	der Teller	🇬🇧 plate
el **jardín**, los jardines *pl.*	der Garten	Me gusta trabajar en el **jardín**.
tender (e → ie)	etw. aufhängen *Wäsche*	Prefiero **tender** la ropa.
poner la mesa	den Tisch decken	Siempre tengo que **poner la mesa**...
el **desayuno**	das Frühstück	→ desayunar

Lista cronológica

la comida	*hier*: das Mittagessen	→ **comer**
la cena	das Abendessen	→ **cenar**
pasar la aspiradora	staubsaugen	**Paso la aspiradora** cada sábado.
la aspiradora	der Staubsauger	Papá, ¿dónde está la **aspiradora**?
cuidar de alguien	auf jdn aufpassen, für jdn sorgen	A veces **cuido de** mi prima.
significar algo	etw. bedeuten	¿Qué **significa** esta palabra?
el espacio	der Raum, *hier*: die Privatsphäre	🇬🇧 space
la paga	*hier*: das Taschengeld	¿Tú recibes una **paga** cada mes?
ser escuchado/-a	(an-)gehört werden	→ **escuchar**
la toma de decisiones	die Entscheidungsfindung	La **toma de decisiones** es cosa de todos.
la decisión, las decisiones *pl.*	die Entscheidung	🇬🇧 decision
el ocio online	die Medienzeit, die Freizeit im Internet	Tengo derecho al **ocio online**.
el apoyo	die Unterstützung, Hilfe	Recibo mucho **apoyo** de mis padres.
sentirse (e → ie)	sich fühlen	Hoy no **me siento** bien.
seguro/-a	sicher	🇬🇧 secure

Palabrateca – Deberes en casa
planchar – bügeln
poner la lavadora – Wäsche waschen
limpiar las ventanas – Fenster putzen
llevar al perro al veterinario – den Hund zum Tierarzt bringen

Unidad 4 | Texto A

adoptar a alguien	jdn adoptieren	🇬🇧 to adopt
el inicio	der Anfang, *hier*: die Startseite	No me gusta el **inicio** del libro.
la adopción, las adopciones *pl.*	die Adoption	→ **adoptar**
la noticia	die Nachricht	Es una **noticia** muy interesante.
el contacto	der Kontakt	🇬🇧 contact
pensar en + *inf.*	darüber nachdenken zu + *Inf.*	**Pienso en** adoptar un gato.
decidir	entscheiden	→ **la decisión**
fantástico/-a	fantastisch, toll	🇬🇧 fantastic
regalar algo a alguien	jdm etw. schenken	→ **el regalo**
la responsabilidad	die Verantwortung	🇬🇧 responsibility
dar algo a alguien	jdm etw. geben	¿Puedes **dar** esta revista **a** tu madre?

el consejo	der Rat	Gracias por tu **consejo**.
el hámster, los hámsteres *pl.*	der Hamster	🇬🇧 hamster
la jaula	der Käfig	Mi hámster tiene una **jaula** grande.
la tortuga	die Schildkröte	🇬🇧 turtle
la necesidad	die Notwendigkeit, der Bedarf	→ **necesitar**
diario/-a	täglich	→ **el día**
el pez, los peces *pl.*	der Fisch	**pez** *wird für lebendige Fische verwendet*
la atención	die Aufmerksamkeit	🇬🇧 attention
la comida	*hier:* das Futter	→ **comer**
la pecera	das Aquarium	→ **el pez**
activo/-a	aktiv	🇬🇧 active
seguir a alguien (e → i)	jdm folgen, jdn verfolgen	El gato Mango **sigue** a Álex al salón.
a cada paso	auf Schritt und Tritt	Mi perro **me sigue** a cada paso.
el paso	der Schritt	→ **el paso de hiphop**
el entrenamiento	das Training	Tu perro necesita **entrenamiento**.
el estilo	der Stil	Me gusta tu **estilo** de vida.
la opción, las opciones *pl.*	die Option, Wahl	🇬🇧 option
independiente	unabhängig	🇬🇧 independent
el cariño	die Liebe, Zuneigung	Mi perro me da mucho **cariño**.
el terrario	das Terrarium	A mi tortuga le encanta su **terrario**.
el/la veterinario/-a	der Tierarzt, die Tierärztin	La **veterinaria** es muy simpática.
costar (o → ue)	kosten	¿Cuánto **cuesta** ir al veterinario?
el juguete	das Spielzeug	→ **jugar**
la galletita	der (Hunde-)Keks	A mi perro le gustan las **galletitas**.
el punto	der Punkt	Mi presentación tiene cinco **puntos**.
el refugio de animales	das Tierheim	Trabajo en un **refugio de animales**.
repartir algo	etw. (ver-)teilen	¿Cómo **repartís** las tareas del hogar?
mandar algo (a alguien)	(jdm) etw. schicken	¿Me puedes **mandar** la información?
contestar	antworten	≠ preguntar
gracias por...	danke für ...	**Gracias por** el regalo.
mucho	sehr, viel	Me ayudas **mucho**, gracias.
convencer a alguien (c → z)	jdn überzeugen	No **me convence** tu idea.

Palabrateca – Adopta a un amigo

el ratón – die Maus
la rata – die Ratte

la serpiente – die Schlange
el pájaro – der Vogel

Unidad 4 | Texto B

el/la + *sust.* **mayor**	*hier:* der/die ältere + S.	Eva es mi hermana **mayor**.
estudiar	studieren	🇬🇧 to study
desde hace	seit + *Zeitspanne*	Vivo en Madrid **desde hace** un año.
echar de menos a alguien	jdn vermissen	**Echo de menos** a mis abuelos.
(no...) nadie	niemand	Hoy **no** hay **nadie** en mi casa.
... la verdad...	eigentlich, um ehrlich zu sein	**La verdad**... no me gusta el queso.
la verdad	die Wahrheit	¿Por qué no me dices la **verdad**?
venir (e → ie)	kommen	**Vengo** a las tres, ¿vale?
estar solo/-a	allein	No me gusta **estar sola** en casa.
si	ob	Inés pregunta **si** queremos ir al cine.
normal	normal	🇬🇧 normal
molestar a alguien	jdn stören	**Me molesta** esta pregunta.
contigo	mit dir	Tarek, ¿puedo ir **contigo** al cine?
estar triste	traurig	¿Por qué **estás triste**?
(no...) nada	nichts	≠ todo
(no...) nunca	nie	≠ siempre
preocuparse por alguien	sich um jdn Sorgen machen	Papá **se preocupa** por ti.
creer algo	etw. glauben	**Creo** que va a llover mañana.
(no...) ni	nicht einmal	**No** tengo **ni** un céntimo.
saber algo	etw. wissen	No **lo sé**, lo siento.
dejar a alguien en paz	jdn in Ruhe lassen	¡**Déjame en paz**, por favor!
la paz	der Frieden	🇬🇧 peace
decir algo	etw. sagen	Mamá **dice que** hoy comemos pizza.
jugar a videojuegos	Videospiele spielen	Por la tarde **juego a videojuegos**.
usar algo	etw. benutzen	🇬🇧 to use
¿Te parece?	Einverstanden?	Vamos al cine, ¿**te parece**?
estar tranquilo/-a	ruhig, unbesorgt	**Tranquilo**, te voy a ayudar.

Módulo 4

el equipo	die Mannschaft	El fútbol es un deporte de **equipo**.
la estación, las estaciones *pl.*	der Bahnhof	🇬🇧 station
subir algo	*hier:* hinaufgehen	Pau **sube** la escalera muy rápido.
la escalera	die Treppe	En mi casa no hay **escaleras**.

el centro deportivo	das Sportzentrum	¿Quedamos en el **centro deportivo**?
de repente	plötzlich	**De repente**, llueve.
quedarse sin batería	einen leeren Akku haben	Mi móvil **se queda sin batería**.
la batería	der Akku	battery
inmenso/-a	sehr groß, riesig	La estación es inmensa.
el GPS	das Navi	GPS
todo recto	geradeaus	Sigue **todo recto** hasta el semáforo.
recto/-a	gerade	Esta calle es **recta** y larga.
¿Perdón?	Entschuldigung?	**¿Perdón?** Tengo una pregunta.
enseñar algo a alguien	jdm etw. zeigen	¿**Me enseñas** el camino?
el/la señor/a	der Herr, die Frau	Pregunta a la **señora** rubia.
el metro	der Meter	Mil **metros** son un kilómetro.
la salida	der Ausgang	No veo la **salida** de la estación.
cruzar algo	etw. überqueren	Tienes que **cruzar** la calle.
la avenida	die Allee	avenue
tener cuidado	vorsichtig sein	¡**Ten cuidado** en la calle!
el cuidado	die Vorsicht	Con él hay que tener mucho **cuidado**.
el semáforo	die Ampel	Te espero en el **semáforo**, ¿vale?
el tráfico	der Verkehr	traffic
girar	abbiegen	**Gira** a la derecha en 500 metros.
de nada	bitte sehr, gern geschehen	—¡Gracias! —**De nada**.
el mapa	der Stadtplan, die (Land-)Karte	map

Palabrateca – ¿Cómo llego al parque?
la esquina – die Straßenecke
el paso de cebra – der Zebrastreifen

el cruce – die Kreuzung
la rotonda – der Kreisverkehr

Unidad 5 | Vocabulario

Argentina	Argentinien	
la tierra	die Erde, *hier:* das Land	= el país
el contraste	der Kontrast, der Gegensatz	contrast
el nombre	der Name	Hola, mi **nombre** es Luisa.
oficial	offiziell	official
la república	die Republik	republic
el gentilicio	die Einwohnerbezeichnung	El **gentilicio** de España es español/a.

Lista cronológica

argentino/-a	argentinisch	→ **Argentina**
limitar con algo	an etw. grenzen	Argentina **limita con** Chile.
la lengua	die Sprache	= el idioma
el número	die (An-)Zahl	🇬🇧 number
el/la habitante	der/die Einwohner/-in	Un **habitante** es alguien que vive en un país.
la superficie	die Oberfläche	Argentina tiene una **superficie** inmensa.
el kilómetro cuadrado (km²)	der Quadratkilometer	🇬🇧 square kilometre
la moneda	die Währung	El euro es la **moneda** de Europa.
el peso	der Peso	–¿Cuánto es? –Son cien **pesos**.
la bandera	die Flagge, die Fahne	¿De qué color es la **bandera** de Argentina?
el plato	*hier:* das Gericht	¿Cuál es tu **plato** favorito?
la fiesta nacional	der Nationalfeiertag	¿Cuándo es la **fiesta nacional** de tu país?
nacional	national	🇬🇧 national
el norte	der Norden	
el sur	der Süden	
el este	der Osten	
el oeste	der Westen	

Argentina *Land im Süden Südamerikas, Hauptstadt: Buenos Aires*
Chile *Land im Südwesten Südamerikas, Hauptstadt: Santiago de Chile*
Bolivia *Land im Westen Südamerikas, Hauptstadt: Sucre*
Paraguay *Land in Südamerika, Hauptstadt: Asunción*
Uruguay *Land in Südamerika, Hauptstadt: Montevideo*
Brasil *Land in Südamerika, Hauptstadt: Brasilia, Landessprache: Portugiesisch*
alfajores *Gebäck mit Dulce de leche*
empanadas *mit Fleisch, Käse oder Gemüse gefüllte Teigtaschen*

empanadas argentinas

Unidad 5 | Texto A

el detalle	das Detail	Hay muchos **detalles** en la imagen.
el/la argentino/-a	der/die Argentinier/-in	→ **Argentina**
celebrar algo	etw. feiern	🇬🇧 to celebrate
la fundación	die Gründung	🇬🇧 foundation
el siglo	das Jahrhundert	Un **siglo** son cien años.

realmente	wirklich, tatsächlich	¿Qué pasó **realmente**?
formar algo	etw. bilden, formen	🇬🇧 to form
el gobierno	die Regierung	Tenemos un nuevo **gobierno**.
el/la conquistador/a	der/die Erober/-in	Los **conquistadores** llegaron a Argentina.
el/la mismo/-a + *sust*.	der/die gleiche + S., derselbe/dieselbe + S.	→ lo mismo
el hombre	der Mann	Mi padre es un **hombre** simpático.
fundar algo	etw. gründen	→ la fundación
el puerto	der Hafen	🇬🇧 port
convertirse en algo (e → ie)	zu etw. werden	El **pueblo** se convirtió en una ciudad.
comenzar (e → ie)	beginnen	= empezar
el proceso	der Prozess	🇬🇧 process
la independencia	die Unabhängigkeit	🇬🇧 independence
desde entonces	seitdem	**Desde entonces**, vivimos aquí.
la literatura	die Literatur	🇬🇧 literature
publicar algo	etw. veröffentlichen	🇬🇧 to publish
la llegada	die Ankunft	→ llegar
el/la extraterrestre	der/die Außerirdische	🇬🇧 extraterrestrial
la obra	das Werk	El Eternauta es una **obra** famosa.
la ciencia ficción	Science-Fiction	Me encanta la **ciencia ficción**.
relatar algo	etw. erzählen, berichten	= contar algo
la historia	die Geschichte	Me interesa la **historia** de Argentina.
proponer algo	etw. vorschlagen, *hier:* erklären, darlegen	¿Qué plan **propones** para mañana?
el futuro	die Zukunft	🇬🇧 future
posible	möglich	≠ imposible
el/la artista	der/die Künstler/-in	→ el arte
adaptar algo en algo	etw. in etw. umgestalten	¿Cómo podemos **adaptar** este libro?
la película de animación	der Animationsfilm	¿Cuál es tu **película de animación** favorita?
la selección	die Mannschaft	= el equipo
la Copa del Mundo	die Weltmeisterschaft	🇬🇧 World Cup
la ocasión, las ocasiones *pl*.	der Anlass, die Gelegenheit	🇬🇧 occasion
continuar algo	fortsetzen	🇬🇧 to continue
la leyenda	die Legende	Me gustan las **leyendas**.

Lista cronológica

el/la compañero/-a	*hier:* der/die Mitspieler/-in	Mis **compañeras** son las mejores.
levantar algo	hochheben	¡Ayúdame a **levantar** la estantería!
el **trofeo**	die Trophäe, der Pokal	🇬🇧 trophy
el/la **campeón/a del mundo**	der/die Weltmeister/-in	🇬🇧 World Champion
la **ciencia**	die Wissenschaft	🇬🇧 science
varios/-as *pl.*	einige, mehrere	🇬🇧 various
el/la **científico/-a**	der/die Wissenschaftler/-in	→ la ciencia
descubrir algo	etw. entdecken	🇬🇧 to discover
los **restos**	die (Über-)Reste	Descubrieron **restos** de un castillo.
la **especie**	die Art, die Spezies	🇬🇧 species
el **dinosaurio**	der Dinosaurier	¿Cuál es tu **dinosaurio** favorito?
desconocido/-a	unbekannt	→ conocer

El Día de la Patria *Nationalfeiertag Argentiniens am 25. Mai*
Buenos Aires *Hauptstadt Argentiniens*
Río de la Plata *Fluss in Argentinien und Uruguay*
Lionel Messi *argentinischer Fußballspieler*
Patagonia *Gebiet im Süden Argentiniens und Chiles*

Lionel Messi

Unidad 5 | Texto B

hace + *tiempo*	vor + *Zeit*	Te llamé **hace** dos horas…
el/la **último/-a** + *sust.*	der/die letzte + S.	¿Cuál fue tu **último** viaje?
anteayer	vorgestern	**Anteayer** fui al cine con mi padre.
directamente	direkt	🇬🇧 directly
el **avión**	das Flugzeug	No me gusta viajar en **avión**.
ayer	gestern	¿Qué comiste **ayer**?
el **viaje**	die Reise	→ viajar
la **catarata**	der Wasserfall	¿Hay **cataratas** en tu región?
impresionante	beeindruckend	¡El paisaje es **impresionante**!
pasado/-a	vergangen, letzte/-r, letztes	¿Qué hiciste el verano **pasado**?
la **provincia**	die Provinz	¿Cuántas **provincias** tiene tu país?
un **montón**	eine Menge	Saqué **un montón** de fotos chulas.
chulo/-a *fam.*	cool, toll	Tu mochila es muy **chula**.
anoche	gestern Abend/Nacht	Fuimos a un concierto **anoche**.
el **colectivo** *arg.*	der Bus	= el autobús
amable	nett, freundlich	= simpático

conmigo	mit mir	¿Quieres ir al cine **conmigo**?
el ambiente	die Stimmung	¿Qué tal el **ambiente** en Iguazú?
estar bueno/-a	lecker, köstlich	Tus empanadas están muy **buenas**.
relindo/-a *arg.*	sehr schön	= bonito/-a
acostumbrarse a algo	sich an etw. gewöhnen	Tengo que **acostumbrarme** al tiempo.
vos *arg.*	du	**Vos** wird neben Argentinien auch u. a. in Costa Rica und Guatemala verwendet.
ustedes	ihr (2. Pers. Pl)	¿**Ustedes** ya comieron?
la parada	die Haltestelle, Station	= la estación
el fin	das Ende	→ **finalmente**
doler (o → ue)	schmerzen, weh tun	Me **duelen** los ojos.
el pie	der Fuß	Me duelen los **pies**.
el otro día	neulich	→ el **día**
llevar a alguien	*hier:* jdn an einen Ort bringen	Mi tía me **llevó** al insti en coche.
el estadio	das Stadion	🇬🇧 stadium
el tango	der Tango	¿Sabes bailar **tango**?
la librería	die Buchhandlung	→ el **libro**
simplemente	einfach	¡Eres **simplemente** fantástica!
el pingüino	der Pinguin	El **pingüino** es mi animal favorito.

Módulo 5

joven, jóvenes pl.	jung	→ los **jóvenes**
a partir de algo	seit, ab, von ... an	Puedes venir **a partir de** las tres.
la mitad	die Hälfte	Ya estamos a **mitad** del año.
los años 90	die 90er Jahre	Los **años 90** van de 1990 a 1999.
cada vez más	immer mehr	**Cada vez más** gente viaja en tren.
la conexión, las conexiones *pl.*	die Verbindung	La **conexión** es muy mala.
lento/-a	langsam	Tu ordenador es muy **lento**...
tardar	dauern	→ **tarde**
conectarse	sich verbinden	→ **la conexión**
el sonido	das Geräusch, der Ton	🇬🇧 sound
hacer llamadas	anrufen	→ **llamar**
la llamada	der Anruf	Espero tu **llamada** a las dos.
en aquella época	damals	**En aquella época** iba mucho al teatro.

pagar	(be-)zahlen	→ **la paga**
útil	nützlich, hilfreich	Esta información es muy **útil**.
la abreviación, las abreviaciones pl.	die Abkürzung	🇬🇧 abbreviation
el saludo	der Gruß	→ **saludar**
❗ *la radio*	das Radio	🇬🇧 radio
el ruido	das Geräusch	= el sonido
raro/-a	seltsam, komisch	La nevera hace un ruido **raro**.
acordar algo (o → ue)	etw. vereinbaren	Tenemos que **acordar** la hora para quedar.
exacto/-a	genau, exakt	🇬🇧 exact
imaginarse algo	sich etw. vorstellen	🇬🇧 to imagine
el teléfono fijo	das Festnetz(-Telefon)	¿Tu familia tiene **un teléfono fijo**?
contestar	*hier:* ans Telefon gehen	Nunca **contestas** cuando te llamo…
la cámara	die Kamera	🇬🇧 camera
el selfi	das Selfie	¿Sacamos un **selfi**?
existir	existieren	🇬🇧 to exist
el/la adolescente	der/die Jugendliche	≠ adulto/-a

Módulo 6

dar la bienvenida	empfangen, willkommen heißen	**Damos la bienvenida** al verano.
por todo lo alto	groß, prächtig	Celebramos **por todo lo alto**.
la sardina	die Sardine	No me gustan las **sardinas**.
las verbenas	das Fest	Las **verbenas** son fiestas con baile.
la hoguera	Lagerfeuer	Me encanta cantar en **hogueras**.
cumplir con algo	etw. erfüllen	Hay que **cumplir con** la tradición.
bañarse	baden (gehen)	= nadar
quemar algo	etw. verbrennen	→ **el fuego**
el pensamiento	der Gedanke	→ **pensar**
negativo/-a	negativ	🇬🇧 negative
pedir deseos	sich etw. wünschen	¡**Pide un deseo**!
el deseo	der Wunsch	Tienes tres **deseos**.
saltar las hogueras	*hier:* über das *San Juan* Feuer springen	Me gusta **saltar las hogueras**.
el miedo	die Angst	No tengo **miedo** saltar las hogueras.

el fuego	das Feuer	→ **la hoguera**
los fuegos artificiales	das Feuerwek	Hay **fuegos artificiales** en el cielo.
la alegría	die Freude	¡Qué **alegría**! Hoy es mi cumple.
las hierbas	die Kräuter	herbs
la bruja	die Hexe	Me gustan las películas de **brujas**.
estar contento/-a	zufrieden sein	**Estoy contento** con mi día.

San Juan *Fest zu Beginn des Sommers, in der Nacht vom 23. Juni*
La Coruña *Hafenstadt an der Nordwestküste Galiciens*
Playa de Riazor *Strand in La Coruña, an dem das Fest Hogueras de San Juan gefeiert wird*

Playa de Riazor

Lista alfabética

Hier findest du alle Wörter, die du in ¡Apúntate! 1 und 2 gelernt hast. Die Angabe hinter dem Pfeil ▶ verweist auf die *Unidad*, in der die Vokabel zum ersten Mal vorkommt: U4/A = Unidad 4 / Texto A und M5 = Módulo 5.

A

a zu, nach, an; **~ cada paso** auf Schritt und Tritt (wört. bei jedem Schritt) ▶U4/A; **~ ellos/ellas les gusta/n** ihnen gefällt/gefallen ▶U1/A; **~ la hora de algo** beim, zum Zeitpunkt von etw. ▶U2/B; **~ la una** um eins/dreizehn Uhr; **~ la vez** auf einmal, gleichzeitig ▶U2/B; **~ las** +*hora* um + Uhrzeit; **~ nosotros/-as nos gusta/n** uns gefällt/gefallen ▶U1/A; **~ partir de** seit, ab, von … an ▶M5; **¿~ qué hora…?** Um wieviel Uhr?, Wann?; **~ ti** dir; **~ tiempo** rechtzeitig U2/B; **~ veces** manchmal; manchmal; **~ ver** mal sehen; **~ vosotros/-as os gusta/n** euch gefällt/gefallen ▶U1/A
¡A disfrutar! Viel Spaß! ▶U1/Voc
a mí mir; **~ no** mir nicht; **~ sí** mir schon; **~ tampoco** mir auch nicht
abierto/-a offen ▶U2/B
el **abrazo** die Umarmung
la *abreviación die Abkürzung* ▶M5
el **abrigo** der Mantel ▶M1
abril April
abrir algo etw. öffnen
la **abuela** die Großmutter, Oma
el **abuelo** der Großvater, Opa
los **abuelos** die Großeltern
aburrido/-a langweilig
el **acceso** der Zugang ▶M2
el **aceite** das Öl ▶M3
el **acertijo** das Rätsel ▶U3/B
acordar algo etw. vereinbaren ▶M5
acostarse sich hinlegen, ins Bett gehen, schlafen gehen ▶U2/B
acostumbrarse a algo sich an etw. gewöhnen ▶U5/B
la **actividad** die Aktivität; la **~ extraescolar** die außerschulische Aktivität ▶U2/Voc

activo/-a aktiv ▶U4/A
adaptar algo en algo etw. in etw. umgestalten ▶U5/A
además außerdem
¡Adiós! Tschüss
el/la **adolescente** der/die Jugendliche ▶M5
¿adónde? wohin?
la **adopción** die Adoption ▶U4/A
adoptar a alguien jdn adoptieren ▶U4/A
el/la **adulto/-a** der/die Erwachsene ▶U3/B
la **agenda** der Terminkalender
agosto August
el **agua** *f.* das Wasser
ahí da, dort ▶U3/B
ahora jetzt
al final schließlich
al lado de neben
al mediodía mittags ▶U1/B
al mismo tiempo gleichzeitig ▶U1/A
la **alegría** die Freude ▶M6
Alemán Deutsch *Schulfach*
el **alfabeto** das Alphabet
la **alfombra** der Teppich
algo etwas
¿Algo más? Noch etwas? ▶M3
alguien jemand ▶U2/B
el **alimento** das Lebensmittel ▶M3
allí dort
el **altavoz** der Lautsprecher
alto/-a groß *Menschen*; hoch *Berg, Gebäude …* ▶M2
el/la **alumno/-a** der/die Schüler/-in
amable nett, freundlich ▶U5/B
amar algo / a alguien etw./ jdn lieben ▶U3/A
amarillo/-a gelb ▶M1
el **ambiente** die Stimmung U5/B
el/la **amigo/-a** der/die Freund/-in
el **animal** das Tier

el **año** das Jahr; **el ~ (escolar)** das (Schul-)Jahr
los ~s 90 *die 90er Jahre* ▶M5
anoche gestern Abend/Nacht ▶U5/B
anteayer vorgestern ▶U5/B
antes (de + *sust.*) vorher, vor dem/der + S. ▶U2/B; **~ de** + *inf.* bevor ▶U2/B
antiguo/-a alt ▶M2
el **aparato de dientes** die Zahnspange
el **apoyo** die Unterstützung, die Hilfe ▶U4/Voc
aprender algo etw. lernen
¡Apúntate! Mach mit!
los **apuntes** die Notizen ▶U2/B
aquí hier
el **árbol** der Baum ▶U1/B
argentino/-a argentinisch ▶U5/Voc; el/la **~** der/die Argentinier/-in ▶U5/A
el **armario** der Schrank
el **arroz** der Reis ▶M3
el **arte** die Kunst ▶U3/A; **las ~s plásticas** der Kunstunterricht ▶U2/Voc
el **artículo** der Artikel ▶U2/A
el/la **artista** der/die Künstler/-in ▶U5/A
así so ▶U1/A; **~ que** daher, sodass ▶M1
la **asignatura** das Schulfach ▶U2/A
la **aspiradora** der Staubsauger ▶U4/Voc
la **atención** die Aufmerksamkeit ▶U4/A
el **atletismo** Leichtathletik ▶U2/Voc
la **atracción** die Sehenswürdigkeit, die Attraktion ▶M2
el **atún** der Thunfisch ▶M3
el **aula** *f.* das Klassenzimmer; **el ~ de Informática** der Informatikraum; **el ~ de Música** der Musikraum
aunque obwohl ▶U3/A
el **autobús** (= **bus** *fam.*) der Bus ▶U1/Voc

186 ciento ochenta y seis

el **avatar** der Avatar
la **avenida** die Allee ▶M4
el **avión** das Flugzeug ▶U5/B
ayer gestern ▶U5/B
ayudar (a alguien a + *inf.*) (jdm bei etw.) helfen ▶U1/A
azul blau *Farbe*

B

bailar tanzen
el **baile** der Tanz
bajo/-a klein *Menschen*
el **baloncesto** Basketball ▶U2/Voc
el **balonmano** Handball ▶U2/Voc
bañarse baden (gehen) ▶M6
la **banda** die Band ▶U2/A
la **bandera** die Flagge, die Fahne ▶U5/Voc
el **baño** das Bad, die Toilette; Badezimmer
el **bar** die Bar, das Café ▶U3/A
la **barra** der Laib *Brot* ▶M3
el **barrio** das Stadtviertel
bastante ziemlich
la **basura** der Abfall, Müll
la **batería** der Akku ▶M4
beber algo etw. trinken
el **beso** der Kuss, das Küsschen
la **biblioteca** die Bibliothek
la **bicicleta (= la bici** *fam.***)** das Fahrrad ▶U1/Voc; **la ~ de montaña** das Mountainbike ▶U1/Voc
bien gut
blanco/-a weiß *Farbe* ▶M1
el **bocadillo** das belegte Brötchen
el **bolígrafo (= el boli** *fam.***)** der Kugelschreiber
bonito/-a hübsch
el **bosque** der Wald ▶U3/Voc
las **botas** die Stiefel ▶M1
la **botella** die Flasche ▶M3
la **bruja** *die Hexe* ▶M6
bueno/-a gut ▶U1/B; **~ (estar)** lecker, köstlich ▶U5/B
Bueno… Naja, … / Also …
Buenos días Guten Tag.
la **bufanda** der Schal
buscar algo / a alguien etw./ jdn suchen

el **buzón** der Briefkasten

C

el **caballo** das Pferd ▶U1/Voc
cabezota stur, dickköpfig
cada jede/-r/-s ▶U2/B; **~ día** jeden Tag, täglich ▶U2/B; *~ vez más* immer mehr ▶M5
el **café** das Café, die Cafeteria
la **calle** die Straße
la **calma** die Ruhe ▶U2/B
caluroso/-a heiß *Wetter* ▶M2
la **cama** das Bett
la **cámara** *die Kamera* ▶M5
cambiar de idea seine Meinung ändern
caminar gehen, wandern ▶U3/B
el **camino** der Weg ▶U3/B
la **camisa** das Hemd ▶M1
la **camiseta** das T-Shirt ▶M1
el **campamento** das Ferienlager
el/la **campeón/a del mundo** der/die Weltmeister/-in ▶U5/A
el **campo** das Feld ▶U3/Voc
cansado/-a (estar) müde sein ▶U2/A
la **capital** die Hauptstadt ▶U3/A
la **cara** das Gesicht ▶U3/B
el **cariño** die Liebe, die Zuneigung ▶U4/A
el **carnaval** der Karneval, der Fasching ▶U3/Voc
caro/-a teuer ▶U3/A
la **carta** der Brief ▶U3/B
las **cartas** die Karten ▶U1/B
la **casa** das Haus, das Zuhause
la **caseta** der Stand, die Bude
casi fast
castaño/-a braun *Haarfarbe*
el **castillo** das Schloss
la **catarata** der Wasserfall ▶U5/B
la **catedral** die Kathedrale ▶U3/B
la **cebolla** die Zwiebel ▶M3
celebrar algo etw. feiern U5/A
celta *inv.* keltisch ▶U3/A
la **cena** das Abendessen ▶U4/Voc
cenar zu Abend essen ▶U2/B
el **céntimo** der Cent ▶M3

el **centro** die Mitte, das Zentrum ▶U3/Voc; **el ~ comercial** das Einkaufszentrum; **el ~ deportivo** das Sportzentrum ▶M4; **el ~ juvenil** der Jugendclub
la **chaqueta** die Jacke ▶M1
charlar plaudern, quatschen
el **chat** der Chat
chatear chatten
¡Che! *arg.* Hey! ▶M1
la **chica** das Mädchen
el **chico** der Junge
Chicos, … Leute, …
el **chiste** der Witz
chulo/-a *fam.* cool, toll ▶U5/B
el **cielo** der Himmel ▶U3/Voc
la **ciencia** die Wissenschaft ▶U5/A; la **~ ficción** Science-Fiction ▶U5/A
el/la **científico/-a** der/die Wissenschaftler/-in ▶U5/A
el **cinema** das Kino
la **cita** die Verabredung, der Termin
la **ciudad** die Stadt; **la ~ de +** *nombre* Städtename ▶M2
claro klar
la **clase** die Klasse; der Klassenraum, der Unterricht; **las ~s particulares (de refuerzo)** der Nachhilfeunterricht ▶U2/Voc
el **club de escritura** der Schreibklub ▶U2/Voc
el **club de lectura** der Buchklub ▶U2/Voc
el **coche** das Auto ▶U1/Voc
la **cocina** die Küche
cocinar kochen
la **cola** die Warteschlange
el **colectivo** *arg.* der Bus ▶U5/B
el **color** die Farbe ▶M1
el **comedor** die Kantine
comenzar beginnen ▶U5/A
comer algo etw. essen
el **cómic** der/das Comic
la **comida** das Essen ▶U3/A; das Mittagessen ▶U4/Voc; das Futter ▶U4/A
como wie; da, weil ▶U3/A; **~ siempre** wie immer
¿cómo? wie?
cómodo/-a bequem ▶M1

Lista alfabética

el/la **compañero/-a** der/die Mitschüler/-in; der/die Mitspieler/-in ▶U5/A;
compartir algo (con alguien) etw. (mit jdm) teilen
la **competición** der Wettkampf, das Wettschwimmen ▶U1/B
la **compra** der Einkauf; **hacer la ~** einkaufen
comprar algo etw. kaufen
con mit; **~ calma** in Ruhe ▶U2/B; **~ esto** damit ▶U2/A; **¿~ quién?** mit wem?; **conmigo** mit mir ▶U5/B; **contigo** mit dir ▶U4/B
la **Comunidad Autónoma** die Autonome Region ▶M2
el **concierto** das Konzert
conectarse sich verbinden ▶M5
la **conexión** die Verbindung ▶M5
el **conflicto** der Konflikt
conocer algo / a alguien (etw./jdn) kennen, (etw./jdn) kennenlernen ▶U3/A
conocido/-a bekannt ▶M2
el/la **conquistador/-a** der/die Erober/-in ▶U5/A
el **consejo** der Rat ▶U4/A
la **consola (de videojuegos)** die Spielkonsole
el **contacto** der Kontakt ▶U4/A
contar erzählen ▶U1/B
contar con alguien auf jdn zählen
contento/-a (estar) zufrieden sein ▶M6
contestar antworten ▶U4/A; ans Telefon gehen ▶M5;
continuar algo fortsetzen ▶U5/A
el **contraste** der Kontrast, der Gegensatz ▶U5/Voc
convencer a alguien jdn überzeugen ▶U4/A
convertirse en algo zu etw. werden ▶U5/A
la **Copa del Mundo** die Weltmeisterschaft ▶U5/A
el **corazón** das Herz ▶U3/Voc
el **coro** der Chor ▶U2/Voc
correr sich beeilen; rennen, laufen ▶U1/A

corto/-a kurz
la **cosa** das Ding, die Sache
la **costa** die Küste ▶M2
costar kosten ▶U4/A
creativo/-a kreativ
creer algo etw. glauben ▶U4/B
cruzar algo etw. überqueren ▶M4
el **cuaderno** das Heft
¿cuál? ¿cuáles? welcher, welche, welches
la **cualidad** die Eigenschaft
cuando (immer) wenn; als ▶U2/B
¿Cuándo...? Wann ...?
cuánto/-a wie viel/e?; **¿~ es?** Wie viel kostet das? ▶M3
cuarto/-a vierter, vierte, viertes ▶U2/Voc
el **cuidado** die Vorsicht ▶M4
cuidar de alguien auf jdn aufpassen, für jdn sorgen ▶U4/Voc
la **cultura** die Kultur ▶U3/A
el **cumple** *fam.* (= el cumpleaños) der Geburtstag
cumplir... años ... Jahre alt werden
cumplir con algo etw. erfüllen ▶M6
la **curiosidad** der besondere Fakt, das Wissenswerte ▶M2
el **curso** der Kurs; das Schuljahr ▶U2/A

D

dar algo a alguien jdm etw. geben ▶U4/A; **~ *la bienvenida*** empfangen, willkommen heißen ▶M6
el **dato** die Angabe, der Fakt ▶M2
de aus; aus, von, über; **~ ... años** ... Jahre alte/r; **~ color (+** *color***)** *(Farbe)*-farben ▶M1; **~ marca** bekannt, Marken-(+ *S.*) ▶M1; **~ nada** bitte sehr, gern geschehen ▶M4; **~ noche** nachts ▶U3/B; **~ nuevo** erneut
¿~ qué? wovon ▶U3/A; **~ repente** plötzlich ▶M4; **~ se-**

gunda mano gebraucht, Second Hand ▶M1; **~... a...** von ... bis ...
De acuerdo. Einverstanden.
debajo de unter
el **deber** die Pflicht ▶U4/Voc
los **deberes** die Hausaufgaben
decidir entscheiden ▶U4/A
decir algo etw. sagen ▶U4/B
la **decisión** die Entscheidung ▶U4/Voc
dejar algo etw. lassen ▶U1/B; **~ a alguien en paz** jdn in Ruhe lassen ▶U4/B
delante de vor
el **deporte** der Sport
los **deportes** der Sport, die Sportarten
el/la **deportista** Sportler/-in
deportivo/-a sportlich ▶U1/A
la **derecha** die rechte Seite ▶U3/Voc; **a la ~** rechts ▶U3/Voc
el **derecho** das Recht ▶U4/Voc
desayunar frühstücken ▶U2/B
el **desayuno** das Frühstück ▶U4/Voc
descansar sich ausruhen
desconocido/-a unbekannt ▶U5/A
descubrir entdecken ▶U5/A
desde seit ▶M1; **~ entonces** seitdem ▶U5/A; **~ hace** seit + *Zeitspanne* ▶U4/B; **~ las... hasta las...** von ... bis ... (Uhrzeit)
el *deseo* der Wunsch ▶M6
el **desierto** die Wüste ▶M2
despertarse aufwachen ▶ U2/B
el/la **despistado/-a** der/die Zerstreute
después nach, danach; **~ de** nachdem ▶U2/B; **~ de + *sust.*** nach + *S.* ▶U1/A
el **destino** das Ziel, *auch:* das Schicksal ▶U3/A; **el ~ final** das Endziel ▶U3/A
el **detalle** das Detail ▶U5/A
detrás de hinter
el **día** der Tag; **el ~ a ~** der Alltag; **el otro ~** neulich ▶U5/B

188 ciento ochenta y ocho

el **diario** das Tagebuch
diario/-a täglich ▶U4/A
dibujar zeichnen ▶U1/Voc
diciembre Dezember
el **diente** der Zahn ▶U2/B
diferente anders, unterschiedlich
difícil schwer, schwierig
disfrutar (de algo) (etw.) genießen ▶U1/Voc
el **dinero** das Geld
el **dinosaurio** der Dinosaurier ▶U5/A
directamente direkt ▶U5/B
discutir sich streiten
divertido/-a lustig
doler schmerzen, weh tun ▶U5/B
el **domingo** Sonntag
¿dónde? wo?; **de ~** woher; **¿De ~ eres?** Woher kommst du?
dormir schlafen ▶U2/B
dormirse einschlafen ▶U2/B
la **ducha** die Dusche
ducharse duschen ▶U2/B
durante während ▶U3/B
duro/-a hart, schwer, schwierig ▶U3/B

E

echar de menos a alguien jdn vermissen ▶U4/B
ecológico/-a Bio-(+ *S.*) ▶M3
el **edificio** das Gebäude ▶U3/Voc
Educación Física Sport *Schulfach*
Educación Plástica y Visual Kunst *Schulfach*
elegir algo etw. (aus-)wählen ▶M1
el **e-mail** die E-Mail
la **empanada** die Teigtasche ▶U3/A
empezar anfangen, beginnen
en in, an, auf; **~ aquella época** damals ▶M5; **~ casa** zuhause; **~ qué** in welche/r, welchen? ▶U3/A; **~ total** insgesamt ▶M2; **~ voz alta/baja** laut/leise, mit lauter/leiser Stimme ▶U3/B

encantar a alguien jdm sehr gefallen ▶U2/A
encima de auf, über
encontrar algo / a alguien etw./jdn finden, treffen
enero Januar
la **ensalada** der Salat
ensayar proben ▶U2/A
enseguida sofort ▶U3/B
enseñar algo a alguien jdm etw. zeigen ▶M4
entender algo / a alguien etw./jdn verstehen
entonces dann, also
la **entrada** die Eintrittskarte
entrar eintreten, hereinkommen
entre... y... zwischen ... und ...
el **entrenamiento** das Training ▶U4/A
la **entrevista** das Interview
el **episodio** die Folge ▶U2/B
el **equipo** die Mannschaft ▶M4
Es la una. Es ist ein/dreizehn Uhr.
¡Es verdad! Das stimmt.
escalar klettern ▶U1/Voc
la **escalera** die Treppe ▶M4
Escocia Schottland ▶U3/A
escolar Schul- (+ *S.*) ▶U2/Voc
esconder algo etw. verstecken
escribir algo etw. schreiben
el **escritorio** der Schreibtisch
la **escritura** das Schreiben ▶U2/Voc
escrolear scrollen ▶U2/B
escuchado/-a (ser) (an-)gehört werden ▶U4/Voc
escuchar algo etw. hören
la **escuela de música** die Musikschule ▶U2/Voc
ese, esa diese da, dieser da, dieses da
el **espacio** der Raum, die Privatsphäre ▶U4/Voc
el **español** Spanisch *Sprache*
español/-a spanisch ▶M2
especial besonders
la **especie** die Art, die Spezies ▶U5/A
el **espejo** der Spiegel
esperar (a alguien) (auf jdn) warten ▶U3/B

la **estación** der Bahnhof ▶M4
el **estadio** das Stadion ▶U5/B
la **estantería** das Regal
estar sein, sich befinden; **~ allí para alguien** für jdn da sein; **~ cerca (de algo)** in der Nähe (von etw.)
el **este** der Osten ▶U5/Voc
este/-a es das ist
este/esta dieser/diese/dieses
el **estilo** der Stil ▶U4/A
estos/estas diese *Plural*
el **estrés** der Stress ▶U2/A
estresarse sich stressen ▶U2/B
estricto/-a streng
la **estructura** die Struktur ▶U2/B
el **estuche** die Federmappe
estudiar lernen; studieren ▶U4/B
el **euro** der Euro ▶M3
evitar algo etw. vermeiden ▶U2/A
exacto/-a genau, exakt ▶M5
el **examen** die Klassenarbeit, Prüfung
la **excursión** der Ausflug ▶U1/A
existir existieren ▶M5
experimentar con algo (mit etw.) experimentieren, (etw.) ausprobieren
explicar algo etw. erklären
la **exposición** die Ausstellung ▶U1/Voc
las **extraescolares** die außerschulischen Aktivitäten ▶U2/Voc
el/la **extraterrestre** der/die Außerirdische ▶U5/A

F

fácil einfach, leicht
la **falda** der Rock ▶M1
faltar fehlen
la **familia** die Familie
famoso/-a (por) berühmt (für) ▶U3/A
fantástico/-a fantastisch, toll ▶U4/A
el **faro** der Leuchtturm ▶U3/Voc
fatal furchtbar
favorito/-a Lieblings- (+ *S.*) ▶U1/A

febrero Februar
la **fecha** das Datum
feliz (estar) glücklich sein ▶U2/A
feo/-a hässlich
la **ficha** die Karteikarte ▶U2/B
fiel treu
la **fiesta** die Party, Feier; **la ~ nacional** der Nationalfeiertag ▶U5/Voc
las **fiestas** die Feierlichkeiten
fijar algo etw. festlegen ▶U2/B
el **fin** das Ende ▶U5/B; **el ~ de semana (el finde** *fam.***)** das Wochenende
el **final** das Ende ▶U1/B; **el ~ de curso** das Schuljahresende
finalmente endlich, schließlich ▶U3/B
Física Physik
el **fondo** der Hintergrund ▶U3/Voc; **al ~** im Hintergrund ▶U3/Voc
formar algo etw. bilden, formen ▶U5/A
la **fotografía** die Fotografie; **la foto** das Foto
frío/-a kalt ▶M1
la **fruta** das Obst ▶U1/B
la **frutería** das Obstgeschäft, der Obststand ▶M3
el **fuego** *das Feuer* ▶M6
los **fuegos artificiales** *das Feuerwek* ▶M6
el **fuerte** die Stärke ▶U1/B
la **fundación** die Gründung ▶U5/A
fundar algo etw. gründen ▶U5/A
el **fútbol** der Fußball *Sportart*
el **futuro** die Zukunft ▶U5/A

G

las **gafas** die Brille
la **gaita** der Dudelsack ▶U3/A
Galicia Galicien ▶U3/Voc
el **gallego** Galicisch *Sprache* ▶U3/A
gallego/-a galicisch, aus Galicien ▶U3/A
la **galletita** der (Hunde-)Keks ▶U4/A

ganar gewinnen ▶U1/B
gastar algo ausgeben ▶U3/A
el/la **gato/-a** der Kater, die Katze
genial großartig; genial, super, toll
la **gente** die Leute
el **gentilicio** die Einwohnerbezeichnung ▶U5/Voc
Geografía Erdkunde
la **gimnasia** das Turnen, die Gymnastik ▶U2/Voc
el **gimnasio** die Sporthalle, die Turnhalle
girar abbiegen ▶M4
el **gobierno** die Regierung ▶U5/A
la **golosina** die Süßigkeit ▶U1/B
la **goma de borrar** der Radiergummi
la **gorra** das Basecap, die Mütze
el **gorro** die (Woll-)Mütze
el **GPS** das Navi ▶M4
gracias danke; **muchas ~** Vielen Dank ▶M3; **~ por...** Danke für ... ▶U4/A
el **grado** der Grad ▶M2
el **gramo** das Gramm ▶M3
grande groß
gratis kostenlos
gris grau ▶M1
el **grupo** die Gruppe; **el ~ de teatro** die Theatergruppe
guay cool, toll
la **guitarra** die Gitarre
gustar gefallen, mögen, gerne tun

H

la **habitación** das Zimmer
el/la **habitante** der/die Einwohner/-in ▶U5/Voc
hablar sprechen
hace + *tiempo* vor + *Zeit* U5/B; **~ calor** es ist heiß; **~ sol.** Die Sonne scheint. ▶M1
hacer etw. machen, tun; **~ la compra** einkaufen; **~ algo solo/-a** etw. alleine machen; **~ camping** zelten ▶U1/Voc; **~ cola** in der Warteschlange stehen; **~ deporte** Sport machen/treiben; **~ entrevistas** Interviews führen; **~ llamadas**

anrufen ▶M5; **~ manualidades** basteln ▶U1/Voc; **~ un pícnic** picknicken; **~ plogging** Plogging machen ▶U1/A; **~ rutas en bici de montaña** Mountainbike fahren ▶U1/Voc; **~ senderismo** wandern ▶U1/Voc; **~ surf** surfen ▶U3/A
¡hala! Na so was!
el **hambre** *f.* der Hunger
el **hámster** der Hamster ▶U4/A
hasta bis ▶U1/B; **~ luego.** Bis später!
hay es gibt; **~ que** + *inf.* man muss + *Inf.* ▶M3
la **heladería** die Eisdiele
el **helado** das Eis
la **hermana** die Schwester
el **hermano** der Bruder
los **hermanos** die Geschwister
las **hierbas** *die Kräuter* ▶M6
la **hija** die Tochter
el **hijo** der Sohn
los **hijos, las hijas** die Kinder
la **historia** Geschichte; die Geschichte ▶U5/A
histórico/-a historisch ▶U3/A
los **hobbies** *pl.* die Hobbys ▶U2/B
la **hoguera** *Lagerfeuer* ▶M6
Hola Hallo!
el **hombre** der Mann ▶U5/A
la **hora** die Stunde; die Uhrzeit
el **horario** der Fahrplan; der Stundenplan
el **horizonte** der Horizonte ▶U3/Voc
hoy heute; **~ es** Heute ist +*Wochentag.*
el **huerto** der (Obst-/Gemüse-)Garten ▶U2/Voc; **el ~ escolar** der Schulgarten ▶U2/Voc
el **huevo** das Ei ▶M3

I

la **idea** die Idee
ideal ideal
el **idioma** die Sprache ▶U2/Voc
la **iglesia** die Kirche ▶U3/Voc
la **imagen** das Bild ▶U3/Voc
imaginarse algo sich etw. vorstellen ▶M5
importante wichtig

imposible unmöglich
impresionante beeindruckend ▶U5/B
la independencia die Unabhängigkeit ▶U5/A
independiente unabhängig ▶U4/A
el/la influencer der/die Influencer/-in ▶U1/A
la información die Information
informar a alguien jdn informieren
Inglés Englisch
el ingrediente die Zutat
el inicio der Anfang, die Startseite ▶U4/A
inmenso/-a sehr groß, riesig ▶M4
el instituto das Gymnasium, die Schule
el instrumento das Instrument ▶U3/A
inteligente intelligent, klug
intentar (+ *inf.*) versuchen (zu + *Inf.*) ▶U2/B
el intercambio (escolar) der Schulaustausch ▶M1
el interés das Interesse ▶U2/B
interesante interessant
interesar a alguien jdn interessieren ▶U2/A
internacional international ▶U3/A
el Internet Internet
la invitación die Einladung
invitar a alguien jdn einladen ▶U3/B
ir (a + *lugar*) gehen; ~ a + *inf.* etw. tun werden; ~ a pie zu Fuß gehen, laufen ▶U1/Voc; ~ de compras einkaufen gehen, *auch:* shoppen gehen ▶U1/Voc; ~ en + *medio de transporte Transportmittel* fahren ▶U1/Voc; ~ en piragua Kanufahren ▶U1/Voc
la isla die Insel ▶M2; la ~ de + *nombre Inselname* ▶M2
la izquierda die linke Seite ▶U3/Voc; a la ~ links ▶U3/Voc

J

el jamón der Schinken ▶M3

el jardín der Garten ▶U4/Voc
la jaula der Käfig ▶U4/A
el jersey der Pullover ▶M1
joven, jóvenes jung ▶M5; der/die Jugendliche ▶U1/A
el judo Judo ▶U2/Voc
el jueves Donnerstag
el/la jugador/a der Spieler, die Spielerin ▶U1/B
jugar a algo etw. spielen *Sport* ▶U1/B; ~ a videojuegos Videospiele spielen ▶U4/B; ~ al fútbol Fußball spielen ▶U1/Voc
el juguete das Spielzeug ▶U4/A
julio Juli
junio Juni
juntos/-as zusammen, gemeinsam

K

el kilo das Kilo ▶M3
el kilómetro der Kilometer ▶M2; el ~ cuadrado der Quadratkilometer ▶U5/Voc

L

el laboratorio das Labor
el lagarto die Echse ▶M2
el lago der See ▶U3/Voc
la lámpara die Lampe
el lápiz der Stift
largo/-a lang
la lata die Dose ▶M3
el lavabo das Waschbecken
lavar algo etw. waschen ▶U4/Voc; ~ los platos abwaschen ▶U4/Voc; ~se sich waschen ▶U2/B; ~se los dientes sich die Zähne putzen ▶U2/B
el lavavajillas der Geschirrspüler ▶U4/Voc
la leche die Milch ▶M3
la lechuga der Salat(kopf) ▶M3
la lectura das Lesen, die Lektüre ▶U2/Voc
leer lesen
lejos weit (weg) sein ▶U1/B
la lengua die Sprache ▶U5/Voc
Lengua (Castellana y Literatura) Spanisch *Schulfach*
lento/-a langsam ▶M5
la letra der Buchstabe

levantar algo hochheben ▶U5/A
levantarse aufstehen ▶U2/B
la leyenda die Legende ▶U5/A
libre frei
la librería die Buchhandlung ▶U5/B
el libro das Buch
el/la líder der/die Anführerin
la liga escolar die Schulliga
limitar con algo an etw. grenzen ▶U5/Voc
limpiar (algo) putzen, sauber machen
liso/-a glatt
la lista die Liste; la ~ de la compra die Einkaufsliste, der Einkaufszettel ▶M3
el/la listillo/-a der/die Schlauberger
la literatura die Literatur ▶U5/A
el litro der Liter ▶M3
la llamada der Anruf ▶M5
llamar a alguien jdn (an)rufen
llamarse heißen ▶M2
la llave der Schlüssel
la llegada die Ankunft ▶U5/A
llegar a ankommen (in), kommen ▶U1/B
llenar algo etw. (aus-)füllen ▶U2/A
llevar algo etw. tragen *Kleidung*; ~ a alguien jdn an einen Ort bringen ▶U5/B
llover regnen ▶M1
la lluvia der Regen ▶U3/A
lo mismo dasselbe, das Gleiche ▶U2/A
Lo siento. Es tut mir leid.
la longitud die Länge ▶M2
luego dann, später, nachher ▶U2/B
el lugar der Ort, die Stelle
el lunar der Leberfleck
el lunes Montag; montags, jeden Montag

M

la madre die Mutter
la madrugada das Morgengrauen, der frühe Morgen
mágico/-a magisch ▶U3/A
majo/-a nett, sympathisch

ciento noventa y uno **191**

Lista alfabética

mal schlecht
malo/-a schlecht
mañana morgen; der Morgen, Vormittag
mandar algo (a alguien) (jdm) etw. schicken ▶U4/A
el manga das Manga ▶U2/A
la mano *f.* die Hand
la mantequilla die Butter ▶M3
las manualidades die Bastelarbeit, Handarbeit ▶U2/Voc
la manzana der Apfel ▶M3
el mapa der Stadtplan, die (Land-)Karte ▶M4
el mar das Meer ▶U3/Voc
marrón braun *Farbe*
el martes Dienstag
marzo März
más mehr; ~ de + *número* mehr als + *Zahl* ▶M2
más o menos geht so
la mascota das Haustier
Matemáticas (Mates) Mathematik
mayo Mai
el/la + *sust.* mayor der/die ältere + S. ▶U4/B; el/la ~ + *sust.* der/die größte, bedeutendste ▶M2
¡Me encanta! Das gefällt mir sehr
me pongo ich ziehe an ▶M1
el medio ambiente die Umwelt ▶U1/A
medio/-a halbe/r, halbes ▶M3
el/la mejor + *sust.* der/die/das beste + S. ▶M2
menos + *adj.* (que) weniger + *Adj* (als) ▶U3/A
el mensaje die Nachricht ▶U2/B
el mercado der Markt
la merienda der Nachmittagssnack
el mes der Monat
la mesa der Tisch
el metro die U-Bahn ▶U1/Voc; der Meter ▶M4
mi, mis mein, meine; ~, ~s mein, meine, mein
el *miedo die Angst* ▶M6
el miércoles Mittwoch
mil tausend ▶M2

el millón die Million ▶M2
el minuto die Minute
Mira... Schau mal ... ▶U1/A
mirar (an)sehen, (an)schauen; ~ algo etw. anschauen
el/la mismo/-a + *sust.* der/die gleiche + S. , derselbe/dieselbe + S. ▶U5/A
el misterio das Geheimnis, Rätsel ▶U3/B
misterioso/-a geheimnisvoll ▶U3/B
la mitad *die Hälfte* ▶M5
la mochila der Rucksack
moderno/-a modern
¡Mola mucho! echt cool!
molestar a alguien jdn stören ▶U4/B
el momento der Moment
la moneda die Währung ▶U5/Voc
la montaña der Berg ▶M2
montar a caballo reiten ▶U1/Voc
un montón eine Menge ▶U5/B
el monumento die Sehenswürdigkeit, das Denkmal ▶U3/B
el motivo der (Beweg-)Grund ▶U3/A
el móvil das Handy
mucho *adv.* sehr, viel ▶U4/A
mucho/-a viel, viele
el mundo die Welt
el museo das Museum
la música die Musik
Música Musik
muy sehr; ~ bien/mal (sehr) gut/schlecht

N

nacional national ▶U5/Voc
nada nichts ▶U4/B
el/la nadador/a der Schwimmer, die Schwimmerin ▶U1/B
nadar schwimmen ▶U1/Voc
nadie niemand ▶U4/B
la naranja die Orange ▶M3; ~ *inv.* orange *Farbe* ▶M1
la natación Schwimmen *Sport* ▶U2/Voc
natural natürlich, Natur-(+S.) ▶U3/Voc
la naturaleza die Natur

navegar en Internet im Internet surfen ▶U1/Voc
la necesidad der Bedarf, die Notwendigkeit ▶U4/A
necesitar algo etw. brauchen
negativo/-a negativ ▶M6
negro/-a schwarz *Haarfarbe*
la nevera der Kühlschrank
ni nicht einmal ▶U4/B
Ni idea. Keine Ahnung.
el/la niño/-a das Kind
no nein, nicht; ¿~? oder?, stimmt's?
la noche der Abend, die Nacht
el nombre der Name ▶U5/Voc
normal normal ▶U4/B
normalmente normalerweise
el norte der Norden ▶U5/Voc
nosotros/-as wir
la nota die Notiz, die Schulnote
la noticia die Nachricht ▶U4/A
la novela gráfica die Graphic Novel ▶U2/A
noviembre November
la nube die Wolke ▶U3/Voc
nuestro/-a, nuestros/-as unser, unsere
nuevo/-a neu; der/die Neue
el número die (An-)Zahl ▶U5/Voc
nunca nie ▶U4/B

O

o oder
la obra das Werk ▶U5/A
la ocasión der Anlass, die Gelegenheit ▶U5/A
el ocio online die Medienzeit, die Freizeit im Internet ▶U4/Voc
octubre Oktober
el oeste der Westen ▶U5/Voc
la oferta das Angebot ▶U2/A
oficial offiziell ▶U5/Voc
la oficina das Büro
el ojo das Auge
la ola die Welle ▶U1/B
olvidar algo etw. vergessen
la opción die Option, die Wahl ▶U4/A
el ordenador der Computer
ordenar algo etw. aufräumen

organizar algo etw. organisieren
organizarse sich organisieren ▶U2/B
oscuro/-a dunkel ▶M1
otro/-a ein anderer/-s, eine andere, noch ein/e, noch eins ▶U3/B
el outfit del día das *Outfit of the day* ▶M1
Oye, ... Hör mal, ...

P

paciente geduldig
el pádel das Padel *Sportart*
el padre der Vater
los padres die Eltern
la paga das Taschengeld ▶U4/Voc
pagar (be-)zahlen ▶M5
el país das Land ▶M2
el paisaje die Landschaft ▶U3/Voc
la palabra das Wort ▶U3/A
el pan das Brot ▶M3
la pandilla die Clique
los pantalones die Hose ▶M1; los ~ de chándal die Jogginghose ▶M1
la papelera der Papierkorb
el paquete die Packung ▶M3
para für; ~ + *inf.* um, zu; ~ mí für mich; ¿~ qué? wofür? ▶U3/A
~ terminar zum Abschluss ▶M2; ~ ti für dich
la parada die Haltestelle, die Station ▶U5/B
el paraguas der Regenschirm ▶U3/A
parecer + *adj.* etw. + Adj. finden ▶U2/A
la pared die Wand
la pareja (de...) der Partner, die Partnerin (von jdm)
el parque der Park; el ~ acuático das Erlebnisbad ▶U1/B
la parte der Teil ▶U3/B
participar en algo an etw. teilnehmen
el partido das Spiel *Sport*
pasado/-a vergangen, letzte/r, letztes ▶U5/B

pasar *tiempo* vergehen *Zeit* ▶U3/B
pasar (+ *tiempo*) (Zeit) verbringen
pasar la aspiradora staubsaugen ▶U4/Voc
pasear spazieren gehen; ~ al perro mit dem Hund rausgehen ▶U1/Voc
el paso der Schritt ▶U4/A; el ~ de hiphop der Hip Hop Schritt
la patata die Kartoffel ▶M3
el patinaje das Schlittschuhlaufen, das Skaten ▶U2/Voc
patinar skaten ▶U1/Voc
el patio der Hof
el patrón, la patrona der/die Schutzheilige, Schutzpatron/-in
la pausa die Pause ▶U2/B
la paz der Frieden ▶U4/B
las pecas die Sommersprossen
la pecera das Aquarium ▶U4/A
pedir algo etw. bestellen ▶U3/A; ~ *deseos* sich etw. wünschen ▶M6
la pelea der Streit
la película der Film; la ~ de animación der Animationsfilm ▶U5/A
pelirrojo/-a (ser) rothaarig sein
el pelo das Haar, die Haare
la pelota der Ball ▶U1/B
los pendientes die Ohrringe
el *pensamiento* der Gedanke ▶M6
pensar denken; ~ en + *inf.* darüber nachdenken zu + *Inf.* ▶U4/A
el/la peor + *sust.* der/die/das schlimmste, schlechteste + S. ▶M2
pequeño/-a klein
el/la perdedor/a der Verlierer, die Verliererin ▶U1/B
perder algo (etw.) verlieren, verpassen ▶U1/B
¿Perdón? Entschuldigung? ▶M4
el/la peregrino/-a der/die Pilger/-in ▶U3/A
perfecto/-a perfekt

el perfil das Profil
pero aber
el/la perro/-a der Hund, die Hündin ▶U1/Voc
la persona die Person
pesado/-a nervig
el peso der Peso ▶U5/Voc
el pez der Fisch ▶U4/A
el pícnic das Picknick
picotear knabbern ▶U2/B
el pie der Fuß ▶U5/B
el pingüino der Pinguin ▶U5/B
la piragua das Kanu ▶U1/Voc
los Pirineos die Pyrenäen
la piscina das Schwimmbad ▶U1/Voc
el piso die Wohnung
la pizarra die Tafel
la pizza die Pizza ▶U1/Voc
la pizzería die Pizzeria ▶M2
el plan der Plan
el plátano die Banane ▶M3
el plato der Teller ▶U4/Voc; das Gericht ▶U5/Voc
la playa der Strand
la plaza der Platz
poco/-a wenig, wenige
poder können
poner algo etw. setzen, stellen, legen ▶U4/Voc; ~ el lavavajillas den Geschirrspüler einschalten/einräumen ▶U4/Voc; ~ la mesa den Tisch decken ▶U4/Voc
ponerse algo sich etw. anziehen ▶U2/B
popular beliebt
por durch, wegen; ~ ahí dort ▶U1/A; ~ algo durch etw. ▶U1/Voc; ~ cierto übrigens ▶U1/A; ~ eso deshalb, deswegen; ~ favor (= porfa *fam.*) bitte; ¡~ fin! Endlich!; ~ la tarde nachmittags; ¿~ qué? warum?; ~ suerte zum Glück, glücklicherweise ▶U1/B; ~ *todo lo alto* groß, prächtig ▶M6
porque weil
el portátil der Laptop
posible möglich ▶U5/A
la postal die Postkarte
el póster das Poster

Lista alfabética

practicar algo etw. üben
preferir + *inf.* etw. lieber (+ *Inf.*) wollen
la **pregunta** die Frage
preguntar fragen
preocuparse por alguien sich um jdn Sorgen machen ▶U4/B
preparar algo etw. vorbereiten
prepararse sich vorbereiten ▶U2/B
la **presentación** der Vortrag, die Präsentation
presentar algo etw. präsentieren
presente (en algo) (estar) gegenwärtig sein ▶U3/A
la **prima** die Cousine
primer, primero/-a erster, erste, erstes ▶U2/Voc; **en el ~ plano** im Vordergrund ▶U3/Voc
primero zuerst
el **primo** der Cousin
el **principio** der Anfang ▶U3/B; **al ~** am Anfang ▶U3/B
probar algo etw. probieren, testen
el **problema** das Problem
el **proceso** der Prozess ▶U5/A
el/la **profesor/a** (= el/la **profe** *fam.*) der/die Lehrer/-in
el **programa** das Programm
la **programación** die Programmierung
proponer algo etw. vorschlagen, erklären, darlegen ▶U5/A
proteger algo / a alguien etw./jdn beschützen ▶U1/A
la **provincia** die Provinz ▶U5/B
el/la **próximo/-a** + *sust.* der/die nächste + *S.* ▶U2/A
el **proyecto** das Projekt; **el ~ de reciclaje** das Recyclingprojekt
publicar algo etw. veröffentlichen ▶U5/A
el **pueblo** das Dorf
la **puerta** die Tür
el **puerto** der Hafen ▶U5/A
pues also, na
Pues sí. Ja klar.

el **punto** der Punkt ▶U4/A

Q

que der, die, das *Relativpronomen*
¿qué...? Was ...?, Wie ...?; **¿~ hora es?** Wie spät ist es?; **¿~ pasa?** Was ist los?; **¿~ tal?** Wie geht's?; **¿~ +** *sust.***?** Wie ist + *S.*?; **¿~ tal mañana?** Wie wäre es mit morgen?; **¿~ te gusta hacer?** Was machst du gerne?
¡Qué + *adj.***!** Wie + Adj. ▶U1/A; **¡~ +** *sust.***!** Was für ein/e + S.! ▶U1/A; **¡~ pereza!** Gar keine Lust! ▶U2/B; **¡~ rollo!** Wie nervig!
quedar sich verabreden
quedarse bleiben ▶U2/B; **~ sin batería** einen leeren Akku haben ▶M4
quemar algo etw. verbrennen ▶M6
querer algo etw. wollen, etw. tun wollen
Querido/-a... Liebe/r ...
el **queso** der Käse ▶M3
¿quién?, ¿quiénes? wer?; **¿a ~?** wen? ▶U3/A
Química Chemie
quinto/-a fünfter, fünfte, fünftes ▶U2/Voc
el **quiosco** der Kiosk
quizás vielleicht

R

la **radio** das Radio ▶M5
rápido *adv.* schnell ▶U2/B
raro/-a seltsam, komisch ▶M5
realmente wirklich, tatsächlich ▶U5/A
la **receta** das Rezept
recibir algo etw. bekommen, erhalten ▶U3/B
el **reciclaje** das Recycling
el **recicl-arte** die Recycling-Kunst ▶U2/Voc
recoger algo etw. aufheben, aufräumen ▶U1/A; **~ ausräumen, abräumen** ▶U4/Voc; **~ el lavavajillas** den Geschirrspüler ausräumen ▶U4/Voc
el **recreo** die (Hof-)Pause

recto/-a gerade ▶M4
las **redes sociales** die sozialen Medien ▶U2/B
el **refugio de animales** das Tierheim ▶U4/A
regalar algo a alguien jdm etw. schenken ▶U4/A
el **regalo** das Geschenk
la **región** die Region, die Gegend ▶U3/Voc
la **regla** das Lineal
regular geht so
relatar algo etw. erzählen, berichten ▶U5/A
relindo/-a *arg.* sehr schön ▶U5/B
el **reloj** die Uhr
repartir algo etw. (ver-)teilen ▶U4/A
la **república** die Republik ▶U5/Voc
resolver algo etw. lösen *Rätsel* ▶U3/B
responder (a algo) (auf etw.) antworten
la **responsabilidad** die Verantwortung ▶U4/A
la **respuesta** die Antwort
el **restaurante** das Restaurant ▶M2
los **restos** die (Über-)Reste ▶U5/A
el **resultado** das Ergebnis
la **revista** die Zeitschrift
el **rincón** die Ecke
el **río** der Fluss ▶M2
rizado/-a lockig
la **robótica** die Robotertechnik, Robotik ▶U2/Voc
la **roca** der Fels ▶U3/Voc
rojo/-a rot ▶M1
la **ropa** die Kleidung
rosa *inv.* rosa ▶M1
rubio/-a blond
el **ruido** das Geräusch ▶M5
la **ruta** die Route ▶U1/Voc
la **rutina** die Routine ▶U2/B

S

el **sábado** Samstag
saber algo etw. wissen U4/B
sacar fotos Fotos machen ▶U1/Voc

sacar la basura den Müll rausbringen
la **salida** der Ausgang ▶M4
salir (hinaus)gehen, ausgehen; ~ abfahren ▶U1/B
el **salón** das Wohnzimmer
saludar (a alguien) jdn (be-)grüßen ▶U1/A
el *saludo* der Gruß ▶M5
salvaje wild *Tier, Natur* ▶M2
la **sardina** die Sardine ▶M6
seguir a alguien jdm folgen, jdn verfolgen ▶U4/A
segundo/-a zweiter, zweite, zweites ▶U2/Voc
seguro/-a sicher ▶U4/Voc; ~ **que** bestimmt, sicherlich
la **selección** die Mannschaft ▶U5/A
el *selfi* das Selfie ▶M5
el **semáforo** die Ampel ▶M4
la **semana** die Woche; **la ~ que viene** nächste Woche
sencillo/-a einfach ▶M1
el/la **señor/a** der Herr, die Frau ▶M4
sentarse sich (hin-)setzen ▶U2/B
sentirse sich fühlen ▶U4/Voc
septiembre September
ser sein; ~ **pesado/-a con algo** mit etwas nerven
la **serie** die TV-Serie
si ob ▶U4/B
siempre immer
el **siglo** das Jahrhundert ▶U5/A
significar algo etw. bedeuten ▶U4/Voc
la **silla** der Stuhl
el **sillón** der Sessel
simpático/-a sympathisch
simplemente einfach ▶U5/B
sin ohne ▶U3/A
la **situación** die Lage, die Situation
situado/-a (estar) gelegen sein, liegen ▶M2
sobre über
el **sobre** der (Brief-)Umschlag ▶U3/B
sobre todo vor allem
el **sobresaliente** sehr gut *Schulnote*

el **sofá** die Couch, das Sofa
el **sol** die Sonne ▶U1/Voc
solo nur; **estar a ~ +** *tiempo* **de +** *lugar* nur + Zeit von + Ort entfernt sein ▶U3/A
solo/-a (estar) allein sein ▶U4/B
la **solución** die Lösung
solucionar un problema ein Problem lösen
la **sombra** der Schatten ▶M2; **a la ~** im Schatten ▶M2
son las + *hora* es ist + Uhrzeit
el **sonido** das Geräusch, der Ton ▶M5
la **sorpresa** Überraschung
su, sus ihr, ihre, sein, seine
subir algo hinaufgehen ▶M4
la **suerte** das Glück ▶U1/B
suficiente ausreichend, genügend ▶U2/A
la **superficie** die Oberfläche ▶U5/Voc
el **sur** der Süden ▶U5/Voc

T

la **tableta** das Tablet
el **taller** das Atelier, die Werkstatt; der Workshop
también auch
tampoco auch nicht
tan + *adj.* **(como)** so + Adj. wie Komparativ ▶U3/A
el **tango** der Tango ▶U5/B
el **táper** die Brotdose
tardar dauern ▶M5
la **tarde** der Nachmittag
tarde spät
la **tarea** die Aufgabe; **las ~s del hogar** die Aufgaben im Haushalt
¿Te parece? Einverstanden? ▶U4/B
te pones du ziehst an ▶M1
el **teatro** das Theater
la **tecnología** die Technologie
Tecnología y Digitalización Informatik
el *teléfono fijo* das Festnetz(-Telefon) ▶M5
la **televisión (= la tele** *fam.***)** der Fernseher

la **temperatura** die Temperatur ▶M2
temprano früh, zeitig ▶U2/B
tender etw. aufhängen *Wäsche* ▶U4/Voc
tener algo etw. haben; ~ **un momento** einen Moment haben; ~ **clase** Unterricht haben; ~ **cuidado** vorsichtig sein ▶M4; ~ **dificultad/es con algo /** + *inf.* Schwierigkeiten haben; ~ **ganas** Lust auf etw. haben; Lust haben, etw. zu tun; ~ **que +***inf.* etw. tun müssen; ~ **razón** Recht haben; ~ **suerte** Glück haben; ~ **tiempo** Zeit haben
el **tenis** Tennis *Sport* ▶U2/Voc
tercer, tercero/-a dritter, dritte, drittes ▶U2/Voc
terminar (be-)enden ▶U1/B
el **terrario** das Terrarium ▶U4/A
el **texto** der Text
la **tía** die Tante
el **tiempo** die Zeit; das Wetter ▶M1; **el ~ libre** die Freizeit
la **tienda** das Geschäft; **la ~ (de ropa)** das (Kleidungs-)Geschäft
la **tierra** die Erde, das Land ▶U5/Voc
el **timbre** die Klingel
el **tío** der Onkel
los **tíos** die Onkel und Tanten
típico/-a typisch ▶U3/Voc
el **tipo** der Typ
la **toalla** das Handtuch ▶U1/B
el **tobogán** die Rutsche ▶U1/B
tocar spielen
todavía (immer) noch ▶M1
todo/-a alle, ganze/-s, jede/-n/-s ▶U2/A; ~ **recto** geradeaus ▶M4
la **toma de decisiones** Entscheidungsfindung
tomar algo etwas trinken, zu sich nehmen; ~ **el sol** sich sonnen ▶U1/Voc
el **tomate** die Tomate ▶M3
la **torre** der Turm ▶U3/Voc
la **tortilla (de patatas)** die Tortilla ▶U1/B

Lista alfabética

la **tortuga** die Schildkröte ▶U4/A
trabajar arbeiten
el **trabajo** die Arbeit; **el ~ en grupo** die Gruppenarbeit
la **tradición** die Tradition ▶U3/A
tradicional traditionell
traer algo etw. mitbringen ▶U1/B
el **tráfico** der Verkehr ▶M4
tranquilo/-a ruhig, entspannt ▶U2/A; **¡Tranquilo/-a!** Alles gut! Kein Problem; **estar ~** ruhig, unbesorgt ▶U4/B
el **tren** der Zug ▶U1/Voc
el **trimestre** das Trimester ▶U2/A
triste (estar) traurig sein ▶U4/B
el **trofeo** die Trophäe, der Pokal ▶U5/A
tu, tus dein, deine, dein
tú du
el/la **turista** der/die Tourist/-in ▶M2
turístico/-a touristisch ▶M2
el/la **tutor/a** der/die Klassenlehrer/-in
Tutoría Klassenleitungsstunde

U

el/la **último/-a** + *sust.* der/die letzte + S. ▶U5/B
un par (de) einige, ein paar (von) ▶U2/B
un poco ein bisschen
el **uniforme** die Uniform ▶M1
unos, unas ein paar
usar algo etw. benutzen U4/B
ustedes ihr *(2. Pers. Pl)* ▶U5/B
útil nützlich, hilfreich ▶M5

V

las **vacaciones** die Ferien; **de ~** im Urlaub
vale einverstanden, ok
¡Vamos! Gehen wir!
los **vaqueros** die Jeans ▶M1
varios/-as einige, mehrere ▶U5/A
el/la **vecino/-a** der/die Nachbar/-in

la **vendedora** die Verkäuferin ▶M3
¡Venga! Los!
venir kommen ▶U4/B
la **ventana** das Fenster
ver algo etw. (an)sehen
el **verano** der Sommer
las **verbenas** *das Fest* ▶M6
la **verdad** die Wahrheit ▶U4/B; **¿~?** nicht wahr?, stimmt's?; **... la ~ ...** ... eigentlich ..., um ehrlich zu sein ▶U4/B
verde grün *Farbe*
la **verdura** das Gemüse ▶M3
el **vestido** das Kleid ▶M1
vestirse sich anziehen ▶U2/B
el/la **veterinario/-a** der Tierarzt, die Tierärztin ▶U4/A
la **vez** das Mal ▶U3/B
viajar a reisen
el **viaje** die Reise ▶U5/B
la **vida** das Leben
el **vídeo** das Video
la **videollamada** der Videoanruf ▶U1/A
el **viernes** Freitag
el/la **visitante** der/die Besucher/-in ▶M2
visitar algo / a alguien etw./ jdn besuchen
vivir leben, wohnen
el **volcán** der Vulkan ▶M2
volver zurückkommen, zurückkehren
vos *arg.* Du ▶U5/B
vosotros/-as ihr
la **voz** die Stimme ▶U3/B

Y

y und; **¿~ tú?** Und du?
ya schon; **~ no** nicht mehr
la **yincana** die Schnitzeljagd ▶U3/B
yo ich; **~ paso.** Ich passe.; **¡~ voy!** Ich komme mit!

Z

las **zapatillas (de deporte)** die Turnschuhe ▶M1
los **zapatos** die Schuhe ▶M1
el **zumo** der Saft

Deutsch-spanisches Wörterbuch

A

ab a partir de ▶M5
abbiegen girar ▶M4
Abend la noche; **gestern ~** anoche ▶U5/B; **zu ~ essen** cenar ▶U2/B
Abendessen la cena ▶U4/Voc
aber pero
abfahren salir ▶U1/B
Abfall la basura
Abkürzung la abreviación ▶M5
abräumen recoger ▶U4/Voc
abwaschen lavar los platos ▶U4/Voc
adoptieren (jdn) adoptar a alguien ▶U4/A
Adoption la adopción ▶U4/A
Angst el miedo ▶M6
Akku la batería ▶M4; **einen leeren ~ haben** quedarse sin batería ▶M4
aktiv activo/-a ▶U4/A
Aktivität la actividad; **außerschulische ~** actividad extraescolar ▶U2/Voc
alle todo/-a ▶U2/A
Allee la avenida ▶M4
allein estar solo/-a ▶U4/B; **etw. ~ machen** hacer algo solo/-a
Alles gut! ¡Tranquilo/-a!
Alltag el día a día
Alphabet el alfabeto
als cuando ▶U2/B
also entonces; pues; **~...** Bueno...
alt antiguo/-a ▶M2
ältere + S. (der/die) el/la + *sust.* mayor ▶U4/B
Ampel el semáforo ▶M4
an en
anders diferente; **ein anderer/-s, eine andere** otro/-a ▶U3/B
Anfang el principio ▶U3/B; el inicio ▶U4/A; **am ~** al principio ▶U3/B;
anfangen empezar
Anführerin el/la líder
Angabe el dato ▶M2
Angebot la oferta ▶U2/A
Animationsfilm la película de animación ▶U5/A
ankommen (in) llegar a ▶U1/B
Ankunft la llegada ▶U5/A
Anlass la ocasión ▶U5/A
Anruf la llamada ▶M5

anrufen (jdn) llamar a alguien; *hacer* llamadas ▶M5
anschauen (etw.) mirar algo
ansehen (etw.) ver algo
Antwort la respuesta
antworten (auf etw.) responder (a algo); **~** contestar ▶U4/A
Anzahl el número ▶U5/Voc
anziehen (sich) vestirse ▶U2/B; **sich etw. ~** ponerse algo ▶U2/B
Apfel la manzana ▶M3
April abril
Aquarium la pecera ▶U4/A
Arbeit el trabajo
arbeiten trabajar
Argentinier/-in el/la argentino/-a ▶U5/A
argentinisch argentino/-a ▶U5/Voc
Art la especie ▶U5/A
Artikel el artículo ▶U2/A
Atelier el taller
Attraktion la atracción ▶M2
auch también; **~ nicht** tampoco
auf encima de
Aufgabe la tarea
aufhängen (etw.) tender ▶U4/Voc
aufheben (etw.) recoger algo ▶U1/A
Aufmerksamkeit la atención ▶U4/A
aufpassen (auf jdn) cuidar de alguien ▶U4/Voc
aufräumen (etw.) ordenar algo; **~ (etw.)** recoger algo ▶U1/A
aufstehen levantarse ▶U2/B
aufwachen despertarse ▶U2/B
Auge el ojo
August agosto
aus de
Ausflug la excursión ▶U1/A
ausfüllen (etw.) llenar algo ▶U2/A
Ausgang la salida ▶M4
ausgeben gastar algo ▶U3/A
ausgehen salir
ausräumen recoger ▶U4/Voc; **den Geschirrspüler ~** recoger el lavavajillas ▶U4/Voc
ausreichend suficiente ▶U2/A
ausruhen (sich) descansar
außerdem además
außerschulische Aktivitäten las extraescolares ▶U2/Voc

Außerirdische el/la extraterrestre ▶U5/B
Ausstellung la exposición ▶U1/Voc
auswählen (etw.) elegir algo ▶M1
Auto el coche ▶U1/Voc
Autonome Region la Comunidad Autónoma ▶M2
Avatar el avatar

B

Bad, Badezimmer el baño
baden (gehen) bañarse ▶M6
Bahnhof la estación ▶M4
Ball la pelota ▶U1/B
Banane el plátano ▶M3
Band la banda ▶U2/A
Bar el bar ▶U3/A
Basecap la gorra
Basketball el baloncesto ▶U2/Voc
Bastelarbeit las manualidades ▶U2/Voc
basteln hacer manualidades ▶U1/Voc
Baum el árbol ▶U1/B
Bedarf la necesidad ▶U4/A
bedeuten (etw.) significar algo ▶U4/Voc
bedeutendste (der/die) el/la mayor + *sust.* ▶M2
beeilen (sich) correr
beeindruckend impresionante ▶U5/B
beenden terminar ▶U1/B
befinden (sich) estar
beginnen empezar; comenzar ▶U5/A
begrüßen (jdn) saludar (a alguien) ▶U1/A
beim a la hora de algo ▶U2/B
bekannt de marca ▶M1; **~** conocido/-a ▶M2
bekommen (etw.) recibir algo ▶U3/B
beliebt popular
benutzen (etw.) usar algo ▶U4/B
bequem cómodo/-a ▶M1
Berg la montaña ▶M2
berichten (etw.) relatar algo ▶U5/A
berühmt (für) famoso/-a (por) ▶U3/A
beschützen (etw./jdn) proteger algo / a alguien ▶U1/A
besonders especial

beste, der/die/das ~ + *S.* el/la mejor + *sust.* ▶M2
bestellen (etw.) pedir algo ▶U3/A
bestimmt Seguro que
besuchen (etw./jdn) visitar algo / a alguien
Besucher/-in el/la visitante ▶M2
Bett la cama
bevor antes de + *inf.* ▶U2/B
Beweggrund el motivo ▶U3/A
bezahlen pagar ▶M5
Bibliothek la biblioteca
Bild la imagen ▶U3/Voc
bilden (etw.) formar algo ▶U5/A
Bio-(+*S.*) ecológico/-a ▶M3
bis hasta ▶U1/B; **von ... ~ ...** de... a...; **~ später!** Hasta luego.
bitte sehr de nada ▶M4
blau *Farbe* azul
bleiben quedarse ▶U2/B
blond rubio/-a
Box el altavoz
brauchen (etw.) necesitar algo
braun *Farbe* marrón; *Haarfarbe* castaño/-a
Brief la carta ▶U3/B; **~kasten** buzón; **~umschlag** el sobre ▶U3/B
Brille las gafas
bringen, jdn an einen Ort ~ llevar a alguien ▶U5/B
Brot el pan ▶M3
belegte Brötchen el bocadillo
Brotdose el táper
Bruder el hermano
Buch el libro; **~handlung** la librería ▶U5/B; **~klub** el club de lectura ▶U2/Voc
Buchstabe la letra
Bude la caseta
Büro la oficina
Bus el autobús (= bus *fam.*) ▶U1/Voc; el colectivo *arg.* ▶U5/B
Butter la mantequilla ▶M3

C

Café el bar ▶U3/A
Cafeteria el café
Cent el céntimo ▶M3
Chat el chat
chatten chatear
Chor el coro ▶U2/Voc
Clique la pandilla
Comic el cómic

Computer el ordenador
cool chulo/-a *fam.* ▶U5/B; guay; **echt ~!** ¡Mola mucho!
Couch el sofá
Cousin el primo
Cousine la prima

D

da, dort ahí ▶U3/B; **~, weil** como ▶U3/A
daher así que ▶M1
damals en aquella época ▶M5
damit con esto ▶U2/A
danach después
danke gracias; **Vielen Dank** Muchas gracias ▶M3; **~ für ...** Gracias por... ▶U4/A
dann entonces; luego ▶U2/B
dasselbe lo mismo ▶U2/A
deshalb, deswegen por eso
Datum la fecha
dauern tardar ▶M5
dein, deine, dein tu, tus
denken pensar
Denkmal el monumento ▶U3/B
der, die, das *Relativpronomen* que
Detail el detalle ▶U5/A
Deutsch *Schulfach* Alemán
Dezember diciembre
dickköpfig cabezota
Dienstag el martes
diese/dieser/dieses da ese, esa
dieser/diese/dieses este/esta; **diese** *Plural* estos/estas
Ding la cosa
Dinosaurier el dinosaurio ▶U5/A
direkt directamente ▶U5/B
Donnerstag jueves
Dorf el pueblo
dort allí; ahí ▶U3/B; por ahí ▶U1/A
Dose la lata ▶M3
dritter, dritte, drittes tercer, tercero/-a ▶U2/Voc
Dudelsack la gaita ▶U3/A
dunkel oscuro/-a ▶M1
durch etw. por algo ▶U1/Voc
Dusche la ducha
duschen ducharse ▶U2/B

E

Echse el lagarto ▶M2
Ecke el rincón
Ei el huevo ▶M3
Eigenschaft la cualidad

... eigentlich ... ... la verdad... ▶U4/B
ein bisschen un poco
ein paar unos, unas
einfach fácil; sencillo/-a ▶M1; simplemente ▶U5/B
einige un par (de) ▶U2/B; varios/-as ▶U5/A
Einkauf la compra
einkaufen hacer la compra; **~ gehen,** ir de compras ▶U1/Voc;
Einkaufsliste la lista de la compra ▶M3
Einkaufszentrum el centro comercial
einladen (jdn) invitar a alguien ▶U3/B
Einladung la invitación
einschalten/einräumen, den Geschirrspüler poner el lavavajillas ▶U4/Ac
einschlafen dormirse ▶U2/B
eintreten entrar
Eintrittskarte la entrada
einverstanden vale; De acuerdo.; **~?** ¿Te parece? ▶U4/B
Einwohner/-in el/la habitante ▶U5/Voc
Einwohnerbezeichnung el gentilicio ▶U5/Voc
Eis el helado
Eisdiele la heladería
Eltern los padres
E-Mail el e-mail
empfangen dar la bienvenida ▶M6
Ende el fin ▶U5/B; el final ▶U1/B
enden terminar ▶U1/B
endlich finalmente ▶U3/B; **~!** ¡Por fin!
Endziel el destino final ▶U3/A
Englisch Inglés
entdecken descubrir ▶U5/A
entscheiden decidir ▶U4/A
Entscheidung la decisión ▶U4/Voc
Entscheidungsfindung la toma de decisiones ▶U4/Voc
Entschuldigung? ¿Perdón? ▶M4
entspannt tranquilo/-a ▶U2/A
Erde la tierra ▶U5/Voc
Erdkunde Geografía
erfüllen (etw.) cumplir con algo ▶M6
Ergebnis el resultado
erhalten (etw.) recibir algo ▶U3/B

erklären (etw.) explicar algo; **proponer** algo ▶U5/A;
Erlebnisbad el parque acuático ▶U1/B
erneut de nuevo
Erober/-in el/la conquistador/-a ▶U5/A
erster, erste, erstes primer, primero/-a ▶U2/Voc
Erwachsene el/la adulto/-a ▶U3/B
erzählen contar ▶U1/B; ~ **(etw.)** relatar algo ▶U5/A
es ist +*Uhrzeit* son las/es la +*hora*
Essen la comida ▶U3/A
essen (etw.) comer algo; **zu Abend** ~ cenar ▶U2/B
etwas algo
euer, eure vuestro/-a, vuestros/-as
Euro el euro ▶M3
exakt exacto/-a ▶M5
existieren existir ▶M5

F

Fahne la bandera ▶U5/Voc
fahren (*Transportmittel*) **ir** en + *medio de transporte* ▶U1/Voc
Fahrplan el horario
Fahrrad la bicicleta (=la bici *fam.*) ▶U1/Voc
Fakt la curiosidad, el dato ▶M2
Familie la familia
fantastisch fantástico/-a ▶U4/A
Farbe el color ▶M1; (*Farbe*)-**farben** de color (+ *color*) ▶M1
Fasching el carnaval ▶U3/Voc
fast casi
Februar febrero
Federmappe el estuche
fehlen faltar
Feier la fiesta
Feierlichkeiten las fiestas
feiern (etw.) celebrar algo ▶U5/A
Feld el campo ▶U3/Voc
Fels la roca ▶U3/Voc
Fenster la ventana
Ferien las vacaciones
Ferienlager el campamento
Fernseher la televisión (= la tele *fam.*)
Fest las verbenas ▶M6
festlegen (etw.) fijar algo ▶U2/B
Festnetz(-Telefon) el teléfono fijo ▶M5

Feuer el fuego ▶M6
Feuerwek los fuegos artificiales ▶M6
Film la película
finden (etw./jdn) encontrar algo / a alguien; **etw. +** *Adj.* ~ **parecer** ~ *adj.* ▶U2/A
Fisch el pez ▶U4/A
Flagge la bandera ▶U5/Voc
Flasche la bolla ▶M3
Flugzeug el avión ▶U5/B
Fluss el río ▶M2
Folge el episodio ▶U2/B
folgen (jdm) seguir a alguien ▶U4/A
formen (etw.) formar algo ▶U5/A
fortsetzen continuar algo ▶U5/A
Foto la foto; **~s machen sacar** fotos ▶U1/Voc
Fotografie la fotografía
Frage la pregunta
fragen preguntar
Frau la señora ▶M4
frei libre
Freitag el viernes
Freizeit el tiempo libre
Freude la alegría ▶M6
Freund/-in el/la amigo/-a
freundlich amable ▶U5/B
Frieden la paz ▶U4/B
früh temprano ▶U2/B
Frühstück el desayuno ▶U4/Voc
frühstücken desayunar ▶U2/B
fühlen (sich) sentirse ▶U4/Voc
füllen (etw.) llenar algo ▶U2/A
fünfter, fünfte, fünftes quinto/-a ▶U2/Voc
für para; ~ **dich** para ti; ~ **mich** para mí
furchtbar fatal
Fuß el pie ▶U5/B; **zu ~gehen ir** a pie ▶U1/Voc
Fußball *Sportart* el fútbol; ~ **spielen jugar** al fútbol ▶U1/Voc
Futter la comida ▶U4/A

G

Galicisch *Sprache* el gallego ▶U3/A
galicisch, aus Galicien gallego/-a ▶U3/A
ganz/-e todo/-a ▶U2/A
Garten el jardín ▶U4/Voc; (**Obst-/ Gemüse-)~** el huerto ▶U2/Voc

Gebäude el edificio ▶U3/Voc
geben (jdm etw.) dar algo a alguien ▶U4/A; ~ **es gibt** hay
gebraucht de segunda mano ▶M1
Geburtstag el cumpleaños
Gedanke el pensamiento ▶M6
geduldig paciente
gefallen gustar; **jdm sehr ~** encantar a alguien ▶U2/A
Gegend la región ▶U3/Voc
Gegensatz el contraste ▶U5/Voc
gegenwärtig sein estar presente (en algo) ▶U3/A
Geheimnis el misterio ▶U3/B
geheimnisvoll misterioso/-a ▶U3/B
gehen ir (a + *lugar*); caminar ▶U3/B; (**hinaus**)~**, aus~ salir**; **einkaufen ~, shoppen ~ ir** de compras ▶U1/Voc; **spazieren ~** pasear; **zu Fuß ~, laufen ir** a pie ▶U1/Voc; **schlafen ~ acostarse** ▶U2/B; **~ wir!** ¡Vamos!
geht so más o menos; ~ **so** regular
gelb amarillo/-a ▶M1
Geld el dinero
gelegen sein estar situado/-a ▶M2
Gelegenheit ocasión ▶U5/A
gemeinsam juntos/-as
Gemüse la verdura ▶M3
genau exacto/-a ▶M5
genießen (etw.) disfrutar (de algo) ▶U1/Voc
genügend suficiente ▶U2/A
gerade recto/-a ▶M4
geradeaus todo recto ▶M4
Geräusch el sonido; el ruido ▶M5
Gericht el plato ▶U5/Voc
gern geschehen de nada ▶M4
Geschäft la tienda
Geschenk el regalo
Geschichte Historia; la historia ▶U5/A
Geschirrspüler el lavavajillas ▶U4/Voc; **den ~ ausräumen recoger** el lavavajillas ▶U4/Voc; **den ~ einschalten/einräumen poner** el lavavajillas ▶U4/Voc;
Geschwister los hermanos
Gesicht la cara ▶U3/B
gestern ayer ▶U5/B
gewinnen ganar ▶U1/B

gewöhnen, sich an etw. ~ acostumbrarse a algo ▶U5/B
Gitarre la guitarra
glatt liso/-a
glauben (etw.) creer algo ▶U4/B
gleiche + *S.* el/la mismo/-a + *sust.* ▶U5/A
gleichzeitig al mismo tiempo ▶U1/A; a la vez ▶U2/B
Glück la suerte ▶U1/B; ~ **haben** tener suerte; **zum** ~ por suerte ▶U1/B
Grad el grado ▶M2
Gramm el gramo ▶M3
Graphic Novel la novela gráfica ▶U2/A
grau gris ▶M1
grenzen (an etw.) limitar con algo ▶U5/Voc
groß grande; inmenso/-a ▶M4; ~ **Menschen** alto/-a; ~ *por todo lo alto* ▶M6; **der/die größte** el/la mayor + *sust.* ▶M2
großartig genial
Großeltern los abuelos
Großmutter la abuela
Großvater el abuelo
grün *Farbe* verde
Grund el motivo ▶U3/A
gründen (etw.) fundar algo ▶U5/A
Gründung la fundación ▶U5/A
Gruppe el grupo
Gruppenarbeit el trabajo en grupo
Gruß el saludo ▶M5
grüßen (jdn) saludar (a alguien) ▶U1/A
glücklich sein estar feliz ▶U2/A
gut bien; **Das Wetter ist ~.** Hace buen tiempo.; **gut** bueno/-a ▶U1/B
Guten Tag. Buenos días
Gymnasium el instituto
Gymnastik la gimnasia ▶U2/Voc

H

Haare el pelo
haben (etw.) tener algo; **Glück ~** tener suerte; **Recht ~** tener razón; **Schwierigkeiten ~** tener dificultades con algo / + inf.; **Unterricht ~** tener clase; **Zeit ~** tener tiempo; **einen Moment ~** tener un momento
Hafen el puerto ▶U5/A

halbe/r, halbes medio/-a ▶M3
Hälfte la mitad ▶M5
Hallo! Hola
Haltestelle la parada ▶U5/B
Hamster el hámster ▶U4/A
Hand la mano *f.*
Handarbeit las manualidades ▶U2/Voc
Handball *Sport* el balonmano ▶U2/Voc
Handtuch la toalla ▶U1/B
Handy el móvil
Hart duro/-a ▶U3/B
hässlich feo/-a
Hauptstadt la capital ▶U3/A
Haus la casa
Hausaufgaben los deberes
Haustier la mascota
Heft el cuaderno
heiß *Wetter* caluroso/-a ▶M2; **es ist ~** hace calor;
heißen llamarse ▶M2
helfen (bei etw.) ayudar con algo; ~ **(jdm bei etw.)** ayudar (a alguien a + *inf.*) ▶U1/A; ~ **(jdm)** ayudar a alguien
Hemd la camisa ▶M1
hereinkommen entrar
Herr el señor ▶M4
Herz el corazón ▶U3/Voc
heute hoy
Heute ist +*Wochentag*. Hoy es
Hexe la bruja ▶M6
Hey! ¡Che! *arg.* ▶M1
hier aquí
hiermit con esto ▶U2/A
Hilfe el apoyo ▶U4/Voc
hilfreich útil ▶M5
Himmel el cielo ▶U3/Voc
hinaufgehen subir algo ▶M4
hinlegen (sich) acostarse ▶U2/B
hinsetzen (sich) sentarse ▶U2/B
hinter detrás de
Hintergrund el fondo ▶U3/Voc; **im ~** al fondo ▶U3/Voc
Hip Hop Schritt el paso de hiphop
historisch histórico/-a ▶U3/A
Hobbys los hobbies *pl.* ▶U2/B
hoch (*Berg, Gebäude ...*) alto/-a ▶M2
hochheben levantar algo ▶U5/A
Hof el patio
hören (etw.) escuchar algo

Hör mal, ... Oye, ...
Horizont el horizonte ▶U3/Voc
Hose los pantalones ▶M1
hübsch bonito/-a
Hund, die Hündin el/la perro/-a ▶U1/Voc; **mit dem ~ rausgehen** pasear al perro ▶U1/Voc
Hunger el hambre *f.*

I

Ich passe. Yo paso.
ich ziehe an me pongo ▶M1
ideal ideal
Idee la idea
ihnen gefällt/gefallen a ellos/ellas les gusta/n ▶U1/A
ihr vosotros/-as; ~ ustedes ▶U5/B
ihr, ihre, sein, seine su, sus; **ihre** *Pl.* su, sus
immer siempre; **(~) noch** todavía ▶M1; **~mehr** cada vez más ▶M5;
in en; **~ welche/r, welchen?** en qué ▶U3/A
in Ruhe con calma ▶U2/B
Influencer/-in el/la influencer ▶U1/A
Informatik Tecnología y Digitalización
Information la información
informieren (jdn) informar a alguien
Insel la isla ▶M2
insgesamt en total ▶M2
Instrument el instrumento ▶U3/A
intelligent inteligente
interessant interesante
Interesse el interés ▶U2/B
interessieren (jdn) interesar a alguien ▶U2/A
international internacional ▶U3/A
Internet el Internet; **im ~ surfen** navegar en Internet ▶U1/Voc
Interview la entrevista; **Interviews führen** hacer entrevistas

J

ja sí; **~klar.** Pues sí.
Jacke la chaqueta ▶M1
Jahr el año; **90er ~** los años 90 ▶M5; **... ~e alt werden** cumplir... años
Jahrhundert el siglo ▶U5/A
Januar enero
Jeans los vaqueros ▶M1

jede/-n/-s todo/-a ▶U2/A
jede/-r/-s cada ▶U2/B
jemand alguien ▶U2/B
jetzt ahora
Jogginghose los pantalones de chándal ▶M1
Judo el judo ▶U2/Voc
Jugendclub el centro juvenil
Jugendliche el/la adolescente ▶M5; el/la joven ▶U1/A
Juli julio
jung joven, jóvenes ▶M5
Junge el chico
Juni junio

K

Käfig la jaula ▶U4/A
kalt frío/-a ▶M1
Kamera la cámara ▶M5
Kantine el comedor
Kanu la piragua ▶U1/Voc
Kanufahren ir en piragua ▶U1/Voc
Karneval el carnaval ▶U3/Voc
Karte el mapa ▶M4
Karteikarte la ficha ▶U2/B
Karten las cartas ▶U1/B
Kartoffel la patata ▶M3
Käse queso ▶M3
Kater, die Katze el/la gato/-a
Kathedrale la catedral ▶U3/B
kaufen (etw.) comprar algo
Kein Problem ¡Tranquilo/-a!
Keine Ahnung. Ni idea.
keltisch celta *inv.* ▶U3/A
kennen (etw./jdn), kennenlernen (etw./jdn) conocer algo / a alguien ▶U3/A
Kilo el kilo ▶M3
Kilometer el kilómetro (km) ▶M2
Kind el/la niño/-a
Kinder los hijos, las hijas
Kino el cinema (= el cine *fam.*)
Kiosk el quiosco
Kirche la iglesia ▶U3/Voc
klar claro
Klasse la clase
Klassenarbeit el examen
Klassenlehrer/-in el tutor, la tutora
Klassenleitungsstunde Tutoría
Klassenraum la clase; el aula *f*
Kleid el vestido ▶M1
Kleidung la ropa
klein bajo/-a; pequeño/-a

klettern escalar ▶U1/Voc
Klingel el timbre
klug inteligente
knabbern picotear ▶U2/B
kochen cocinar
komisch raro/-a ▶M5
kommen llegar a ▶U1/B; ~ venir ▶U4/B
Konflikt el conflicto
können poder
Kontakt el contacto ▶U4/A
Kontrast el contraste ▶U5/Voc
Konzert el concierto
kosten costar ▶U4/A
kostenlos gratis
köstlich estar bueno/-a ▶U5/B
Kräuter las hierbas ▶M6
kreativ creativo/-a
Küche la cocina
Kugelschreiber el bolígrafo
Kühlschrank la nevera
Kultur la cultura ▶U3/A
Kunst el arte ▶U3/A; *~Schulfach* Educación Plástica y Visual
Künstler/-in el/la artista ▶U5/A
Kunstunterricht las artes plásticas ▶U2/Voc
Kurs el curso
kurz corto/-a
Kuss, das Küsschen el beso
Küste la costa ▶M2

L

Labor el laboratorio
Lage la situación
Lagerfeuer la hoguera ▶M6
Laib *Brot* la barra ▶M3
Lampe la lámpara
Land el país ▶M2; la tierra ▶U5/Voc
Landschaft el paisaje ▶U3/Voc
lang largo/-a
Länge la longitud ▶M2
langsam lento/-a ▶M5
langweilig aburrido/-a
Laptop el portátil
lassen (etw.) dejar algo ▶U1/B; jdn in Ruhe ~ dejar a alguien en paz ▶U4/B
laufen correr ▶U1/A
laut, mit lauter Stimme en voz alta ▶U3/B
Lautsprecher el altavoz

leben vivir
Leben la vida
Lebensmittel el alimento ▶M3
Leberfleck el lunar
lecker estar bueno/-a ▶U5/B
legen (etw.) poner algo ▶U4/Voc
Legende la leyenda ▶U5/A
Lehrer/-in el/la profesor/-a
leicht fácil
Leichtathletik el atletismo ▶U2/Voc
leise, mit leiser Stimme en voz baja ▶U3/B
Lesen, die Lektüre la lectura ▶U2/Voc
lernen estudiar; ~ (etw.) aprender algo
lesen leer
letzte + S. el/la último/-a + *sust.* ▶U5/B
letzte/r, letztes pasado/-a ▶U5/B
Leuchtturm el faro ▶U3/Voc
Leute la gente; ~, ... Chicos, ...
Liebe el cariño ▶U4/A
Liebe/r... Querido/-a...
lieben (etw./jdn) amar algo / a alguien ▶U3/A
Lieblings- (+*S.*) favorito/-a ▶U1/A
liegen estar situado/-a ▶M2
Lineal la regla
linke Seite la izquierda ▶U3/Voc
links a la izquierda ▶U3/Voc
Liste la lista
Liter el litro ▶M3
Literatur la literatura ▶U5/A
lockig rizado/-a
Los! ¡Venga!
lösen (etw.) resolver algo ▶U3/B; ein Problem ~ solucionar un problema
Lösung la solución
Lust auf etw. haben; ~ haben, etw. zu tun tener ganas; Gar keine ~! ¡Qué pereza! ▶U2/B
lustig divertido/-a

M

Mach mit! ¡Apúntate!
machen (etw.) hacer; Fotos ~ sacar fotos ▶U1/Voc; Plogging ~ hacer *plogging* ▶U1/A; ~, etw. alleine ~ hacer algo solo/-a
Mädchen la chica

Deutsch-spanisches Wörterbuch

magisch mágico/-a ▶U3/A
Mai mayo
Mal la vez ▶U3/B
mal sehen a ver
man muss + *Inf.* hay que + *inf.* ▶M3
manchmal a veces
Manga el manga ▶U2/A
Mann el hombre ▶U5/A
Mannschaft el equipo ▶M4; la selección ▶U5/A
Mantel el abrigo ▶M1
Marken-(+ S.) de marca ▶M1
Markt el mercado
März marzo
Mathematik Matemáticas (Mates)
Medienzeit el ocio online ▶U4/Voc
Meer el mar ▶U3/Voc
mehr más; *immer ~ cada vez más* ▶M5; **~ als** + *Zahl* más de + *número* ▶M2
mehrere varios/-as ▶U5/A
mein, meine, mein mi, mis
Meinung, seine ~ ändern cambiar de idea
Menge un montón ▶U5/B
Meter el metro ▶M4
Milch la leche ▶M3
Million millón ▶M2
Minute el minuto
mir a mí; **~ nicht** a mí no; **~ auch nicht** a mí tampoco; **~ schon** a mí sí
mit con; **~ dir** contigo ▶U4/B; **~ mir** conmigo ▶U5/B; **~ wem?** ¿con quién?
mitbringen (etw.) traer algo ▶U1/B
Mitschüler/-in el/la compañero/-a
Mitspieler/-in el/la compañero/-a ▶U5/A
Mittagessen la comida ▶U4/Voc
mittags al mediodía ▶U1/B
Mitte el centro ▶U3/Voc
Mittwoch el miércoles
modern moderno/-a
mögen gustar
möglich posible ▶U5/A
Moment el momento; **einen ~ haben tener** un momento
Monat el mes
Montag el lunes
montags, jeden Montag los lunes
Morgen la mañana
morgen mañana

Morgengrauen, der frühe Morgen la madrugada
Mountainbike la bici de montaña ▶U1/Voc; **~ fahren hacer** rutas en bici de montaña ▶U1/Voc;
müde sein estar cansado/-a ▶U2/A
Müll la basura; **den ~ rausbringen sacar** la basura
Museum el museo
Musik la música; **~schule** la escuela de música ▶U2/Voc
müssen, etw. tun ~ tener que +*inf.*
Mutter la madre
Mütze la gorra

N

na pues; **~ so was!** ¡hala!
nach + *S.* despúes de + *sust.* ▶U1/A
Nachbar/-in el/la vecino/-a
nachdem después de ▶U2/B
nachdenken, darüber ~ zu + *Inf.* **pensar** en + *inf.* ▶U4/A
Nachhilfeunterricht las clases particulares (de refuerzo) ▶U2/Voc
Nachmittag la tarde
nachmittags por la tarde
Nachmittagssnack la merienda
Nachricht el mensaje ▶U2/B; la noticia ▶U4/A
nächste + *S.* el/la próximo/-a + *sust.* ▶U2/A; **~ Woche** la semana que viene
Nacht la noche; **gestern ~** anoche ▶U5/B
nachts de noche ▶U3/B
Nähe, in der ~ von etw. estar cerca (de algo)
Naja, ... / Also ... Bueno...
Name el nombre ▶U5/Voc
national nacional ▶U5/Voc
Nationalfeiertag la fiesta nacional ▶U5/Voc
Natur la naturaleza
natürlich natural ▶U3/Voc
Navi el GPS ▶M4
neben al lado de
negativ negativo/-a ▶M6
nein no
nerven (mit etw.) ser pesado/-a con algo
nervig pesado/-a; **Wie ~!** ¡Qué rollo!

nett amable ▶U5/B; **~** majo/-a
neu nuevo/-a
Neue el/la nuevo/-a
Neujahr Año Nuevo
neulich el otro día ▶U5/B
nicht no; **mir auch ~** a mí tampoco; **mir ~** a mí no; **~ einmal** (no...) ni ▶U4/B; **auch ~** tampoco; **~ mehr** ya no; **~ wahr?** ¿verdad?
nichts (no...) nada ▶U4/B
nie (no...) nunca ▶U4/B
niemand (no...) nadie ▶U4/B
noch, (immer) ~ todavía ▶M1
Noch etwas? ¿Algo más? ▶M3
Norden el norte ▶U5/Voc
normal normal ▶U4/B
normalerweise normalmente
Notiz la nota
Notizen los apuntes ▶U2/B
Notwendigkeit la necesidad ▶U4/A
November noviembre
nur solo; **~** + *Zeit* **von** + *Ort* **entfernt sein estar** a solo + *tiempo* de + *lugar* ▶U3/A
nützlich útil ▶M5

O

ob si ▶U4/B
Oberfläche la superficie ▶U5/Voc
Obst la fruta ▶U1/B
Obstgeschäft, der Obststand la frutería ▶M3
obwohl aunque ▶U3/A
oder o, u; **~?, stimmt's?** ¿no?
offen abierto/-a ▶U2/B
offiziell oficial ▶U5/Voc
öffnen (etw.) abrir algo
ohne sin ▶U3/A
Ohrringe los pendientes
ok vale
Oktober octubre
Öl el aceite ▶M3
Oma la abuela
Onkel el tío, **~ und Tanten** los tíos
Opa el abuelo
Option la opción ▶U4/A
orange *Farbe* naranja *inv.* ▶M1
Orange la naranja ▶M3
organisieren (etw.) organizar algo **sich ~** organizarse ▶U2/B
Ort el lugar
Osten el este ▶U5/Voc

Outfit of the day **(OOTD)** el outfit del día ▶M1

P

Packung el paquete ▶M3
Padel *Sportart* el pádel
Papierkorb la papelera
Park el parque
Partner/-in (von jdm) la pareja (de...)
Party la fiesta
Pause la pausa ▶U2/B; **(Hof-)~** el recreo
perfekt perfecto/-a
Person la persona
Peso el peso ▶U5/Voc
Pferd el caballo ▶U1/Voc
Pflicht el deber ▶U4/Voc
Physik und Chemie Física y Química
Picknick el pícnic
picknicken hacer
Pilger/-in el/la peregrino/-a ▶U3/A
Pinguin el pingüino ▶U5/B
Pizza la pizza ▶U1/Voc
Pizzeria la pizzería ▶M2
Plan el plan
Platz la plaza
plaudern charlar
Plogging machen hacer *plogging* ▶U1/A
plötzlich de repente ▶M4
Pokal el trofeo ▶U5/A
Poster el póster
Postkarte la postal
prächtig por todo lo alto ▶M6
Präsentation la presentación
präsentieren (etw.) presentar algo
Privatsphäre el espacio ▶U4/Voc
proben ensayar ▶U2/A
probieren (etw.) probar algo
Problem el problema
Profil el perfil
Programm el programa
Programmierung la programación
Projekt el proyecto
Provinz la provincia ▶U5/B
Prozess el proceso ▶U5/A
Prüfung el examen
Pullover el jersey ▶M1
Punkt el punto ▶U4/A
putzen limpiar (algo); **sich die Zähne ~** lavarse los dientes ▶U2/B

Pyrenäen los Pirineos

Q

Quadratkilometer el kilómetro cuadrado ▶U5/Voc
quatschen charlar

R

Radiergummi la goma de borrar
Radio la radio ▶M5
Rat el consejo ▶U4/A
Rätsel el misterio ▶U3/B; el acertijo ▶U3/B
Privatsphäre el espacio ▶U4/Voc
Recht el derecho ▶U4/Voc; **~ haben** tener razón
rechte Seite la derecha ▶U3/Voc
rechts a la derecha ▶U3/Voc
rechtzeitig a tiempo ▶U2/B
Recycling el reciclaje; **~-Kunst** el recicl-arte ▶U2/Voc; **~projekt** el proyecto de reciclaje
Regal la estantería
Regen la lluvia ▶U3/A
Regenschirm el paraguas ▶U3/A
Regierung el gobierno ▶U5/A
Region la región ▶U3/Voc
regnen llover ▶M1
Reis el arroz ▶M3
Reise el viaje ▶U5/B
reisen viajar a
reiten montar a caballo ▶U1/Voc
rennen correr ▶U1/A
Republik la república ▶U5/Voc
Restaurant el restaurante ▶M2
Reste los restos ▶U5/A
Rezept la receta
riesig inmenso/-a ▶M4
Robotertechnik, Robotik la robótica ▶U2/Voc
Rock la falda ▶M1
rosa rosa *inv.* ▶M1
rot rojo/-a ▶M1
rothaarig sein ser pelirrojo/-a
Route la ruta ▶U1/Voc
Routine la rutina ▶U2/B
Rucksack la mochila
rufen (jdn) llamar a alguien
Ruhe la calma ▶U2/B, **jdn in ~ lassen** dejar a alguien en paz ▶U4/B
ruhig tranquilo/-a ▶U2/A; **estar** tranquilo/-a ▶U4/B
Rutsche el tobogán ▶U1/B

S

Sache la cosa
Saft el zumo
sagen (etw.) decir algo ▶U4/B
Salat la ensalada; **der ~(-kopf)** la lechuga ▶M3
Samstag el sábado
Sardine la sardina ▶M6
sauber machen limpiar (algo)
Schal la bufanda
schlafen dormir ▶U2/B
Schatten la sombra ▶M2; **im ~** a la sombra ▶M2
schauen mirar; **Schau mal ...** Mira... ▶U1/A
schenken (jdm etw.) regalar algo a alguien ▶U4/A
schicken (jdm etw.) mandar algo (a alguien) ▶U4/A
Schicksal el destino ▶U3/A
Schildkröte la tortuga ▶U4/A
Schinken el jamón ▶M3
schlafen dormirse ▶U2/B
Schlauberger listillo/-a
schlecht mal; malo/-a; der/die/das **schlechteste + S.** el/la peor + *sust.* ▶M2
schließlich al final; **~ finalmente** ▶U3/B;
Schlittschuhlaufen el patinaje ▶U2/Voc
Schloss el castillo
Schlüssel la llave
schmerzen doler ▶U5/B
schnell rápido ▶U2/B
Schnitzeljagd la yincana ▶U3/B
schon ya; **mir ~** a mí sí
Schrank el armario
Schreiben la escritura ▶U2/Voc
schreiben (etw.) escribir algo
Schreibklub el club de escritura ▶U2/Voc
Schreibtisch el escritorio
Schritt el paso ▶U4/A; **Hip Hop ~** el paso de hiphop; **auf ~ und Tritt** a cada paso ▶U4/A
Schuhe los zapatos ▶M1
Schul- (+ S.) escolar ▶U2/Voc; **~-austausch** el intercambio (escolar) ▶M1
Schule el instituto (= el insti *fam.*)
Schüler/-in el/la alumno/-a

doscientos tres 203

Deutsch-spanisches Wörterbuch

Schulfach la asignatura ▶U2/A
Schulgarten el huerto escolar ▶U2/Voc
Schuljahr el curso ▶U2/A
Schulliga la liga escolar
Schulnote la nota
Schutzheilige el patrón, la patrona
schwarz *Haarfarbe* negro/-a
schwer duro/-a ▶U3/B; difícil
Schwester la hermana
schwierig difícil
Schwierigkeiten haben tener dificultad/es con algo / + inf.
Schwimmbad la piscina ▶U1/Voc
Schwimmen *Sport* la natación ▶U2/Voc
schwimmen nadar ▶U1/Voc
Schwimmer/-in el/la nadador/a ▶U1/B
Science-Fiction la ciencia ficción ▶U5/A
scrollen escrolear ▶U2/B
Second Hand de segunda mano ▶M1
See el lago ▶U3/Voc
sehen mirar; ~ (etw.) ver algo
Sehenswürdigkeit la atracción ▶M2; el monumento ▶U3/B
sehr muy; mucho ▶U4/A; ~ **gut** muy bien; ~ **gut** *Schulnote* el sobresaliente
sein ser; estar; müde ~ estar cansado/-a ▶U2/A; für jdn da ~ estar allí para alguien
ihr, ihre, sein, seine su, sus
seit desde ▶M1; a partir de ▶M5; ~ + *Zeitspanne* desde hace ▶U4/B
seitdem desde entonces ▶U5/A
Selfie el selfi ▶M5
seltsam raro/-a ▶M5
September septiembre
Serie la serie
Sessel el sillón
setzen (sich) sentarse ▶U2/B
sicher seguro/-a ▶U4/Voc
sicherlich Seguro que
Situation la situación
Skaten el patinaje ▶U2/Voc
skaten patinar ▶U1/Voc
so así ▶U1/A; ~ + *Adj.* wie *Komparativ* tan + *adj.* (como) ▶U3/A
sodass así que ▶M1
Sofa el sofá

sofort enseguida ▶U3/B
Sohn el hijo
Sommer el verano
Sommersprossen las pecas
Sonne el sol ▶U1/Voc; **Die ~ scheint.** Hace sol. ▶M1
sonnen (sich) tomar el sol ▶U1/Voc
Sonntag el domingo
sorgen (für jdn) cuidar de alguien ▶U4/Voc
Sorgen, sich um jdn ~ machen preocuparse por alguien ▶U4/B
sozialen Medien las redes sociales ▶U2/B
Spanien España
Spanisch el español; *Schulfach Lengua*
spanisch español/-a ▶M2
spät tarde
später luego ▶U2/B; **Bis ~!** Hasta luego.
spazieren gehen pasear
Spezies la especie ▶U5/A
Spiegel el espejo
Spiel *Sport* el partido
spielen (etw.) jugar a algo ▶U1/B; ~ *Instrument* tocar; **Fußball ~** jugar al fútbol ▶U1/Voc; **Videospiele ~** jugar a videojuegos ▶U4/B
Spieler/-in el/la jugador/a ▶U1/B
Spielkonsole la consola (de videojuegos)
Spielzeug el juguete ▶U4/A
Sport el deporte; los deportes; *Schulfach* Educación Física; ~ **machen** hacer deporte; **~halle** el gimnasio; ~ **zentrum** el centro deportivo ▶M4
Sportler/-in el/la deportista
sportlich deportivo/-a ▶U1/A
Sprache el idioma ▶U2/Voc; la lengua ▶U5/Voc
sprechen hablar
Stadion el estadio ▶U5/B
Stadt la ciudad
Stadtplan el mapa ▶M4
Stand la caseta
Stärke el fuerte ▶U1/B
Startseite el inicio ▶U4/A
Station la parada ▶U5/B
staubsaugen pasar la aspiradora ▶U4/Voc

Staubsauger la aspiradora ▶U4/Voc
stellen (etw.) poner algo ▶U4/Voc
Stiefel las botas ▶M1
Stift lápiz
Stil el estilo ▶U4/A
Stimme voz ▶U3/B
Stimmung el ambiente ▶U5/B
stören (jdn) molestar a alguien ▶U4/B
Strand la playa
Straße la calle
Streit la pelea
streiten (sich) discutir
streng estricto/-a
Stress el estrés ▶U2/A
stressen (sich) estresarse ▶U2/B
Struktur la estructura ▶U2/B
studieren estudiar ▶U4/B
Stuhl la silla
Stunde la hora
Stundenplan el horario
stur cabezota
suchen (etw.) buscar
Süden el sur ▶U5/Voc
surfen hacer surf ▶U3/A
Süßigkeit la golosina ▶U1/B
sympathisch majo/-a; simpático/-a

T

Tablet la tableta
Tafel la pizarra
Tag el día; **jeden ~** cada día ▶U2/B; **Welcher ~ ist heute?** ¿Qué día es hoy?; **Guten ~.** Buenos días
Tagebuch el diario
täglich cada día ▶U2/B; ~ diario/-a ▶U4/A
Tango el tango ▶U5/B
Tante la tía
Tanz el baile
tanzen bailar
Taschengeld la paga ▶U4/Voc
tatsächlich realmente ▶U5/A
tausend mil ▶M2
Technologie la tecnología
Teigtasche la empanada ▶U3/A
Teil la parte ▶U3/B
teilen (etw. mit jdm) compartir algo (con alguien); ~ **(etw.)** repartir algo ▶U4/A

teilnehmen (an etw.) participar en algo
Telefon el teléfono fijo ▶M5; *ans ~ gehen* contestar ▶M5
Teller el plato ▶U4/Voc
Temperatur la temperatura ▶M2
Tennis *Sport* el tenis ▶U2/Voc
Teppich la alfombra
Termin la cita
Terminkalender la agenda
Terrarium el terrario ▶U4/A
teuer caro/-a ▶U3/A
Text el texto
Theater el teatro; *~gruppe* el grupo de teatro
Thunfisch el atún ▶M3
Tier el animal
Tierarzt el veterinario ▶U4/A
Tierärztin la veterinaria ▶U4/A
Tierheim el refugio de animales ▶U4/A
Tisch la mesa; *den ~ decken* poner la mesa ▶U4/Voc
Tochter la hija
Toilette el baño
toll chulo/-a *fam.* ▶U5/B; guay; fantástico/-a ▶U4/A
Tomate el tomate ▶M3
Ton el sonido ▶M5
Tortilla la tortilla (de patatas) ▶U1/B
Tourist/-in el/la turista ▶M2
touristisch turístico/-a ▶M2
Tradition la tradición ▶U3/A
traditionell tradicional
tragen (etw.) llevar algo
Training el entrenamiento ▶U4/A
traurig estar triste ▶U4/B
treffen (jdn) encontrar algo / a alguien
Treppe la escalera ▶M4
treu fiel
Trimester el trimestre ▶U2/A
trinken (etw.) beber algo; tomar algo
Trophäe el trofeo ▶U5/A
Tschüss ¡Adiós!
T-Shirt la camiseta ▶M1
tun (etw.) hacer ; *etw. ~ werden* ir a + *inf.*
Tür la puerta
Turm la torre ▶U3/Voc
Turnen la gimnasia ▶U2/Voc

Turnhalle el gimnasio
Turnschuhe las zapatillas (de deporte) ▶M1
Typ el tipo
typisch típico/-a ▶U3/Voc

U

U-Bahn el metro ▶U1/Voc
üben (etw.) practicar algo
über sobre; *~* encima de
überqueren (etw.) cruzar algo ▶M4
Überraschung la sorpresa
Überreste los restos ▶U5/A
überzeugen (jdn) convencer a alguien ▶U4/A
Uhr el reloj
Uhrzeit la hora
um, zu para + *inf.*
um +*Uhrzeit* a las +*hora*; *~ ehrlich zu sein* ... la verdad ... ▶U4/B; *~ eins/dreizehn Uhr* a la una; *~ wieviel Uhr?* ¿A qué hora...?
Umarmung el abrazo
umgestalten (etw.) adaptar algo en algo ▶U5/A
Umschlag el sobre ▶U3/B
Umwelt el medio ambiente ▶U1/A
unabhängig independiente ▶U4/A
Unabhängigkeit la independencia ▶U5/A
unbekannt desconocido/-a ▶U5/A
unbesorgt estar tranquilo/-a ▶U4/B
und y, e
Uniform el uniforme ▶M1
unmöglich imposible
übrigens por cierto ▶U1/A
unter debajo de
Unterricht la clase; *~ haben* tener clase
unterschiedlich diferente
Unterstützung, Hilfe el apoyo ▶U4/Voc
Urlaub, im *~* de vacaciones

V

Vater el padre
verabreden, sich *~* quedar
Verabredung la cita
Verantwortung la responsabilidad ▶U4/A
verbinden, sich ~ conectarse ▶M5
Verbindung la conexión ▶M5

verbrennen (etw.) quemar algo ▶M6
verbringen pasar (+ *tiempo*)
vereinbaren (etw.) acordar algo ▶M5
verfolgen (jdn) seguir a alguien ▶U4/A
vergangen pasado/-a ▶U5/B
vergehen *Zeit* pasar *tiempo* ▶U3/B
vergessen (etw.) olvidar algo
Verkäuferin la vendedora ▶M3
Verkehr el tráfico ▶M4
verlieren (etw.) perder algo ▶U1/B
Verlierer/-in el/la perdedor/a ▶U1/B
vermeiden (etw.) evitar algo ▶U2/A
vermissen (jdn) echar de menos a alguien ▶U4/B
veröffentlichen (etw.) publicar algo ▶U5/A
verpassen (etw.) perder algo ▶U1/B
verstecken (etw.) esconder algo
verstehen (etw./jdn) entender algo / a alguien
verteilen (etw.) repartir algo ▶U4/A
versuchen (zu + *Inf.*) intentar (+ *inf.*) ▶U2/B
Video el vídeo; **Videoanruf** la videollamada ▶U1/A
viel mucho ▶U4/A; *Wie ~ kostet das?* ¿Cuánto es? ▶M3
Viel Spaß! ¡A disfrutar! ▶U1/Voc
viel, viele mucho/-a
vielleicht quizás
vierter, vierte, viertes cuarto/-a ▶U2/Voc
von de; *~ ... bis ...* de... a...; *~ ... bis ... (Uhrzeit)* desde las... hasta las...
vor + *Zeit* hace + *tiempo* ▶U5/B; *~* delante de; **vorher, *~ dem/der* +** *S.* antes (de + *sust.*) ▶U2/B
vor allem sobre todo
vorbereiten (etw.) preparar algo; *sich ~* prepararse ▶U2/B
Vordergrund, im *~* en el primer plano ▶U3/Voc
vorgestern anteayer ▶U5/B
vorher, vor dem/der + *S.* antes (de + *sust.*) ▶U2/B
Vormittag la mañana

vorschlagen (etw.) proponer algo ▶U5/A
Vorsicht el cuidado ▶M4
vorsichtig sein tener cuidado ▶M4
vorstellen (sich etw.) imaginarse algo ▶M5
Vortrag la presentación
Vulkan el volcán ▶M2

W

Wahl la opción ▶U4/A
wählen (etw.) elegir algo ▶M1
während durante ▶U3/B
Wahrheit la verdad ▶U4/B
Währung la moneda ▶U5/Voc
Wald el bosque ▶U3/Voc
Wand la pared
wandern caminar ▶U3/B; hacer senderismo ▶U1/Voc
Wann ...? ¿Cuándo...?; ¿A qué hora...?
warten (auf jdn) esperar (a alguien) ▶U3/B
Warteschlange la cola; in der ~ stehen hacer cola
warum? ¿por qué?
Was für ein/e + *S.*! ¡Qué + *sust.*! ▶U1/A
Was ...? ¿qué...?; ~ ist los? ¿Qué pasa?
Waschbecken el lavabo
waschen etw. lavar algo ▶U4/Voc; sich ~ lavarse ▶U2/B
Wasser el agua *f.*
Wasserfall la catarata ▶U5/B
Weg el camino ▶U3/B
weh tun doler ▶U5/B
weil porque; como ▶U3/A
weiß *Farbe* blanco/-a ▶M1
weit (weg) lejos ▶U1/B
welcher, welche, welches ¿cuál? ¿cuáles?
Welle la ola ▶U1/B
Welt el mundo
Weltmeister/-in el/la campeón/a del mundo ▶U5/A
Weltmeisterschaft la Copa del Mundo ▶U5/A
wen? ¿a quién/quiénes? ▶U3/A
wenig, wenige poco/-a
weniger + *Adj* (**als**) menos + *adj.* (que) ▶U3/A
wenn, immer ~ cuando ▶U2/B

wer? ¿quién?, ¿quiénes?
werden, zu etw. ~ convertirse en algo ▶U5/A
Werk la obra ▶U5/A
Werkstatt el taller
Westen el oeste ▶U5/Voc
Wetter el tiempo ▶M1; Das ~ ist gut. Hace buen tiempo.
Wettkampf, das Wettschwimmen la competición ▶U1/B
wichtig importante
wie? ¿cómo?; ¿qué...?; Wie geht's? ¿Qué tal?; ~ viel kostet das? ¿Cuánto es? ▶M3; ~ ist + *S.*? ¿Qué tal + *sust.*?; ~ spät ist es? ¿Qué hora es?; ~ viel/e? ¿cuánto/-a?
wie como; **so + *Adj.* ~ Komparativ** tan + *adj.* (como) ▶U3/A; ~ immer como siempre
Wie + *Adj.* ¡Qué + *adj.*! ▶U1/A; ~ nervig! ¡Qué rollo!
wild *Tier, Natur* salvaje ▶M2
willkommen heißen dar la bienvenida ▶M6
wirklich realmente ▶U5/A
wissen (etw.) saber algo ▶U4/B
Wissenschaft la ciencia ▶U5/A
Wissenschaftler/-in el/la científico/-a ▶U5/A
Wissenswerte la curiosidad ▶M5
Witz el chiste
wo? ¿dónde?
Woche la semana; ~, nächste ~ la semana que viene
Wochenende el fin de semana
wofür? ¿para qué? ▶U3/A
woher de dónde; ~ kommst du? ¿De dónde eres?
wohin? ¿adónde?
wohnen vivir
Wohnung el piso
Wohnzimmer el salón
Wolke la nube ▶U3/Voc
wollen (etw.), etw. tun ~ querer algo; etw. lieber (+ *Inf.*) wollen preferir + *inf.*
Workshop el taller
Wort la palabra ▶U3/A
wovon ¿de qué? ▶U3/A
Wunsch el deseo ▶M6
wünschen, sich etw. ~ pedir deseos ▶M6
Wüste el desierto ▶M2

Z

Zahl el número ▶U5/Voc
zahlen pagar ▶M5
zählen (auf jdn) contar con alguien
Zahn el diente ▶U2/B
Zahnspange el aparato de dientes
zeichnen dibujar ▶U1/Voc
zeigen (jdm etw.) enseñar algo a alguien ▶M4
Zeit el tiempo; ~ haben tener tiempo
zeitig temprano ▶U2/B
Zeitpunkt, zum ~ von etw. a la hora de algo ▶U2/B
Zeitschrift la revista
zelten hacer camping ▶U1/Voc
Zentrum el centro
Zerstreute el/la despistado/-a
Ziel el destino ▶U3/A
ziemlich bastante
Zimmer la habitación
zuerst primero
zufrieden sein estar contento/-a ▶M6
Zug el tren ▶U1/Voc
Zugang el acceso ▶M2
Zuhause la casa
zuhause en casa
Zukunft el futuro ▶U5/A
Zuneigung el cariño ▶U4/A
zurückkehren volver
zurückkommen volver
zusammen juntos/-as
Zutat el ingrediente
zweiter, zweite, zweites segundo/-a ▶U2/Voc
Zwiebel la cebolla ▶M3
zwischen ... und ... entre... y...

Quellenverzeichnis

AUFTRAGSASSETS – ILLUSTRATIONEN: Cornelsen/Inhouse/Anne Weingarten S.1; **Cornelsen/Laurent Lalo:** S.145, S.147, S.160/Sonne, S.161/alles außer Flaggen, S.164/Sonne, S.165/alle Kleidungsstücke, S.166, S.169/E, S.170/Junge, S.171/Junge, S.175/o.+m., S.176/m.r., S.177/u., S.180/Kompass; **Cornelsen/Marc Rueda:** S.43/m.r., S.44, S.48/o., S.54/r., S.55/m.+u., S.60/l., S.62, S.67, S.72/l., S.73/o., S.100/u., S.127/o.; **Cornelsen/Marina Pérez Luque, Advocate Art:** S.18, S.19, S.20, S.23/o., S.25, S.27/5.1, S.27/5.2, S.27/5.3, S.45, S.46/m.r., S.51, S.58/m.+u., S.59/o., S.66, S.77, S.84, S.85, S.107, S.122, S.123, S.126/u., S.129; **Cornelsen/Rafael Broseta Gaudisa:** S.90, S.91/m.l., S.108/o., S.135, S.143/o., S.165/o.3.v.l., S.176/l.+m.

FOTOS: Cornelsen/Lucentum Digital/Chema Bazan S.12/Junge, S.12/Mädchen, S.13/Junge, S.13/Hund, S.14/Junge, S.16, S.22/o., S.30/Fotos Jugendliche, S.36/Fotos Jugendliche, S.41/Fotos Jugendliche, S.61, S.76/Mädchen, S.82, S.89, S.92/Junge, S.125/Mädchen

ABBILDUNGEN: Cover stock.adobe.com/Ai; S.2/u.: PEFC Deutschland e.V.; S.3/o.: Shutterstock.com/margouillat photo; S.3/u.: stock.adobe.com/van; S.4/o.: Shutterstock.com/diignat; S.4/u.: stock.adobe.com/blankstock; S.5/o.: stock.adobe.com/Formatoriginal; S.5/u.: stock.adobe.com/lanastace; S.6/m.: stock.adobe.com/SkyLine; S.6/o.: stock.adobe.com/Brastock Images; S.6/u.: stock.adobe.com/ggfoto; S.7: stock.adobe.com/SkyLine; S.10: Shutterstock.com/Chernyka; S.11: Shutterstock.com/Chernyka; S.12-13/Hintergrund: Shutterstock.com/Naoki Kim; S.12/Ikon Ismael: stock.adobe.com/Atlantis; S.12/Ikon Nora: Depositphotos/Elena Voynova; S.13/ Ikon Alex: Shutterstock.com/cddesign.co; S.13/Ikon Lili: Shutterstock.com/Mochipet; S.13/Ikon Pau: Shutterstock.com/Prapraiphong Suwan; S.13/u.r.: Shutterstock.com/Mironov Vladimir; S.14/patinar: Shutterstock.com/Raw vectors; S.14/Hintergrund: Shutterstock.com/LedyX; S.14/Ikon: bici de montaña: Shutterstock.com/Aquir; S.14/Ikon: compras: Shutterstock.com/Cube29; S.14/Ikon: escalar: Shutterstock.com/Pavel K; S.14/Ikon: fútbol: Shutterstock.com/L.V.L. Graphic; S.14/Ikon: ir a una exposición: Shutterstock.com/M-vector; S.14/Ikon: montar a caballo: Shutterstock.com/Prokopenko Oleg; S.14/Ikon: nadar: Shutterstock.com/TANJIL ARAFAT; S.14/Ikon: piragua: Shutterstock.com/davooda; S.14/Ikon: pizza: Shutterstock.com/Olga PaHa; S.14/Ikon: tomar el sol: Shutterstock.com/Leremy; S.14/Ikons: coche + metro + autobús + tren + ir a pie + bicicleta: Shutterstock.com/kura2021; S.14/Ikons: hacer manualidades + dibujar: Shutterstock.com/Nadiinko; S.14/Ikons: ir a la piscina + sacar fotos: Shutterstock.com/mike_green; S.14/Ikons: navegar en Internet + pasear al perro: Shutterstock.com/Palau; S.14/Ikons: senderismo + hacer camping: Shutterstock.com/Borderline Artistic; S.15/Daumen: Shutterstock.com/Cosmic_Design; S.15/Würfel: stock.adobe.com/skarin; S.17/Ikon Marina: Shutterstock.com/ozzichka; S.17/Ikon Pablo: Shutterstock.com/Michal Sanca; S.17/u.: Shutterstock.com/Dean Drobot; S.21: Shutterstock.com/OlegMemo; S.22/Emoji: Shutterstock.com/illusionix; S.22/u.: stock.adobe.com/Natalia Danecker; S.24: Shutterstock.com/Drazen Zigic; S.26/1: Shutterstock.com/Nganhaycuoi; S.26/2: Shutterstock.com/natka_u_a; S.26/3: Shutterstock.com/oxygen_8; S.26/4: Shutterstock.com/runnins; S.26/5: Shutterstock.com/Nsit; S.26/6: Shutterstock.com/sr-art studio; S.27/6.1: Shutterstock.com/Max Oman; S.27/6.2: Shutterstock.com/Alix Tran Duc; S.27/6.3: Shutterstock.com/13ree.design; S.27/6.4: Shutterstock.com/FrameStudio; S.27/6.5: Shutterstock.com/L.V.L. Graphic; S.27/6.6: Shutterstock.com/IIIerlok_xolms; S.27/6.7: Shutterstock.com/icon cafe; S.27/6.8: Shutterstock.com/Infinity design; S.27/Emoji: Shutterstock.com/illusionix; S.28/Handy l.: Shutterstock.com/Plinsboorg; S.28/Handy m.: Shutterstock.com/Basjan Bernard; S.28/Handy r.: Shutterstock.com/Anatoly Romanyk; S.28/Hintergrund: Shutterstock.com/oneinchpunch; S.28/m.r.: Shutterstock.com/Net Vector; S.28/o.l.: Shutterstock.com/FAHMI98; S.28/o.m.: Shutterstock.com/tovovan; S.28/o.r.: Shutterstock.com/Vector Tradition; S.28/Pokal: Shutterstock.com/pambudi; S.28/u.l.: dpa Picture-Alliance/ASSOCIATED PRESS; S.29/Hintergrund: Shutterstock.com/oneinchpunch; S.29/Personen: Shutterstock.com/antoniodiaz; S.29/Globus: Shutterstock.com/Arturo J; S.30/o.l.: stock.adobe.com/artempohrebniak; S.30/o.r.: stock.adobe.com/Comauthor; S.30/u.l.: Shutterstock.com/rey on moon; S.30/u.M.: stock.adobe.com/Kaspars Grinvalds; S.30/u.r.: stock.adobe.com/arbaz; S.30/Hintergrund: stock.adobe.com/Syuzann q; S.30/Ikon Alex: Shutterstock.com/cddesign.co; S.30/Ikon B.enjamin: Shutterstock.com/Henryk Sadura; S.30/Ikon LaCuriosa: stock.adobe.com/Настя Шевчук; S.30/Ikon Laura: stock.adobe.com/victor; S.30/Ikon Luis: Shutterstock.com/cosmic_pony; S.31: stock.adobe.com/RITA01; S.32/? - 33/Hiintergrund: Shutterstock.com/Viktoriia Chorna; S.32/1: Shutterstock.com/diignat; S.32/2: stock.adobe.com/andreaobzerova; S.32/3: stock.adobe.com/AIGen; S. 33/4: Shutterstock.com/SpeedKingz; S.33/5: Shutterstock.com/Chalermpon Poungpeth; S.33/6: stock.adobe.com/Keitma; S.34/Ikon: teatro: Shutterstock.com/Oxy_gen; S.34/Ikon: baile moderno: Shutterstock.com/bsd studio; S.34/Ikon: el club de lectura: Shutterstock.com/Drk_Smith; S.34/Ikon: el coro + el club de escritura + las artes plásticas+ la escuela de música: Shutterstock.com/davooda; S.34/Ikon: fotografía: Shutterstock.com/OLIVEIA; S.34/Ikon: fútbol: Shutterstock.com/Oleksandr Poliashenko; S.34/Ikon: las clases de idiomas: Shutterstock.com/Azindianlany; S.34/Ikon: las clases particulares: Shutterstock.com/VoodooDot; S.34/Ikon: recicl-arte: Shutterstock.com/Zainu786; S.34/Ikon: robótica: Shutterstock.com/graficriver_icons_logo; S.34/Ikons: las manualidades + el huerto escolar: Shutterstock.com/Skylines; S.34/Ikons: o. + la gimnasia + la natación + el patinaje: Shutterstock.com/Saz Digital; S.35/2.v.l.: Shutterstock.com/antoniodiaz; S.35/3.v.l.: stock.adobe.com/Darssaievisk; S.35/l.: Shutterstock.com/asife; S.35/r.: Shutterstock.com/MJTH; S.36/Hintergrund: Shutterstock.com/Login; S.39/Hintergrund: Shutterstock.com/New Africa; S.40: Shutterstock.com/sebra; S.43/Würfel: stock.adobe.com/skarin; S.46/Daumen: @webalys under the Creative Common Attribution licence; S.46/4.1.: Shutterstock.com/bsd studio; S.46/4.2: Shutterstock.com/OLIVEIA; S.46/4.3: Shutterstock.com/Olga PaHa; S.46/4.4: Shutterstock.com/Anastasia Boiko; S.46/4.5: Shutterstock.com/Saz Digital; S.46/4.6: Shutterstock.com/In-Finity; S.47/1: stock.adobe.com/valentyn640; erzeugt mit generativer KI; S.47/2: Shutterstock.com/Ronny 80; S.47/3: Shutterstock.com/Acon11; S.47/4: stock.adobe.com/luckybusiness; S.47/5: Shutterstock.com/Monkey Business Images; S.47/6: Shutterstock.com/matimix; S.48/Globus: stock.adobe.com/Fourdoty; S.48/Hintergrund: Shutterstock.com/Monkey Business Images; S.48/m.r.: Shutterstock.com/Master1305; S.48/u.l.: Shutterstock.com/Frame Stock Footage; S.48/u.r.: Shutterstock.com/Xavier Lorenzo; S.49/Farbe: Shutterstock.com/New Africa; S.49/Hintergrund: Shutterstock.com/Monkey Business Images; S.49/Kiste: Shutterstock.com/Sasa-71; S.49/Leisten: Shutterstock.com/MPFOTOPRODUCTO; S.49/o.l.: mauritius images/Mario Humberto Morales Rubi/Alamy Stock Photos; S.49/o.r.: Shutterstock.com/Alones; S.49/u.r.: Stockfood; S.50/1: Shutterstock.com/Traveller70; S.50/10: Shutterstock.com/trabantos; S.50/2: Shutterstock.com/underworld; S.50/3: Shutterstock.com/AXL; S.50/4: Shutterstock.com/stoyanh; S.50/5: Shutterstock.com/Radu Bercan; S.50/6: Shutterstock.com/S.Borisov; S.50/7: Shutterstock.com/Walter Erhardt; S.50/8: Shutterstock.com/Svetlana Chekhlova; S.50/9: Shutterstock.com/Giuma; S.52/? -53/Hintergrund: stock.adobe.com/Nicola; S.52/l.: stock.adobe.com/Pochinqui; S.52/o.r.: mauritius images/Sergey Dzyuba/Alamy Stock Photos; S.52/u.r.: stock.adobe.com/ronnybas; S.53/m.l.: Imago Stock & People GmbH/PantherMedia/Valentin Lung Illes; S.53/m.r.: Shutterstock.com/LiliGraphie; S.53/o.l.: stock.adobe.com/AntonioLopez; S.53/o.r.: mauritius images/Javier LARREA/Alamy Stock Photos; S.53/u.r.: Shutterstock.com/JosepPerianes; S.54/l.: Shutterstock.com/Krakenimages.com; S.55/1: Shutterstock.com/xbrchx; S.55/2: Shutterstock.com/StockPhotoAstur; S.55/3: Shutterstock.com/StockPhotoAstur; S.56/m.l.: Shutterstock.com/Raquel Pedrosa; S.56/m.r.: stock.adobe.com/HC FOTOSTUDIO; S.56/o.l.: stock.adobe.com/Nadezhda Bolotina; S.56/o.r.: Shutterstock.com/Krakenimages.compras; S.56/u.l.: Stockfood; S.56/u.r.: stock.adobe.com/alessandro0770; S.57: Shutterstock.com/Krakenimages.com; S.59/8.1: stock.adobe.com/proslgn; S.59/8.2: stock.adobe.com/Luis Cagiao; S.59/8.3: mauritius images/Frauke Scholz/imageBROKER; S.59/8.4: Shutterstock.com/Alena Zharava; S.59/u.: Imago Stock & People GmbH; S.60/m.: Shutterstock.com/Ramon Espelt Photography; S.60/r.: Shutterstock.com/LiliGraphie; S.63/m.: Imago Stock & People GmbH/dreamstime; S.63/o.: Shutterstock.com/Rambu Ioana; S.64: Shutterstock.com/Maria Symchych; S.68/Globus: stock.adobe.com/Fourdoty; S.68/Hintergrund: Shutterstock.com/Monkey Business Images; S.68/m.l.: Aula de Cultura de Getxo - Getxo Kultura (Ayuntamiento de Getxo), autoría: Higinia Garay; S.68/m.r.: Luis Davila; S.68/o.r.: Ajuntament de Barcelona. Javirroyo, 2021; S.68/u.r.: dpa Picture-Alliance/dpa; S. 69/Sal: Stock.adobe.com/stock.adobe.comdrimerz/erzeugt mit generativer Ki; S.69/Aceite: Shutterstock.com/Tarzhanova; S.69/Atún: Shutterstock.com/Nikiti; S.69/Cebolla: Shutterstock.com/mylisa; S.69/Harina: stock.adobe.com/emuck; S.69/

Quellenverzeichnis

Hintergrund: Shutterstock.com/Monkey Business Images; S.69/Levadura: stock.adobe.com/Wolfgang Mücke/womue; S.69/Pimiento: stock.adobe.com/Swapan; S.69/r.: stock.adobe.com/martinscphoto; S.69/Salza: Shutterstock.com/RcriStudio; S.71/Würfel: Shutterstock.com/skarin; S.71/Hintergrund: Shutterstock.com/Tori card store; S.72/Aceite: Shutterstock.com/Tarzhanova; S.72/Arroz: Shutterstock.com/Bruno-Nunes; S.72/Cebollas: Shutterstock.com/AJSTUDIO PHOTOGRAPHY; S.72/Handyrahmen: Shutterstock.com/Carkhe; S.72/Huevos: Shutterstock.com/Andrei Kuzmik; S.72/Jamón: Shutterstock.com/MIGUEL G. SAAVEDRA; S.72/latas de atún: Shutterstock.com/Pixel-Shot; S.72/Leche: Shutterstock.com/Alberto Masnovo; S.72/Lechuga: Shutterstock.com/GSDesign; S.72/Mantequilla: Shutterstock.com/Andrey Boyarskiy; S.72/Naranjas: Shutterstock.com/Natthapol Siridech; S.72/Pan: Shutterstock.com/Agapov Fedor; S.72/Patatas: Shutterstock.com/Avocado_studio; S.72/Plátanos: Shutterstock.com/Maks Narodenko; S.72/Queso: Shutterstock.com/StockSmartStart; S.72/Tomates: Shutterstock.com/Koko Foto; S.72/u.: mauritius images/Alvaro German Vilela/Alamy Stock Photos; S.73/Huevos: Shutterstock.com/Andrei Kuzmik; S.73/Jamón: Shutterstock.com/MIGUEL G. SAAVEDRA; S.73/Leche: Shutterstock.com/Alberto Masnovo; S.73/Pan: Shutterstock.com/Agapov Fedor; S.73/Patatas: Shutterstock.com/Avocado_studio; S.74/3: Shutterstock.com/Tint Media; S.74-75/Hintergrund: stock.adobe.com/elenabsl; S.74/1: Imago Stock & People GmbH; S.74/2: mauritius images/Cavan Images; S.75/4: stock.adobe.com/Mario Guerra; S.75/5: stock.adobe.com/Brastock Images; S.75/Note: Shutterstock.com/primiaou; S.76/l.1.+2.+6.v.o. + r.1+2.v.o.: Shutterstock.com/Blan-k; S.76/l.3.v.o.: Shutterstock.com/mary_stocker; S.76/l.4.v.o.: stock.adobe.com/dariachekman; S.76/l.5.v.o.: stock.adobe.com/berkahlineart; S.76/Orange Linien: Shutterstock.com/schab; S.76/r.3.v.o.: stock.adobe.com/conartline; S.76/Reiszwecke: Shutterstock.com/Picsfive; S.76/u.l.+ r.:4.-7.v.o.: stock.adobe.com/blankstock; S.78: stock.adobe.com/icons gate; S.78/o.: Shutterstock.com/limpreom; S.78/r.: Shutterstock.com/Capictures; S.80: stock.adobe.com/mezzotint_fotolia; S.86/o.: stock.adobe.com/Ekaterina; S.86/u.: stock.adobe.com/KMPZZZ; S.88/o.: Shutterstock.com/Juan Garcia Hinojosa; S.88/u.: Shutterstock.com/LightField Studios; S.90/Hintergrund: Shutterstock.com/Monkey Business Images; S.91/Hintergrund: Shutterstock.com/Monkey Business Images; S.92/a+e: Shutterstock.com/Ranahpixel; S.92/b+c+f: Shutterstock.com/Hasan Sumon; S.92/d: Shutterstock.com/Purlo Punk; S.92/g: Shutterstock.com/ids design; S.93/o.: Imago Stock & People GmbH/Zoonar; S.94-95/Hintergrund: Shutterstock.com/Sakchai.K; S.94/o.: Shutterstock.com/Gianfranco Vivi; S.94/M.: Shutterstock.com/Enselme Arthur; S.94/u.: mauritius images/Jesse Kraft/Alamy Stock Photos; S.95/m.: Shutterstock.com/Ksenia Ragozina; S.95/o.: Shutterstock.com/Dudarev Mikhail; S.95/u.: stock.adobe.com/Felipe; S.96/Flagge o.: Shutterstock.com/Julinzy; S.96/Ikon Ausweis: Shutterstock.com/Olenapolll; S.96/Ikon Besteck: stock.adobe.com/akininam; S.96/Ikon Feuerwerk: Shutterstock.com/elegy; S.96/Ikon Fläche: Shutterstock.com/Adreanna Group; S.96/Ikon Flagge: stock.adobe.com/4zevar; S.96/Ikon Geld: Shutterstock.com/Giuseppe_R; S.96/Ikon Grenzschranke: Shutterstock.com/Rvector; S.96/Ikon Häuser: Shutterstock.com/Blan-k; S.96/Ikon Info: Shutterstock.com/smartdesign91; S.96/Ikon Menschen: stock.adobe.com/warmworld; S.96/Ikon Sprechblase: stock.adobe.com/graphixmania; S.96/Ikon Stern: stock.adobe.com/Roman Dekan; S.96/m.r.: Shutterstock.com/32 pixels; S.96/u.: Shutterstock.com/xiver; S.97/Ikon Bogotá: stock.adobe.com/Roman Dekan; S.97/Ikon Cali: Shutterstock.com/Blan-k; S.97/Ikon Colombiana: Shutterstock.com/Olenapolll; S.97/Ikon de julio: Shutterstock.com/elegy; S.97/Ikon español: stock.adobe.com/graphixmania; S.97/Ikon millones: stock.adobe.com/warmworld; S.97/Ikon peso colombiano: Shutterstock.com/Giuseppe_R; S.98: akg-images/Album/Oronoz; S.99: Shutterstock.com/Blueastro; S.100/o.: Shutterstock.com/Monkey Business Images; S.101/l.: Shutterstock.com/asife; S.101/r.: Shutterstock.com/Mo Photography Berlin; S.102/Emoji: Shutterstock.com/illusionix; S.102/Gebäude: Shutterstock.com/ivector; S.102/o.bis Fußball: Shutterstock.com/SUN VECTOR; S.104/1: Shutterstock.com/Simon Mayer; S.104/2: Shutterstock.com/saiko3p; S.104/3: mauritius images/Allen Brown/Alamy Stock Photos; S.104/4: Shutterstock.com/Atosan; S.104/5: Shutterstock.com/martin SC photo; S.105/u.:stock.adobe.com/Mediaphotos; S.105/o.: Shutterstock.com/javarman; S.108/u.: Shutterstock.com/Yalenika_art; S.109: Shutterstock.com/Pixel Pine; S.110/chico+mina: Shutterstock.com/Olga1818; S.110/Aguacate: Shutterstock.com/Isnanstuff; S.110/Alli: Shutterstock.com/GoodStudio; S.110/Aqui: Shutterstock.com/PxB; S.110/Bárbaro: Shutterstock.com/Stranger Man; S.110/Colectivo: Shutterstock.com/alazur; S.110/Falda: Shutterstock.com/Olga Broznyakova; S.110/Hintergrund: Shutterstock.com/Monkey Business Images; S.110/m.l.: Shutterstock.com/Noppasin Wongchum; S.110/m.r.: Shutterstock.com/HAMIDAH SAMUTHARANGKOON; S.110/Pochoclo: Shutterstock.com/cosmic_pony; S.110/Remera: Shutterstock.com/Runrun2; S.110/Sabes: Shutterstock.com/HitToon; S.110/u.: (c) TUTE; S.110/Vos: Shutterstock.com/Maman Suryaman; S.111/Globus: stock.adobe.com/Fourdoty; S.111/2.v.r.u.: mauritius images/Anne Rippy/Alamy Stock Photos; S.111/Hintergrund: Shutterstock.com/Monkey Business Images; S.111/o.l.: Shutterstock.com/Mariia Petrova; S.111/o.r.: Film poster „Mi mundial" by Carlos Andrés Morelli, Uruguay, 2017; S.111/u.l.: mauritius images/Wolfgang Diederich/Alamy Stock Photos; S.111/u.m.: stock.adobe.com/dsaprin; S.111/u.r.: mauritius images/Jeffrey Isaac Greenberg 18+/Alamy Stock Photos; S.112/Ikon Sprechblase: stock.adobe.com/Tidus; S.112/Ikon Uhr+Standort: stock.adobe.com/Vahram; S.112/m.l.: Shutterstock.com/aldl; S.112/o.r.: Shutterstock.com/Julinzy; S.112/u.r.: stock.adobe.com/alfotokunst; S.113: Shutterstock.com/Maxim Larin; S.114/m.: Shutterstock.com/Santi S; S.114/o.: Shutterstock.com/Soeren Schulz; S.115/1: Shutterstock.com/JesusHerrera; S.115/2: Shutterstock.com/FAMILY STOCK; S.115/3: Shutterstock.com/New Africa; S.115/4: Shutterstock.com/Africa Studio; S.115/5: Shutterstock.com/PeopleImages.com - Yuri A; S.115/6: Shutterstock.com/Dina Uretski; S.116/m.l.: Shutterstock.com/Gorodenkoff; S.116/m.r.: Shutterstock.com/Thaspol Sangsee; S.116/o.: Shutterstock.com/Rawpixel.com; S.116/u.: Shutterstock.com/Krakenimages.com; S.118/Hintergrund: Shutterstock.com/lalec; S.118/Ikon l.+r.: Shutterstock.com/Blan-k; S.118/Ikon m.: stock.adobe.com/fotohansel; S.118/m.l.: Shutterstock.com/Gena Melendrez; S.119/1: stock.adobe.com/Rido; S.119/2: stock.adobe.com/CREARECURSO; S.119/3: stock.adobe.com/Cookie Studio; S.119/o.: Shutterstock.com/Carboxylase; S.119/u.: Shutterstock.com/Ground Picture; S.120/Hintergrund: Shutterstock.com/lalec; S.120/m.: Shutterstock.com/antoniodiaz; S.121: Shutterstock.com/Motortion Films; S.127/Jamón: Shutterstock.com/MIGUEL G. SAAVEDRA; S.127/Leche: Shutterstock.com/Alberto Masnovo; S.127/Pan: Shutterstock.com/Agapov Fedor; S.127/Patatas: Shutterstock.com/Avocado_studio; S.130/5.l.2.v.o.: Shutterstock.com/Olenapolll; S.130/5.l.3.v.o.: stock.adobe.com/warmworld; S.130/5.l.o.: stock.adobe.com/Roman Dekan; S.130/5.l.u.: Shutterstock.com/Blan-k; S.130/5.r.m.: stock.adobe.com/graphixmania; S.130/5.r.o.: Shutterstock.com/Giuseppe_R; S.130/5.r.u.: Shutterstock.com/elegy; S.131/1: Shutterstock.com/saiko3p; S.131/2: Shutterstock.com/martin SC photo; S.131/3: Shutterstock.com/Atosan; S.131/4: mauritius images/Allen Brown/Alamy Stock Photos; S.132/1: Shutterstock.com/JesusHerrera; S.132/2: Shutterstock.com/FAMILY STOCK; S.132/3: Shutterstock.com/New Africa; S.132/4: Shutterstock.com/Africa Studio; S.132/5: Shutterstock.com/PeopleImages.com - Yuri A; S.132/6: Shutterstock.com/Dina Uretski; S.133: Shutterstock.com/xiver; S.134: Shutterstock.com/NikWB; S.143/Flaggen: stock.adobe.com/kuklos; S.160/Flaggen: Shutterstock.com/xiver; S.161/Flaggen: Shutterstock.com/xiver; S.162/Flaggen: Shutterstock.com/xiver; S.162/m.: stock.adobe.com/Daniel Rodriguez; S.163: Shutterstock.com/Semiletava Hanna; S.163/Flaggen: Shutterstock.com/xiver; S.164/Farbklecks: Shutterstock.com/Semiletava Hanna; S.164/Flaggen: Shutterstock.com/xiver; S.164/u.m.: Shutterstock.com/OSTILL is Franck Camhi; S.165/Flaggen: Shutterstock.com/xiver; S.166/Flaggen: Shutterstock.com/xiver; S.167: Shutterstock.com/xiver; S.168: Shutterstock.com/xiver; S.169/Flaggen: Shutterstock.com/xiver; S.170/Flaggen: Shutterstock.com/xiver; S.170/o.r.: stock.adobe.com/LIPSKIY PAVEL/unclepodger; S.171/Flaggen: Shutterstock.com/xiver; S.172: Shutterstock.com/xiver; S.173/Flaggen: Shutterstock.com/xiver; S.173/u.: stock.adobe.com/Giuseppe Anello/bepsphoto; S.174: Shutterstock.com/xiver; S.175/Flaggen: Shutterstock.com/xiver; S.176/Flaggen: Shutterstock.com/xiver; S.177/Flaggen: Shutterstock.com/xiver; S.178: Shutterstock.com/xiver; S.179/Flaggen: Shutterstock.com/xiver; S.179/Ikon Straßenverkehr: Shutterstock.com/kinder my; S.179/Ikon Straßenverkehr: Shutterstock.com/The Studio; S.180/Essen: Shutterstock.com/Alexandr Vorobev; S.180/Flaggen: Shutterstock.com/xiver; S.181: Shutterstock.com/xiver; S.182/Flaggen: Shutterstock.com/xiver; S.182/m.r.: Shutterstock.com/Fabideciria; S.183: Shutterstock.com/xiver; S.184: Shutterstock.com/xiver; S.185/Flaggen: Shutterstock.com/xiver; S.185/m.r.: Shutterstock.com/lunamarina; US4: Karte Argentinien: stock.adobe.com/Ai